江苏省教育厅高校哲学社会科学研究
重点项目成果

U0646368

中小学生核心价值观培育：教科书的视角

乔晖◎著

ZHONGXIAOXUESHENG HEXIN JIAZHIGUAN PEIYU:
JIAOKESHU DE SHIJIAO

北京师范大学出版集团
BEIJING NORMAL UNIVERSITY PUBLISHING GROUP
北京师范大学出版社

图书在版编目(CIP)数据

中小学生核心价值观培育：教科书的视角/乔晖著. —北京：
北京师范大学出版社，2021.3
ISBN 978-7-303-26822-1

Ⅰ. ①中… Ⅱ. ①乔… Ⅲ. ①中小学生－社会主义核心价
值观－教学研究－中国 Ⅳ. ①G635.5

中国版本图书馆 CIP 数据核字(2021)第 024308 号

营 销 中 心 电 话	010-58802181　58805532
北师大出版社科技与经管分社	www.jswsbook.com
电 子 信 箱	jswsbook@163.com

出版发行：北京师范大学出版社　www.bnupg.com
　　　　　北京市西城区新街口外大街 12-3 号
　　　　　邮政编码：100088

印　　刷	北京京师印务有限公司
经　　销	全国新华书店
开　　本	730 mm×980 mm　1/16
印　　张	17.25
字　　数	386 千字
版　　次	2021 年 3 月第 1 版
印　　次	2021 年 3 月第 1 次印刷
定　　价	55.00 元

策划编辑：周光明	责任编辑：周光明
美术编辑：刘　超	装帧设计：刘　超
责任校对：陈　民	责任印制：赵非非

内容摘要

将社会主义核心价值观融入国民教育全过程，中小学阶段的社会主义核心价值观培育是关键。处于基础教育阶段的少年儿童，身心发展迅速，思想道德观念正在逐步形成。培育他们的社会主义核心价值观，仅靠思想政治课和其他学科认知式的灌输教育难以达到预期效果，需要从载体（教科书）和方法（引导、唤醒、激活等）多种途径入手，深层次、多角度、全方位地采取措施。

已有的相关研究多是针对大学生的，针对中小学生的研究较少，关注教科书如何呈现社会主义核心价值观、并经由课堂教学在中小学生社会主义核心价值观培育过程中所起重要作用的研究则更少。

培育中小学生社会主义核心价值观，需要坚持以人为本的基本理念，在教育的内容上与时俱进，利用不同载体增强教育的实效性，以社会主义核心价值观为引领，构建学生成长认知引导体系，关注演变中的语文教科书是如何呈现社会主义核心价值观的。

本书结合中小学生心理发展规律和社会主义建设的现实情况，首先，阐述语文教科书对于中小学生社会主义核心价值观培育的重要性；其次，分析语文教科书对于中小学生社会主义核心价值观培育的优势所在；再次，总结语文教科书对于中小学生核心价值观培育的一般经验，并指出社会主义核心价值观培育现状及其所存在的问题；最后提出丰富语文教科书的价值取向和拓展语文教科书内容的呈现方式的选择范围等培育策略。

习近平总书记说："推动国家发展，核心价值观是最持久最深沉的力量。"社会主义核心价值观是每个国家都具备的一种基本信念。社会主义核心价值观是中华人民共和国公民必须要拥有的一种基本信念。因此，本书尝试以语文教科书为切入点，对中小学生社会主义核心价值观培育问题进行探讨和分析，旨在强调借助语文教科书培育中小学生社会主义核心价值观的重要性，以此来丰富和完善语文教科书的功能并且引起教科书编纂者、教学者、管理者的关注和研究。

序

　　富强、民主、文明、和谐，自由、平等、公正、法治，爱国、敬业、诚信、友善。这 24 字从国家、社会、公民个人三个层面，高度凝练和集中表达了社会主义核心价值观的丰富内涵和实践要求。

　　弘扬社会主义核心价值观，培育和践行社会主义核心价值观，毫无疑问，要从小抓起、从学校抓起。学校的社会主义核心价值观教育，其路径无非是直接的或显性的社会主义核心价值观教育与间接的或隐性的社会主义核心价值观教育两条。所谓直接的或显性的社会主义核心价值观教育，其主渠道是学校的思想品德课、思想政治课；所谓间接的或隐性的社会主义核心价值观教育，则主要是指学校的语文、数学、物理、化学、历史、地理等课程，在承担本学科教学任务的同时，承载的社会主义核心价值观教育的任务。其实，学校的社会主义核心价值观教育是如此，德育、美育也是如此，中华优秀传统文化、革命文化、社会主义先进文化的教育同样是如此，都有直接的或显性的与间接的或隐性的两条路径。这两条路径，也就是本书所说的"思政课程"与"课程思政"。

　　就语文学科而言，语文课有自己的特殊任务，即引导学生通过语言实践活动，积累言语经验，把握祖国语言文字的特点和运用规律，加深对祖国语言文字的理解与热爱，培养运用祖国语言文字的能力。语文课又有与其他功课共同承担的一般任务，比如：发展思辨能力，提升思维品质，培育社会主义核心价值观，培养高尚的审美情趣，积累丰厚的文化底蕴，理解文化多样性等。新中国成立不久，董纯才在《人民教育》1950 年第 2 期上发表的《改革我们的中学国文教学》一文中就指出："中学国文教学的基本任务，是要使学生学会了解与运用中国语文，获得一般的文学教养；同时又从学习语文与文学中，获得革命思想与道德品质的教养。这就是说，中学国文教学含有语文教育与思想教育的双重任务：前者是语文课本身的独特具备的特殊任务；后者则是各科共同具备的一般任务。"

不同于思想品德课、思想政治课进行的直接的或显性的社会主义核心价值观教育，语文课的社会主义核心价值观教育是寓于语文学习之中的，所以说是间接的或隐性的。语文学习的过程是一个由言语形式的感知进而到言语内容的掌握，同时受到社会主义核心价值观等的教育，又进而学习用恰当的言语形式来表达自己的思想和情感的不断循环往复的过程。在这一过程中，学生既学会了言语的理解与表达，又受到了社会主义核心价值观等的教育。语文课的社会主义核心价值观教育，语文课的德育和美育，语文课的中华优秀传统文化、革命文化、社会主义先进文化的教育，学生情感、态度、价值观的形成，是一个日积月累、熏陶感染、潜移默化、春风化雨的过程。正如董纯才在《改革我们的中学国文教学》一文中所指出："我们说在国文课中注意思想教育，并不是说要在国文教学中说教，把国文当政治课讲，国文教学还是要按照国文教学的规律进行，同时又要注意善于利用语文教学，特别是利用艺术形象，来启迪、感动、激励学生，取得潜移默化的功效。"

教科书是课程内容的载体，是教学实施的凭借。语文教科书既是传授语文知识、培养语文能力的凭借，又是情感、态度、价值观教育的凭借。语文学科的工具性与人文性统一的特点，使得语文学科在立德树人、融入社会主义核心价值观教育方面有着独特优势。通过语文教科书培育中小学生的社会主义核心价值观正是语文教科书育人功能的体现。

盐城师范学院乔晖教授等研究人员近几年一直关注社会主义核心价值观是如何进入教科书的问题，尤其关注承载人文思想、多元文化的语文教科书，在社会、经济、文化发展过程中社会主义核心价值观呈现的轨迹及成因。她们认为，由于学科中价值取向的隐含性、价值呈现方式的间接性，往往难以直接对学生的思想产生影响，制约了学科育人功能的充分发挥。为此，有必要对教科书中隐含的价值意识、价值选择和价值观进行全面梳理，使每位教师都认识到自己所教学科具有重要的价值观引导功能，从而使社会主义核心价值观的传递、培育与践行更为有效。

本书即是乔晖教授等研究人员近几年采用实证研究的方法，从教科书的视角研究中小学生核心价值观培育问题的成果。该书重点阐述了语文教科书对中小学生核心价值观培育的重要性；指出了语文教科书对中小学生核心价值观培育的优势；总结了语文教科书对中小学生核心价值观培育的一般经验，分析了中小学生核心价值观培育的现状及存在的问题；提出了基于语文教科书的中小学生核心价值观培育的策略。该书对于教科书编者编纂语文教科书、更好地融入社会主义核心价值观，对于教师使用语文教科书、充分发挥教科书的育人功能，都具有重要参考价值。

乔晖教授曾跟随我攻读硕士学位研究生，稍后又师从钟启泉先生攻读博士学位研究生，毕业后一直在盐城师范学院从事教育工作。10多年来，时常得到她在教学、科研方面取得进步的消息，作为老师从内心为她高兴。现在又第一时间读到这本新著，特为之序，祝她不断取得新的成绩！

徐林祥

2019 年 11 月 7 日

于扬州大学中国语文教育研究所

目　录

绪　论

习近平总书记在党的十九大报告中明确指出："要以培养担当民族复兴大任的时代新人为着眼点，强化教育引导、实践养成、制度保障，发挥社会主义核心价值观对国民教育、精神文明创建、精神文化产品创作、生产传播的引领作用。"这一重要论断指出，社会主义核心价值观和中国特色社会主义建设事业紧密联系在一起，中国特色社会主义已经进入新时代，要开启全面建设社会主义现代化国家新征程，就要用社会主义核心价值观引导与培养学生的思想与行为，为社会主义现代化建设培养生力军。

新中国成立已经 70 余年。在这期间，中国社会主义建设取得了举世瞩目的成就。与此同时，中国社会的各个领域也发生了翻天覆地的变化。特别是改革开放后，我国社会的一系列重大变迁过程，不仅给社会提出了改革和创新的历史任务，也让人们重新审视自己的价值追求、价值判断和价值选择。相应地，价值观问题成为理论研究和实践探索的焦点问题。回顾人类发展历史，形成并践行全社会共同认可的价值观，是一个民族、一个国家、一个社会不断进步的重要力量。同理，这样的价值观作为一种最持久、最深沉的力量，必然为实现中华民族伟大复兴的中国梦提供坚实的理论基础、强大的精神动力和丰润的思想滋养。但实际情况是，我国在建设社会主义核心价值体系特别是在培育和践行社会主义核心价值观的过程中，面临着很多现实的、亟待解决的问题。

在中小学阶段对学生进行价值观引导有着重要意义。要使学生形成价值观，必然要让学生理解"价值"，形成价值选择倾向，即价值取舍，也就是我们所说的价值取向，从而在这种取向的引导下，形成一种价值衡量和作出价值判断、价值抉择的观念，即价值观。也可以说，价值即意义。某件事情对人有意义，就是有价值；意义的大小，也就是价值的大小。说得再通俗一些，价值即作用。

某事物对人有作用，也就是有意义、有价值，作用的大小，也就是意义、价值的大小。概括起来，所谓价值观，就是人们关于某件事物对人的价值、意义、作用的观点、看法和态度。心理学把价值观归于人的个性倾向性，认为价值观作为衡量事物轻重缓急的标准，居于个性倾向性的最高层次，也就是我们俗称的"价值取向"。因此，我们在研究价值观形成过程中，也分析了价值取向的内容，在对价值取向有了一定的分析后，形成了对个体有重要意义的价值观念。在中小学阶段对学生进行价值观引导的特殊意义和价值，总的来说在于使该阶段学生树立起来的价值观更加牢固、持久。

就学生时期价值观塑造来说，学校是学生价值观形成的重要场所。学校一方面为儿童提供了专门的教育场所和条件，另一方面为儿童提供了与同龄人交流的集体环境，这两方面对儿童价值观的形成都是很重要的。儿童在学校不仅可学到各种知识技能，而且通过与朋辈之间的集体生活，能学到各种观念和态度。这些观念和态度无疑会成为日后他们价值观的重要组成部分。在学校里，学生从家庭习得的某些不正确态度和观念也会在一定程度上得到纠正。

在中小学阶段，学生在学校的时间是最长的，受学校影响是最大的。因此，学校教育对学生价值观的形成有着特殊意义。在学校教育中，学生接触最多的静物就是教科书，主要内容也是传递教科书的内容。因此，学校教育对学生终身价值观的形成都有重要影响，教科书内容对学生价值观形成起着至关重要的作用。当前，在青少年及成年人中，因为价值观偏差导致行为失范乃至影响社会治安的情况屡见不鲜，追根溯源，与部分地区的教科书价值取向存在问题、对中小学生产生误导有着极大关系。

中小学阶段是学生价值观形成的关键期。学生在学校学习到的做人做事理念，或者说在学校学习到的价值观念会更容易扎根在他们心底，而形成正确价值观的学生有可能把这些美好的理念付诸行动，对社会发展产生良好影响。反之亦然。从心理学方面解释，这一时期是教育学生形成正确价值观的关键期。在教育的作用下，学生没有太多机会也不可能进入社会，所以在学校生活中，可以将社会认可的、主流的价值意识很好地传递给学生，使学生更加不受干扰地接受这些价值理念。

相对于专门德育课程的直接价值教导，一般学科的价值观念总是通过隐含的方式达到和生成，这种隐含的方式对学生价值观形成巨大影响。有学者甚至认为，"不注重隐性课程的教育将是不成功的教育"。从我国的课堂教学现实看，中小学的价值观传递一般通过两条途径来进行，一是开设专门的思想政治课或思想品德课；二是借助其他学科的教学。所以，每个教师都要认识到自己所教学科的道德和价值观引导作用，认识到教科书思想意义的重要性。为使国家认可的价值取向传递得更为有效，我们有必要对教科书中隐含的价值选择和价值观进行研究。长期以来的研究着重于道德（品德）方面直接的、深入的研究，对其他学科中的道德因素、价值选择、价值观的分析与研究则相对较少，缺乏系统的统计与分析，研究得也相对比较零碎。在学校中，非德育学科中价值观的隐含性、价值呈现方式的间接性，使其往往难以直接对学生的思想产生深刻而久远的影响。为此，我们有必要对非德育教科书中隐含的价值意识、价值选择和价值观进行全面梳理，以便教师在对学生进行知识、技能教育的同时，能更加有效地培养学生社会合法性的道德品质。

教科书内容是"从一定社会文化、思想意识里选择出来的材料"，是经过特殊筛选，并加以组织化、规范化、格式化的社会思想以及某些共同经验。在选择和组织的过程中必然会融进社会主流意识，以及社会认可的价值观、情感、态度、思想等内容。可以说，任何一本教科书都具有内隐的价值和外显的价值。而本研究将侧重于内隐的价值观念。

教科书是人类思想、意识与价值理念的物质载体，是学生学习的主要材料，所以本研究侧重讨论教科书中隐含的价值观引导。语文是最富有价值观教育意义的一门学科，是一门基础性工具学科，在学校教学中占有极其重要的地位，因而挖掘其中蕴含的价值观有重要意义。

本研究以语文教科书为例探讨教科书演变与中小学生核心价值观培育的关系、教科书内容选择与呈现方式的变化对中小学生核心价值观培育的影响，探索使社会主义核心价值观培育经由教科书（课堂教学）从理论层面融入中小学生日常学习、生活领域的策略。"推动社会主义核心价值观进教材、进课堂、进头脑"（中共中央办公厅《关于培育和践行社会主义核心价值观的意见》），着力培养学生高尚的道德情操。本研究有助于中小学贯彻落实党的十八大、十八届三中全会精神和党的十九大精神，积极培育和践行社会主义核心价值观。

本书对于教科书中价值观内容的研究，主要选取的是 20 世纪 70 年代末以来的版本；"社会主义核心价值观"特指党的十八大提出的 12 个词，讨论到研究目标、意义及 2012 年之后教科书价值观内容，用"社会主义核心价值观"；在此之前的或非特指情况下用"核心价值观"统称。

一、研究的理论意义和实践价值

(一)理论意义

1. 对于理解教科书在中小学生核心价值观构建过程中的独特功能有新的意义。教科书对于中小学生核心价值观培育的作用是内在的、本源的，在现实中，这一点不仅在许多学科教学中未得到应有体现，在相关研究中亦未引起重视。

2. 有可能获得培育社会主义核心价值观直接、有效的方法。教科书演变与中小学生核心价值观培育有着密切关系，探讨如何使社会主义核心价值观培育经由教科书(课堂教学)从理论层面融入学生日常生活领域，目前国内学者还没有对其进行全面研究。

3. 将对我国中小学正在进行的把社会主义核心价值观融入国民教育全过程、融入教育教学各环节的研究与实践有一定借鉴作用。

(二)实践价值

1. 聚焦教科书演变与中小学生核心价值观培育的关系，为将核心价值观培育融入教科书、融入到相关学科日常教学活动提供理论依据与实践案例，有利于提高社会主义核心价值观培育的有效性，有利于深化与丰富社会主义核心价值观培育。

2. 通过优化教科书内容与开展结构研究，改进学科教学的育人功能，充分发挥人文学科的独特育人优势，进一步提升数学、科学、技术等课程的育人价值，使得中小学生核心价值观培育能更好地落到实处。同时，有助于推进社会主义核心价值观在中小学生思想中的确立与传播。

本研究能引发德育内容与方式质的提升而不仅仅是量的积累，因为任何宏观的德育目标最终都需落实到微观的日常学习活动中。而重视教科书对中小学生核心价值观培育的内在作用，以适应与支持学生价值观形成的一般过程与内在机制，是一项重要且日益紧迫的研究课题。

二、国内外研究现状和趋势

国内关于教科书和中小学生核心价值观培育的研究，从数量上看，近 10 年相关论文和著作的数量呈现显著增长趋势，但将教科书与学生（尤其是中小学生）价值观培育联系起来进行研究的著作与论文较少，且都是限于语文、音乐等少数人文艺术类学科，关注点也多限于教科书的价值取向对中小学生的影响。

我国学者对中小学教科书的研究主要从宏观和微观两个层面进行。宏观层面的探讨包括教科书的功能定位、制度建设、结构及评价等；微观层面的研究包括教科书内容的社会学分析、插图、话语呈现方式及课后练习等。其中，陈伯璋、欧用生、黄政杰、吴康宁、吴永军、朱志勇、傅建明等分析了教科书内容编制中的价值取向及其与意识形态的关系。国外学者从社会学角度对教科书的理论研究始于 20 世纪 70 年代初的英国，其主要标志是麦克·杨主编《知识与控制》的出版。阿普尔提出的教科书编制从本质上说是一个意识形态和政治问题，也引发了国外学者对教科书承载价值观状况的研究。

值得一提的是，国内外学者所采用的"内容分析法"和分析框架不但为其他学者研究分析教科书内容提供了极为有用的研究范式及案例，而且从社会学角度论证了"国家或社会的主流价值观就是通过教科书这个物质载体加以具体化"的观点。但是，它们对如何经由课堂教学影响中小学生核心价值观培育较少论述。

在当代西方国家的核心价值观教育中，比较有影响的是社会教育理论（杜威等）、价值澄清理论（路易斯·拉斯等）、道德认知发展理论（柯尔伯格等）、社会学习理论（班杜拉等）、价值教育反省理论（克里夫·贝克）等。这些理论提出了许多具体的核心价值观教育实践策略，如杜威认为，中小学生核心价值观教育应遵循学生自身德行发展的规律，结合课程教学和实践活动进行，在核心价值观教育途径的选择、运用方面给我们很多启示。我国关于社会主义核心价值观培育的研究可以归纳为以下几方面。一是理论创新条件论和社会思潮引领论。戴木才认为，培育和践行社会主义核心价值观是丰富和发展马克思主义价值学说的内在要求，是引领整合多样化社会思潮的现实需要。二是宣传教育途径论。有学者提出推动社会主义核心价值观进教材、进课堂、进头脑的路径。三是理想信念关键论等。韩震认为，培育和践行社会主义核心价值观必须在理想信念上下工夫。查询中国知网近 10 年文献，从数量上看，已有的研究关于大学生社会主义核心价值观培育的主题有 7509 篇，关于中学生社会主义核心价值培育的 116 篇，关于小学生的仅 73 篇，关于教科书对核心价值观的呈现以及社会主义核心价值观在中小学如何进教材、进课堂、进头脑的研究则更少。

2013 年 12 月 23 日，中共中央办公厅印发了《关于培育和践行社会主义核心价值观的意见》(下称《意见》)。认真学习贯彻习近平新时代中国特色社会主义思想，切实抓好《意见》的落实，努力建设中华民族的共有精神家园，推动形成奋发向上、崇德向善的强大力量已成为一种必然趋势。因此，培育中小学生核心价值观，需要坚持以人为本的基本理念，在教育内容上与时俱进，利用不同载体增强教育的实效性，以核心价值观为引领，构建学生成长认知引导体系，要关注演变中的教科书如何呈现核心价值观以及如何经由课堂教学在中小学生核心价值观培育过程中发挥重要作用的。

三、研究问题

(一)中小学生核心价值观培育与语文教科书价值演变的关系

从纵向维度探讨改革开放以来，中小学生核心价值观培育的历史发展与教科书演变的关系。教科书对于中小学生核心价值观培育的作用是内在的、本源的，在许多学科教学中并未得到应有体现。语文教科书虽经演变，但不变的是其服务于社会的核心价值观传导和教育目标的达成功能。那么变的是什么？如何应对这些改变？

(二)改革开放以来语文教科书演变过程中的价值观的变化

改革开放以来，我国社会价值观的内容及其表述一直在发生变化，这一点如何在语文教科书中体现？语文教科书的主体是选文，选文承载着价值观，不同时期语文教科书中的选文在变化，其中承载的价值观内容与方式发生着怎样的变化？

(三)社会主义核心价值观进入语文教科书的内容与方式

社会主义核心价值观以什么样的内容与方式进入教科书，既要考虑学科特性，也要考虑其如何能够适应与支持学生价值观形成的一般过程与心理机制。社会主义核心价值观"进教科书"的可行路径有哪些？

(四)语文教科书中的社会主义核心价值观融入中小学生日常学习生活领域的方法

如何使社会主义核心价值观培育经由教科书从理论层面融入中小学生日常学习生活领域，从而获得达到培育践行目的的最直接、有效方法？教科书对于中小学生核心价值观培育具有内在、本源的作用，如何形成中小学生内在的认同性激活策略，即如何通过引导中小学生对教科书承载的社会主义核心价值观的实践性反思认同，将教科书潜在的核心价值观显性化，唤起中小学生构建核心价值观的内在自觉？

第一章
中小学生核心价值观培育的路径

　　价值观具有鲜明的时代性，受到社会关系的影响和制约。在我国不断深化改革、扩大开放的历史大潮中，中小学生的价值观呈现出一些新特点。总体而言，当代中小学生价值观主流是积极、健康、向上的。但是应该清醒地看到，一部分中小学生在某些方面存在着不同程度的正确价值观缺失的问题。

　　中小学阶段是人一生中价值观形成、发展和定格的重要时期，也是培养创新意识、成才意识、自强意识的关键时期。一旦中小学生存在不同程度的政治信仰迷失、诚信意识淡薄、社会责任感缺乏、艰苦奋斗精神淡化、团结协作观念较差等问题，其后果就是其价值目标、价值追求畸形发展，形成不正确的价值观。中小学生作为国家的未来、民族的希望，其价值观是否正确，不仅关系中小学生自身的道德修养和个性发展，还关系整个国家与社会建设。据统计，截至 2018 年底，全国在校中小学生共 20 827 万人。他们对所生活世界的价值判断或价值取向将直接或间接地作用于社会主流价值体系和模式，进而对我国社会发展产生深远影响。在多元文化背景下，面对纷繁复杂的社会现实和多重价值观念的影响，中小学生迫切需要树立正确价值观。因此，关注中小学生的价值观现状，并针对正确价值观缺失的问题，从自身因素和外部环境等方面提出对中小学生价值观的教育对策，让广大中小学生形成科学、进步、崇高的价值观显得至关重要。

一、中小学生核心价值观研究现状

　　中小学生，一般指 7 岁至 18 岁的少年儿童。对少年儿童价值观的研究，一直以来受到国内外众多学者的高度重视。他们在定义、内容、思路等方面，进行了深邃而又细致的研究，极大地推动了中小学生价值观研究的进展。

（一）中小学生核心价值观研究概况

何为价值观？一般而言，西方学者认为，价值观是对一个事物最终评价的看法。其中，一部分价值观是外显的，另一部分则是内隐的。它对人们在日常生活中的思想和行为，都有巨大作用。布赖特怀特和斯科特（Braithwaite & Scott，1990）认为，价值观代表了个体和社会的期望，并且含有决定未来方向和评判过去行为的一些基本标准。虽然人们对价值观的概念都有自己的理解，但是克拉克洪（Kluckhohn，1951）提出具有一定代表性的定义，价值观是一种外显的或内隐的、有关什么是否值得的看法，它是个人或群体的特征，影响人们对行为方式、手段和目的的选择。价值观不是与生俱来的，而是经过后天环境熏陶、教育，并在社会实践中逐渐形成的。价值观不是一成不变的，它是随着社会发展变化而不断演变的。英国牛津郡委员会高级顾问霍克斯（N. Hawkes，2001）认为："价值观教育并不是一个新科目，而是一个基本教育原则，通过价值观的讲授和学习，可强化一个学校对积极的人类价值观的推进"。他认为价值观教育有两个目的，"一是帮助学校积极思考普适价值观及其对学生个体、社会、世界的影响；二是促使个体选择积极的价值观，并思考应如何发展和深化它们"。[①]

在中国，朱智贤主编的《心理学大辞典》认为，价值观是"推动并指引一个人采取决定和行动的经济的、逻辑的、科学的、艺术的、道德的、美学的、宗教的原则、信念和标准，是一个人思想意识的核心。"[②]从价值观层次上来说，潘维将主流价值观按照从内而外的方法，分成七层，分别是道德观、自然观、群体观、社会观、政治观、民族观和国际观，同时对其代表的时代意义做了阐述。[③]

我国学者认为，价值观是人们在目标确立、手段选择、规则遵循方面所体现的观念。这种观念对个体或群体行为具有导向作用。目前，我国学术界对价值观基本内容的理解已逐渐趋于一致，"价值观是有别于事实判断和科学知识的另一类认识形式，是判断是非曲直、真善美与假丑恶的价值准则。"[④]

---

① 刘会娟. 国外德育理论视野下的我国青少年价值观培养研究[D]. 汕头：汕头大学，2010：4.
② 朱智贤. 心理学大辞典[M]. 北京：北京师范大学出版社，1989：10.
③ 潘维，玛雅. 聚焦当代中国价值观[M]. 北京，生活·读书·新知三联书店，2008：5.
④ 北京市邓小平理论研究中心，北京师范大学价值与文化研究中心. 关于价值观研究现状的调研报告[J]. 中国特色社会主义研究，2002(1)：27.

何为核心价值观？美国学者 Thomas Liekona 首先提出"核心价值观"的概念，认为核心价值观既可以提升个体的"善"，也可以促进整个人类的"善"。[①]但不同背景的学者，美国各州、各个城市甚至社区和学区都有不同的核心价值观。学者 Gibbs 与 Eariey 通过综合比较研究，将忠诚、公平、诚实、勇气、坚韧、同情心、责任、善良作为美国社会的核心价值观。[②] 不同州也有各自认同的核心价值观，如加利福尼亚州《教育法》第 44790 条规定，基本的和共享的公民价值观包括公平、平等、诚实、责任、正义、自由等[③]（原文："该计划提出了基本的和共享的伦理和市民价值，包括个体和尊严价值、公平和平等、诚实、勇敢、自由和自律、社会责任感、维护社会群的共同利益、正义、机会平等。"编者注）。显然，西方国家对核心价值观的理解有显著的国情色彩，在价值观教育方面的做法也是基于这种认识产生的。

国内学术界对核心价值观问题的研究和关注始于社会主义核心价值观凝练提出以后。其对核心价值观的理解逐渐聚焦于，简单来说，就是某一社会群体判断社会事务时依据的是非标准，遵循的行为准则。自党的十六届六中全会提出建设"社会主义核心价值体系"以来，社会主义核心价值观问题逐渐成为理论热点。研究成果在群体选择上集中于青少年、大学生、党员干部等社会群体。学者们对上述群体社会主义核心价值观教育的特殊性进行了系统分析，其成果对在相应群体中开展社会主义核心价值观教育具有基础意义。

核心价值观，是在社会价值体系中起主导和支配作用的价值观，是一种社会制度长期普遍遵循的基本价值准则，是整个价值体系中最基础、最核心的部分。在形式上，它可以通过专门的课程和教学进行，也可以在学校的教育教学中渗透一定的价值观。在多元文化背景下，如何建设内涵丰富、积极健康的价值观教育体系，如何对学生正在形成中的价值观有所把握，因势利导，实现学生真正地健康发展，是目前需要关注的问题。[④]

伴随着中国社会改革的逐渐深化，学界对"社会主义核心价值体系"特别是"社会主义核心价值观"进行了深入研究，产生了丰富的研究成果，相应的研究

① Lickona, T. The Return of Charactel Education[J]. Education Leadership, 1993(3): 6-11.
② Gibbs, L. & Earley, EUsing Children's Literature to Develop Core Values[J]. Phi Delta Kappa Fastbaek, 1994(WholeNo. 362): 87-90.
③ 范树成. 美国核心价值观教育探析[J]. 外国教育研究, 2008(7): 24.
④ 王慧霞. 中小学生核心价值观培育现状调查: 天津样本[J]. 中国德育, 2013(20): 14.

成果也日渐为社会所理解和吸收。秋石认为:"一个国家、一个民族、一个社会在长期共同的认识和实践活动中,必然要形成一定的价值观念体系,在这个体系中居核心地位、起主导和统领作用的就是其核心价值体系。任何社会都有自己的核心价值体系,这是一定的社会系统得以运转、一定的社会秩序得以维持的基本精神依托。社会的稳定和发展也往往以核心价值体系的确立和完善为支撑。"①2012 年 11 月,党的十八大报告对社会主义核心价值体系特别是核心价值观作了更为具体的表述,提出要"倡导富强、民主、文明、和谐,倡导自由、平等、公正、法治,倡导爱国、敬业、诚信、友善,积极培育和践行社会主义核心价值观。"②2013 年 12 月,中共中央办公厅印发《关于培育和践行社会主义核心价值观的意见》,明确提出,以"三个倡导"为基本内容的社会主义核心价值观,与中国特色社会主义发展要求相契合,与中华优秀传统文化和人类文明优秀成果相承接,是我们党凝聚全党全社会价值共识作出的重要论断。这不仅是我们党推进社会主义核心价值体系建设的重要举措,更是建设中华民族共同精神家园的路径选择。因此,培育和践行社会主义核心价值观,既要基于中国特色社会主义的现实,与中国特色社会主义的实践同步;也要着眼于人类社会发展的前进方向,占领社会制度先进性的制高点;还要与实现中华民族伟大复兴的中国梦联系在一起,促进中华民族的文化认同和国家认同。

中国在马克思主义价值观的引领下,成功走出了一条中国特色社会主义道路。实践证明,我们的道路选择、制度建设和理论体系构建是成功的。对于改革进入攻坚阶段的中国来说,如何树立正确的价值观,以共同的价值目标和价值规范作为经济、政治和文化生活的向导,是我们建设社会主义和谐社会、培育和践行社会主义核心价值观的关键问题。随着我国社会的快速发展,价值观问题必将随着社会主义意识形态建设产生新的认识、实现新的飞跃,也必将对中国特色社会主义理论和实践产生更为重大而深远的影响。

在党的十九大报告中,习近平总书记强调:"要以培养担当民族复兴大任的时代新人为着眼点,强化教育引导、实践养成、制度保障……把社会主义核心

① 秋石. 论社会主义核心价值体系[J]. 求是,2006(24):3.
② 胡锦涛在中国共产党第十八次全国代表大会上的报告[EB/OL]. http://www.xinhuanet.com//18cpcnc/2012_11/17/c_113711665.

价值观融入社会发展各方面，转化为人们的情感认同和行为习惯。"①在中小学生中开展社会主义核心价值观教育，应契合其群体特征，凝聚多元联动力量，在教育过程中进一步厘清阻滞性因素，形成激发"原动力"、协同"牵引力"、抑制"干扰力"相结合的合力效应，增强教育的针对性与实效性，为"社会主义核心价值观提供持续的动力支持"。②

（二）中小学生价值观培育研究现状

1. 国外中小学生价值观培育研究

国外中小学生价值观培育研究主要包括"价值澄清"模式、"体谅关心"模式、"社会行动"模式、"榜样示范"模式。一是 20 世纪 60 年代产生的"价值澄清"模式，代表人物主要有拉斯思、哈明、西蒙等，主张培育不能靠灌输与传授，而是帮助社会成员尤其是少年儿童澄清自身的价值观。通过立足实践、接纳实然、激发思考、提高能力，促进少年儿童"价值澄清"能力和行动能力的提高。二是 20 世纪六七十年代产生的"体谅关心"模式，③ 代表学者麦克菲尔主张，使青少年快乐是价值观教育的基础；引导青少年学会关心他人、与他人和谐相处是培育核心价值观的主要目的；为青少年设计体谅情境是价值观教育的主要手段。三是 20 世纪 70 年代产生的"社会行动"模式④，主要代表人物是美国著名教育学家纽曼。该模式主张通过实施行动训练，提高青少年对环境的胜任能力；培育环境胜任能力是价值观教育的目的；社会行动是价值观教育的主要手段。因此，该模式鼓励青少年走出校园，深入社区、农村、工厂等，开展社会调查，深入进行访谈，收集资料，积累社会生活经验，丰富社会生活阅历，提高少年儿童是非和价值判断能力。四是 20 世纪 70 年代产生的"榜样示范"模式，代表人物包括班杜拉、希尔斯、沃尔特斯、洛特尔等，其中以班杜拉的影响最大。榜样示范包括行动和言语示范、象征性示范、抽象的示范等⑤。

---

① 习近平. 决胜全面建成小康社会夺取新时代中国特色社会主义伟大胜利——在中国共产党第十九次全国代表大会上的报告[M]. 北京：人民出版社，2017：42.

② 刘新庚，刘邦捷，黄力. 培育社会主义核心价值观的动力机制探索[J]. 社会主义核心价值观研究，2016(1)：46.

③ 袁桂林. 当代西方道德教育理论[M]. 福州：福建教育出版社，2005：269.

④ [美]理查德·哈什，等. 道德教育模式[M]. 傅维利，等译. 北京：学术期刊出版社，1989：168.

⑤ 伍新春. 高等教育心理学(修订版)[M]. 北京：高等教育出版社，1999：306-307.

此外，社会组织在价值观教育中的影响也越来越突出。比如，美国"基督教联盟"（The Christian Coalition）、"品格教育联盟（The Character Education Partnership)"等民间政治组织主张，通过祷告和保护学校宗教权利的做法传播清教价值观以及保守主义教育理念。同时，借助公益性专业服务公司和企业开展价值观教育也有体现，澳大利亚教育部委任"课程公司"（Curriculum Company)策划和开展价值观教育研究计划。通过课程公司筹资建立的学校价值观教育数据库、国内外价值观教育方法研究文献收集和介绍、在学校和社区选取样本开展价值观在线调查等方式，加强国家对价值观教育的了解和把控。加拿大奉行的谦让、合作、接纳、忍耐、尊重、种族平等、雄心、坚忍不拔、个人主义等价值观；澳大利亚崇尚的责任感、尊重、诚实、宽容、平等、自由、同情、幸福、卓越、和平等价值观，都是各国从观念建设角度提出的对社会发展中突出问题的应对。在2011年6月英国内政部提交给议会的《防范策略书》中，将"民主、法治、个人自由，以及与持不同信仰和信念的人们（包括无信仰人士）之间的相互尊重和宽容"作为官方首次对核心价值观的一种相对规范的界定。因此，虽然国外直接研究社会主义核心价值观的学术成果尚不多见，但其学术界、执政党和社会组织对价值观教育、价值观建设的重视是长期的。

2. 国内中小学生价值观培育研究

近年来，一些学者探讨了中小学生价值观的影响因素。黄希庭等学者通过自编问卷，发现家庭和个人生活经历是影响中小学生价值观最重要的因素，进而探讨中小学生价值观的影响因素。[1] 相对而言，中小学生价值观影响机制的研究较为少见。有学者从社会系统、文化系统、人格系统、家庭变故[2]、西方涉华舆情视角[3]对中小学生（青少年）价值观的影响机制进行了理论探讨。

对中小学生社会主义核心价值观教育策略与路径的探索逐渐增多。中小学生生活于一个多元社会环境中，"不同的价值观冲击着他们，经常遇到无法用主流价值观进行合理解释或妥善处理的道德困境"[4]。"对话的过程就是一个对自

① 黄希庭，张进辅，张蜀林. 我国五城市青少年学生价值观的调查[J]. 心理学报，1989(3)，281-282.

② 马金月. 社会变迁之家庭变故中青少年价值观的发展与影响机制[J]. 文理导航，2016(6)：80.

③ 王雯姝，闫雨. 西方涉华舆情对青少年价值观的影响机制分析[J]. 思想教育研究，2016(3)：77.

④ 周文英. 在生活德育中培养高中生的道德判断能力[J]. 中国校外教育，2014(32)：26.

己和他人的立场、信念和价值观进行审视的过程，对话的本质不是用一种价值观反对另一种价值观，而是一种共享"①。为让中小学生形成更直观的感受和体认，学校应当营造良好的德育生态环境和学习生活氛围，谋划"联动策略"，推进"联动教育"。②

研究者注意到，互联网对中小学生的学习和生活具有重要影响，"因此，在对中小学生进行社会主义核心价值观教育过程中，要充分利用互联网并积极引导中小学生合理利用互联网进行学习"，注重加强中小学生"知规则、懂规则和行规则"③教育，学习自主运用自媒体平台的教育资源，发挥其教育优势。具体来说，网络传媒具有"有效地集声音、图像、文字于一体"④的传播优势，可以图文并茂地传递社会主义核心价值观的内涵。因此，在社会主义核心价值观教育中，我们要使其与图像化叙事融为一体，增强教育与传播的感染力和吸引力，促进中小学生对社会主义核心价值观的认同。

同时，应将心理学理论用于中小学生社会主义核心价值观的认知实践。中小学生对社会主义核心价值观的认知经历由浅入深、由"亚稳定态"向稳定态的转变过程，实质上反映了中小学生认知图式的变化。各级教育工作者应针对这一变化，在教育过程中促成中小学生对社会主义核心价值观的自主选择、接受与悦纳。⑤

更多的研究聚焦于中小学生社会主义核心价值观教育效果。裴秀芳等在《中小学生社会主义核心价值观的现状及教育对策》中自编了《中小学生社会主义核心价值观调查问卷》。问卷调查发现，当代中小学生基本上认同社会主义核心价值观的要求，绝大部分中小学生表现较好；学生的爱国主义情感存在随年龄上升而下降的趋势；中小学生在诚信上的表现随年龄的增长出现了反复，即小学生情况最好，其次是高中生，最后是初中生。中小学生在尊老爱幼和乐于助人等方面做得很好，而在宽容尊重和理解包容等方面做得相对较差。顾海良等认

① 张楚廷. 教学细则 100 讲[M]. 长沙：湖南师范大学出版社，1999：23.

② 叶松庆. 创新力的早期养成[M]. 北京：科学出版社，2017：421.

③ 郭娅玲，唐碧梅. 家庭教育对中小学生规则意识与行为的培养[J]. 中国德育，2015(7)：31.

④ 唐平秋，卢尚月. 新媒体环境下大学生社会主义核心价值观培育的思考[J]. 思想理论教育导刊，2015(4)：75.

⑤ 叶松庆，胡光喜. "三力同构"视角下中小学生社会主义核心价值观教育现状调查研究[J]. 社会主义核心价值观研究，2018(5)：45.

为，总的来说，从 2014 年到 2017 年，中小学生对社会主义核心价值观的认知度逐渐提高，对社会主义核心价值观的认知和理解趋于深刻。可见，随着"社会主义核心价值观进教材、进课堂、进学生头脑"①的不断深入推进，中小学生社会主义核心价值观教育成效愈发显著。

相关研究对中小学生应当进行核心价值观培育、进行怎样的核心价值观培育、如何进行核心价值观培育等，从不同层面、不同维度进行了探讨。但是中小学生在课堂学习与交流中最直接的媒介是教科书，教科书尤其是人文社科类教科书承载价值观的状况如何？核心价值观如何经由教科书让学生入脑入心？中小学生社会主义核心价值观的形成规律是什么？中小学生需要经历怎样的教育过程、才能让社会主义核心价值观在其成长阶段真正地入脑入心？开展中小学生社会主义核心价值观培育内在规律是什么？此方面的相关研究还比较少。

二、中小学生核心价值观形成规律分析

教育部在《关于培育和践行社会主义核心价值观，进一步加强中小学德育工作的意见》中指出，社会主义核心价值观是中国特色社会主义的本质体现。培育和践行社会主义核心价值观、加强中小学德育是推进中国特色社会主义事业的必然要求，是深化教育领域综合改革、促进学生健康成长的现实选择。②

一般而言，小学生"在认知过程方面，由情景或表象相随的认知过程逐渐变为经验归纳型的过程；同时，无意识、自然情景下的学习也逐渐失去了主导地位，由有意识、有目标、在专门的学习环境中有教师指导的学习来代替。这一切促成儿童对世界的认识从日常经验向科学概念转化，由逐个掌握个别、分散的知识向掌握系统化的知识过渡"③。初中阶段是个体自我意识日益增强和独立探究精神的快速发展时期，也是"人生过程中由单独对外部世界探究到关注内部世界变化的转折期"④。研究表明，"从初中二年级开始，青少年的抽象逻辑思维即由经验型水平向理论型水平转化。到了高中二年级，十六七岁，这种转化

① 张岂之，靳诺，等. 学习贯彻习近平总书记重要讲话精神大力培育和践行社会主义核心价值观[J]. 思想理论教育导刊，2014(7)：11.
② 新华网. 教育部关于培育和践行社会主义核心价值观，进一步加强中小学德育工作的意见[J]. 基础教育参考，2014(11)：59.
③ 叶澜. 教育概论[M]. 北京：人民教育出版社，1991：266-267.
④ 叶澜. 教育概论[M]. 北京：人民教育出版社，1991：272.

初步完成。这意味着青少年的思维或认知趋于成熟"①。从年龄上来看，高中生大致指从 15 岁至 18 岁的学龄晚期或青年初期的学生群体。这一阶段是其生理、心理日益成熟但未完全成熟的过渡时期。"心理学研究表明，高中生在生理、心理发展以及道德、其他社会意识发展方面具有明显的不平衡性。这种不平衡性，一方面创造了个体个性以及道德和社会意识发展的空间，另一方面也造成了高中生心理过程的种种矛盾和冲突，表现出一种成熟前的动荡性"②。在一定社会教育条件下，一定年龄阶段人群（尤其是青少年）的思想状况、心理特征及社会意识总是处于一定的发展水平和阶段，并且呈现出近乎相似的群体特点。这就决定了对中小学生群体实施社会主义核心价值观培养和教育活动，要顺应其各个发展阶段的生理和心理特征。中小学生社会主义核心价值观的形成需要后天的不断培养和教育。

三、中小学生核心价值观形成的一般过程

中小学生核心价值观的形成实际上反映了中小学生在自身原有的认知图式和生活经验的基础上，能动、有目的地对教育者传授的与核心价值观相关的知识和技能等进行选择、接受和悦纳的过程。

(一)从感知到理解

由感知阶段到理解阶段，即由"是什么"向"为什么"转化的阶段。"知识是人脑对事物的属性、联系和关系的反映。它是人类通过实践活动对客观事物认识的结果。技能是人运用知识以完成某种任务的动作方式或智力活动的方式"③。教育者向中小学生传递与核心价值观相关的知识和技能，这些外界信息作用于受教育者的感官，使得他们对核心价值观产生大致的认识和了解，并以较为直观、感性的形式存储在大脑之中，形成对核心价值观的初步认知，即感受认知阶段。这一阶段所形成的相关认知虽然可能是片面的、肤浅的、简单的，却是核心价值观形成的基础。在对核心价值观有了基本认知的基础上，中小学生将根据自己既有的认知图式及经验水平等，进一步分析和理解核心价值观各具体

① 周天梅. 论自我的发展——青少年发展心理学研究[M]. 重庆：西南交通大学出版社，2007：11.
② 何齐宗. 青少年公民意识教育研究[M]. 北京：中国社会科学出版社，2011：5.
③ 胡德辉，叶奕乾. 小学儿童心理学[M]. 武汉：湖北教育出版社，1983：243.

内容之间的内在逻辑，并判断和总结核心价值观所具有的社会价值和意义，形成对核心价值观新的认知，这是核心价值观形成过程中的理解阶段。在这一阶段，中小学生对与社会主义核心价值观相关的知识、技能、情感、态度及行为层面的认识有了较为深刻的认知，经历了从"是什么"到"为什么"的阶段性转化，实现了对核心价值观从感性认识到理性认识的飞跃。

(二)从接受走向认同

中小学生从接受走向认同，是对各种教育信息在分析和判断的基础上，有选择地吸收和接受教育者所传递的有关核心价值观的内容，并与自身原有的认知图式融为一体的过程。不同的学生知识结构不同，思维方式各异，在接受核心价值观相关知识的过程中，会各有侧重地对与自身观念结构相一致的内容进行选择性吸收，对与自身观念结构不相一致的内容予以拒绝和排斥，经过自身思维的加工，融入自身的认知图式和结构。中小学生作为认知主体，能否从情感上真正接受与核心价值观相关的内容，是其产生和形成核心价值观的必要条件。如果缺乏情感上的意愿和认同，那么，在周围环境发生变化或个体利益的主张和维护受到影响的状态下，"知行不一"的情况就会发生。选择、接受、认同可以说既是整个内化过程的关键环节，也是最困难的环节。弗洛伊德把认同看作一个心理过程，"是个人向另一个人或团体的价值、规范与面貌去模仿、内化并形成自己的行为模式的过程，认同是个体与他人有情感联系的原初形式"[1]。经历了这样一个心理过程，中小学生才能将社会主义核心价值观真正内化为自身意识体系的一部分，不但从理论上知道核心价值观"是什么"，而且明白在具体行为中应该"怎么做"。

(三)由内化到外化

内化是变"社会要我这样做"为"我要这样做"[2]，"观念的东西不外是移入人的头脑并在人的头脑中改造过的物质的东西而已"[3]。中小学生核心价值观的内

---

① 梁丽萍. 中国人的宗教心理：宗教认同的理论分析与实证研究[M]. 北京：社会科学文献出版社，2004：12.
② 张耀灿，陈万柏. 思想政治教育学原理[M]. 北京：高等教育出版社，2002：9.
③ 马克思恩格斯选集(第五卷)[M]. 北京：人民出版社，2009：22.

化，是指教育者向中小学生传授核心价值观及相关知识，中小学生经过理解、认可和接受，转化为他们自身意识体系的一部分，成为支配、控制自身认知、情感、行为的内在力量的过程。外化，是指变"我要这样做"为"我正在（已经）这样做"①，即指将已经内化的思想观念等自觉地转化为符合社会要求的公民行为，并多次重复这些行为使之形成习惯性行为的过程。在中小学生核心价值观培育过程中，中小学生核心价值观的最终确立是内化与外化相互影响、相互作用的结果。

其中，实践是由内化到外化转化的关键环节。一方面，中小学生对核心价值观的内化是他们养成正确行为的基础和前提。中小学生如果没有对核心价值观的正确认识，就不可能形成科学的情感倾向，无法在实践活动中做出正确判断，进而采取正确行为。另一方面，中小学生核心价值观行为及习惯的养成是他们形成核心价值观的目的和归宿。如果仅仅具有正确的核心价值观念而没有外化为实际的公民行为，那么这种核心价值观念是没有实际意义和价值的。所以，内化—外化的过程即为"要我怎么做"—"我要这样做"—"我已经这样做"—"我将一直这样做"。

四、中小学生核心价值观形成的内在规律

中小学生核心价值观的形成和发展有其内在的发育机理，遵循一定规律。个体核心价值观的形成要受到来自自身和外界的内外因素的影响，在某种机理的作用下，经过一系列的矛盾运动，在各因素的因果联系和相互作用中最终形成。在个体核心价值观的形成过程中，各种外部因素虽然重要，但要通过人的内在因素（人的认知、情感、意志、行为等）才能最终产生作用。中小学生核心价值观的形成机理，既是其核心价值观培养和教育活动应遵循的客观规律和重要依据，也是提高中小学生核心价值观实效性的重要保障。区别于中小学生核心价值观形成的一般过程，中小学生核心价值观形成的内在机理揭示了其产生和发展的深层动因。

（一）需要是中小学生核心价值观产生、形成和发展的内在动因

需要是人的一切活动的动力和源泉，也是中小学生核心价值观产生、形成

---

① 张耀灿，陈万柏. 思想政治教育学原理[M]. 北京：高等教育出版社，2002：10.

和发展的内在动因。不同时期、不同领域的人们，其需要的内容和层次表现各有不同，但需要始终是决定人们思想和行为的深层动因。从根本上说，人们所从事和进行的各种活动，实质上是为了满足自身的需求。"一定的目的性意识，反映和契合了一定主体的需要，才能被一定的主体所内化，成为主体内在的精神动力，进而对一定主体满足自身需要的活动产生重要的指导和推动作用。"①需要"是生命物体为了自我保存和自我更新而进行的各种积极活动的客观根据和内在动因"②。中小学生核心价值观的形成和发展也是从需要开始的，而且这种需要是个体社会化的需要与个人内在需要的有机统一。例如，核心价值观的社会化需要（需求）是指在个体实现社会化的过程中，中小学生被要求应当具有相应的核心价值观，当这种要求为中小学生所接受，转化成为他们的思想或观念之后，就成为他们一种新的需要，要求自身的言行符合这种要求。只有当社会的要求同中小学生的需要建立密切联系时，这种外在的需求才不会成为一种外在的东西，而变为中小学生自身的需要。马克思说："已经得到满足的第一个需要本身、满足需要的活动和已经获得的为满足需要而用的工具又引起新的需要，而这种新的需要的产生是第一个历史活动。"③需要并非一成不变，会随着社会历史的发展和实践活动的深入而发生变化。同时，人的需要也会受其社会地位、生活方式等因素制约。教育者将需要—驱动机理应用于中小学生核心价值观的产生和形成，就要注意发现中小学生自身的积极有效的动机并加以适当引导，进而激发出正确的核心价值观和积极的公民行为，并促使这种有效的动机与意识、行为之间建立起稳定性、习惯性关联。

(二)情感体验是中小学生核心价值观强化认同、增进共识的保障

　　情感是人对客观事物所具有价值的一种主观反映。从人的心理活动的客观规律来看，核心价值观的生成和发展要经历一个由浅入深、由不稳定到稳定、由内化到外化的过程。在这一过程中，情感作为一种特殊的人类意识，起着至关重要的作用。中小学生核心价值观的内化与外化是极其复杂的，内化是受教育者按照相关要求整合形成自己的公民认知、公民观念、公民情感等内在意识

　　① 骆郁廷. 精神动力论[M]. 武汉：武汉大学出版社，2003：210.
　　② 陈志尚. 人学原理[M]. 北京：北京出版社，2005：193.
　　③ 马克思恩格斯选集：第1卷[M]. 北京：人民出版社，1995：79.

的过程；外化是将经内化所形成的社会主义核心价值观转化为相应的公民行为的过程。在由内化转为外化的过程中，对中小学生产生最深刻影响的非理性因素即为情感。情感的变化多以价值的变动为基础，尽管或多或少带有一定的非理性色彩和些许偏差，却在一定程度上诱发、强化或转移人们对客观事物所具有的价值需要，通常以肯定或否定、喜欢或厌恶等心理状态反映出来，并转化为一定的心理情绪。这种情绪的作用将会对主体核心价值观的产生和形成起到积极推动或消极抑制的作用。一般而言，即便中小学生对核心价值观产生一定的认知，形成一定的观念，掌握一定的规范，但却未必能正确加以践行，其中，情感的作用不可小觑。列宁说："没有'人的感情'，就从来没有也不可能有人对于真理的追求。"[①]情感在中小学生核心价值观形成过程中具有强化或抑制、推动或终止教育活动进行的重要作用。在具体实践活动中，中小学生如果对某一种教育形式、教育内容或方法持较为积极或肯定的情感，则会将这种情感性因素转化为努力接受教育的现实动力，促使主体认真学习相关知识，并自觉在行动中体现出来。反之，如果他们持消极或否定的情感，就会对教育活动产生抵触或逆反心理，不利于进一步理解和接受，更不利于核心价值观的形成。这就是"情感—引导机理"在中小学生核心价值观形成过程中发挥作用的具体体现。同时，由于情感较之于认知而言，具有更强的不易变更性和保守性，改变一种消极或否定的情感要比改变一种错误的认知更为困难。因此，消除情感方面的障碍，努力引导积极、肯定的情感因素，培养中小学生核心价值观形成过程中的情感体验，是强化认同、增进共识的保障。

（三）自觉认同是中小学生核心价值观形成的"自然"状态

实践是连接人们思想认识和社会现实的媒介。在核心价值观形成过程中，主体需要经常性地参加社会实践活动，增进对核心价值观的正确理解并增强认同感。同时，认同的正确与否、程度如何等最终需要在实践中加以检验。基于此，教育者在教育活动过程中要通过各种手段和途径，强化中小学生对核心价值观的自觉认同。只有这样，主体已经内化的核心价值观才能被转化成他们的价值标准及行为实践。因为，与核心价值观相关的认知、情感和观念，只是解决思想层面的问题，只能让中小学生知道核心价值观"是什么"以及"为什么"，

---

① 列宁全集：第 25 卷[M]. 北京：人民出版社，1988：117.

仅仅停留在应然层面；只有促使应然层面向实然层面转化，推进中小学生思想层面的认同转化为实践层面的认同，才是核心价值观培育的真正目的。当然，核心价值观如果仅仅内化为中小学生意识体系的有机组成部分，却未在其实践中付诸行动，就会产生知行相脱节的现象，影响其最终的稳固形成。当其处于外化的初始阶段时，核心价值观的形成和行为的养成常常带有偶然性和情境性，必须经过反复训练成为习惯之后，才有可能转化为较为稳定的习惯行为。因此，中小学生核心价值观的形成，需要经过不断教育、反复强化，才能巩固，最终达到习惯成自然的状态。

　　恩格斯说："事实上，世界体系的每一个思想映象，总是在客观上受到历史状况的限制，在主观上受到得出该思想映像的人的肉体状况和精神状况的限制。"[①]在此，恩格斯指出了思想认识产生和形成的社会制约性和个体制约性。中小学生核心价值观的产生和形成，既受到社会环境诸多方面的影响，又受到自身生理、心理发展变化诸因素的制约，是内在个体因素与外在社会因素相互作用、相互转化的结果。中小学生核心价值观的产生和形成是在一定的社会环境中进行的，其所处时代的政治、经济、文化和教育等成为核心价值观生成的制约性因素，即"理解者所处的不同于理解对象的特定的历史环境、历史条件和历史地位，这些因素必然要影响和制约他的文本的理解"[②]。其中，社会的政治、经济、法律等通过制度性的形式对核心价值观的形成产生较为硬性和显性的制约；而社会文化(尤其是政治文化)、历史传统等通过非制度性的形式对核心价值观的产生起到较为软性和隐性的制约。在一定程度上，文化对个体核心价值观形成所产生的影响和制约是一种内隐的机理和作用方式。中小学生在社会文化氛围的熏陶和感染下，形成某种特定的、较为稳固的思维方式和价值观念，并经过长期积淀产生较强的内隐认同。这种认同在潜移默化中成为较为固化的心理模式和惯性思维，将在很大程度上促进或抑制核心价值观的形成。此外，家庭是公民最初始、最持久的教育场所。个人的成长离不开家庭环境的熏陶，家长的公民素养对中小学生的健康成长意义重大。在良好的家庭教育背景下，中小学生可以获得对公共事务、政治事务、私人事务的正确认同，养成良好的行为习惯，形成一定的道德素养，这对他们核心价值观的培育具有奠基性

　　① 马克思恩格斯选集：第3卷[M]. 北京：人民出版社，1995：376.
　　② 张汝伦. 意义的探究——当代西方释义学[M]. 沈阳：辽宁人民出版社，1986：175.

作用。影响中小学生核心价值观形成的因素较多，教育者要注意对影响中小学生核心价值观产生和形成的各种因素加以分析和鉴别，并尽最大努力对各种因素加以调控和应用，使其有利因素发挥最大效应，充分发挥对核心价值观所起到的正向作用。

五、中小学生核心价值观形成的外在特性

中小学生核心价值观具有阶段性、复杂性、个体差异性和可引导性的外在特性。教育者应当根据这些特性，有针对性地组织和开展中小学生核心价值观教育活动。

(一)阶段性

"如果承认人生发展呈阶段性，这就意味着人生中每一个阶段相对于其他阶段都有自己的特征。"[①]中小学生核心价值观形成的阶段性特征的重要体现，一方面是由核心价值观形成的过程和内在规律所决定的，另一方面受到中小学生自身认知水平的影响。"儿童青少年的心理发展主要是指从不成熟到成熟这一成长阶段。这个发展变化从出生到成熟大体表现为四个方面。一是反映活动从混沌未分化向分化、专门化发展；二是反映活动从不随意性、被动性向随意性、主动性发展；三是反映认知机能从认识客体的直接的外部现象向认识事物的内部本质发展；四是对周围事物的态度从不稳定向稳定发展。这些发展不是一次完成的，而是不断完善、螺旋式上升的。"[②]由于对核心价值观的认知尚处于形象的、具体的感性思维阶段，学生对周围直观事物的感受较深，且主观情绪色彩往往较浓，而对于一些较为抽象的概念和较为复杂的社会现象具有一定的认识和理解障碍。因此，小学低年级学生对于相关知识和概念的理解和掌握，总体上处于较为粗糙的水平，在核心价值观方面未形成较为系统和稳定的观点和态度，对核心价值观的认知和行为还不能做到完全一致。处于小学高年级和初中阶段的学生，他们的抽象思维能力和逻辑思考能力均有一定发展，对社会主义核心价值观的认知愈加清晰，对实践中相应行为的理解也愈加深刻。但是，他们这种认识和理解往往缘于对生活的观察和经验的总结，

---

① 叶澜. 教育概论[M]. 北京：人民教育出版社，1991：250.

② 孙义农. 初中生心理辅导[M]. 杭州：浙江大学出版社，2002：11.

依然带有相当程度的不确定性和不稳定性，同样需要引导和规范。因此，教育者应依据不同年龄阶段中小学生的认知水平，按照学生的理解和接受能力，分阶段传授给他们相应的公民所应具备的知识和技能，为核心价值观的形成奠定良好基础。中小学生核心价值观形成的阶段性特点说明，核心价值观的真正形成，需要一个长期、反复的学习过程。对教育者而言，不能简单地以学生能识记几个概念、几句条文，在实践中经过几次练习、几场活动等，就认为中小学生核心价值观培育活动的任务已经完成。中小学生核心价值观的培育要遵从学生的认知发展规律，从实际出发，循序渐进，将知、情、意、行结合起来，才能收到预期效果。

(二)复杂性

中小学生核心价值观的形成是一个复杂的过程。这种复杂性一方面体现在价值观的形成过程本身，另一方面反映在外在因素对该价值观形成的影响上。如前所述，中小学生核心价值观的形成，经历“感知—理解、接受—认同、内化—外化”三个环节，是一个循序渐进的过程。在某些情况下，中小学生虽然可能在表面上对核心价值观有一定的认知和了解，但或是由于与自身原有认知图式不一致，或是出于情感的抗拒和抵触，其内心并不情愿，这势必影响到他们在现实生活中的具体行为。同时，即便中小学生对社会主义核心价值观有一定程度的理解和掌握，也并不意味着其核心价值观形成过程的完成，必须经历日常性、反复性实践和体验，才能转化为具体行为，并最终形成较为稳固的习惯。核心价值观形成过程的这种连续性转化，实际上是个体极其复杂的思想矛盾过程的体现。此外，中小学生核心价值观的形成还受到外界各种复杂因素的影响和制约。在这些因素的作用下，核心价值观的形成必然会伴随着较多的不确定性和难以预测性。中小学生核心价值观的形成是学校教育、家庭教育、社会教育、自我教育若干方面的有机统一，同时受到来自经济、政治、文化等方面因素的影响。在这些因素的影响下，诸多教育方式和途径综合作用于整个中小学生核心价值观形成的全过程。只有相互之间作用与影响一致，且形成良性互动机制，中小学生核心价值观才能顺利形成和发展。

(三)个体差异性

虽然同一个年龄阶段的学生具有大体相同和较为相似的生理、心理特点，但每个学生都是独特个体，即便中小学生核心价值观的产生和形成具有一定的共性特征，也存在较大的个体差异。这主要有两个方面的原因。首先，个体之间的差异。不同的个体在心理发展状况、认知发展水平、思想价值观念、实践活动能力等方面均存在差异。这些差异导致不同个体在接受同一教育活动过程中，形成的认识和产生的观念千差万别。由此，在不同的情境下，因差异性所导致个体做出的判断和选择可能相去甚远。其次，个体在成长过程中，还会受到周围环境的影响和制约。成长环境不同，个体核心价值观的形成各异。例如，所在家庭的经济状况、父母的教育背景、家庭成员之间的关系、同辈群体的组成情况、所在社区的整体氛围等，均会对个体核心价值观的形成产生一定的作用。核心价值观形成的差异性特征，要求教育者在实施中小学生核心价值观培育活动中，既要考虑受教育者心理发展和认知发展的一般年龄特征，也要顾及他们存在的个体差异。在知识的传授到实践活动的安排过程中，教育者在强调充分发挥学生主体能动性的同时，要尊重和关照他们之间存在的个体差异（包括地域差异、性别差异等）及需求、兴趣、爱好的不同。教育者应从学生的实际出发，坚持具体问题具体分析，针对不同的个体，采用不同的方式和方法，通过教育与自我教育，培养他们的核心价值观。

（四）可引导性

与成年人相比，中小学生核心价值观的形成更具引导性。学生的年龄越小、年级越低，核心价值观形成的可引导性特征表现就越突出。中小学生的生理、心理正处于由不成熟向相对成熟过渡的阶段，思想状况和观念结构变化较大，与核心价值观相关的一些认知、情感、态度和行为等具有一定的不稳定性，尚处于动态发展的状态和情境中。因此，对这一阶段的学生进行核心价值观的培育活动，具有较强的可行性。教育者引导作用的发挥，主要体现在对中小学生进行知识传授及指导实践活动的过程。在核心价值观相关知识的传授方面，教育者要注意引导中小学生将在生活中发现的一些现象和问题与书本知识进行对照、比较、分析和思考，将获得的新知识和观点融入已有的认知图式中，转化为自身思想意识体系中的有机组成部分。在现实生活中，受到来自主体情感因素或外界环境的影响，动机和行为往往出现不一致的现象，学生常常具有良好动机，但由于缺乏相关知识、经验和技能，且未获得教育者的及时指导，导致可能产生较差的效果，在核心价值观向行为转化的环节出现偏差。在这种情况下，教师在组织中小学生参与实践活动和情境体验的过程中，在肯定学生积极、正确动机的前提下，应科学、合理安排教学活动，采用适当的方法和形式，引导中小学生核心价值观的形成。

第二章
教科书与中小学生核心价值观的培育

在北京大学纪念五四运动 95 周年座谈会上，习近平总书记明确提出："我们提倡的社会主义核心价值观，就充分体现了对中华传统文化的传承和升华。"①语文教学不仅担负着继承和发展中华民族传统文化的责任，还起到提高中小学生思想道德水平和培育核心价值观的重要作用。自语文独立设科以来，语文教科书的建设改革就从未停止。特别是新中国成立以来，综观各个时期、各个版本、不同地区的语文教科书可以发现，尽管内容具体侧重点不尽相同，但都蕴含着核心价值观的培育要求。语文教科书是社会意识的反映，是联系社会与学校之间的桥梁，对中小学生的影响深远。语文教科书的演变源于核心价值观培育要求的变化。

一、核心价值观引领教科书的演变方向

《伦理学小辞典》释义："价值观是一定社会条件下，人的生活实践对自我、他人以及社会所产生的意义的自觉认知。"②因而价值观不是绝对静止、一成不变的，在不同的社会历史背景下，价值观会顺应时代要求发生改变，并且引领同时代教科书的变化。

（一）选文标准落实了核心价值观系统性要求

新中国成立初期，面对机遇和挑战并存的局面，毛泽东诗意地说："我们不

---

① 习近平. 青年要自觉践行社会主义核心价值观——在北京大学师生座谈会上的讲话[EB/OL]. http://news.cyol.com/content/2014-10/11/content_10765449.htm.
② 郑文慧. 初中语文教学与价值观培养浅谈[J]. 新课程，2015(2)：188.

但善于破坏一个旧世界,我们还将善于建设一个新世界。"①于是稳定政局、提升综合国力、实现中华民族的伟大复兴就成了最迫切的任务,这中间自然包括核心价值观建设。这一时期核心价值观的培育强调系统性和秩序性,具体措施有,在学校开设马克思主义政治理论相关课程,让学生认识和学习马克思主义价值观;建设以学校党委为领导、行政为主力、政治理论课为渠道,组织学生积极参与,分工协作的中小学核心价值观教育体系。

与此同时,由于政治稳定和社会安定的双重需要,语文教科书采用"一纲一本"的制度,一定程度上体现了核心价值观教育所强调的秩序性原则。新中国成立初期,中小学以老解放区的《中等国文》为蓝本修订的课本,文本语言都是白话文,课后只设置一些简单的注解和问答式习题。1950年起全国中小学教科书一律为人教版教科书②,虽然教科书在选文上对文章的辞藻布局以及作者的思想情感等多个方面提出了要求,但却极力强调文章的"典范"作用。这一时期,叶圣陶先生提出了"语文教科书无非是例子"的观点③,倡导"文质兼美,堪为模式"的选文标准。在他的"例子说"和"凭借说"指引下,语文教科书的选文更加体现典型性、示范性,编写时也更加注重内容之间的顺序和联系。学生在学习教科书内容的时候,能够更加容易地从宏观上建立知识体系、把握整本书的内容。紧接着,通过教学和练习培养学生举一反三的能力,拓展学生的阅读视野,让学生学在课堂又学出课堂,做到理论与实际相结合,让语文教学形成一个独特完整的体系,在选文标准和语文教学上落实社会主义核心价值观教育中强调的系统性要求。

之后,随着反右斗争扩大化,革命导向开始占据核心价值观教育理念的主导地位——"左"的错误开始出现。主要体现为,在领导体制上以单纯的政治运动取代经常性的价值观教育活动;只注重阶级性和革命性,忽略了个体政治思想道德的差异性;一味要求整齐划一,无视甚至违背辩证唯物主义的理论要求。与之相对应出现的教育问题是,在教育方针上大肆宣扬"斗争哲学",鼓吹"革命

---

① 毛泽东.在中国共产党七届二中全会上的报告(节选)[EB/OL]. https://www.docin.com/p-523571931.html.

② 易丽哲,李山林.百年语文教科书建设的发展轨迹[J].基础教育研究,2014(15):29.

③ 王晓霞.试论当代我国大陆初中语文教科书选文标准的历史演变[J].学科教育,2003(3):12.

28

大批判"①；在教科书内容的选编过程中单一性和强制性特色突出。教科书编写者在选文时考虑政治问题远胜过文学本身，中小学语文教科书几乎起到了第二政治教科书的作用。一些思想深刻、意义深远的优秀文学作品也因此被排除在教科书之外。

（二）规范系统的教科书开始凸显价值性和发展性特征

在改革开放浪潮的推动下，我国社会进入常规性稳态②（就历史进程而言，人类总是交替经历社会动荡变革与社会常规性稳态运行两种状态）③。新的历史条件让整个社会的价值观开始发生改变，价值秩序和思想道德规范的培养要求被"增量改革"所取代，转而强调价值发展的秩序性和规范性，重视对现有制度的完善。

时代的发展、价值观的变动为中小学语文教科书的建设带来了生机。教科书在编辑上坚持党的领导，秉承实事求是精神，批判继承新中国成立之初的探索成果，将社会意义与教育意义相结合，文本内容更显综合多样（自然、科学、古文和外国文学），文本体系趋于科学性和系统性。从 20 世纪 80 年代开始，一些"不讲政治"的篇目开始入选语文教科书，如袁枚的《祭妹文》、杜牧的《阿房宫赋》和陶潜的《归去来兮辞》。之后颁布的教学大纲更是在教学目的中增加了"开拓视野、发展智力、培养健康的审美观"要求，培养"四有"公民的素质教育正式出现。真正的范文在语文教科书中的比例逐渐增加，最具代表性的是中国古典诗文的选编数量增加。紧跟核心价值观的步伐，语文教学不再单纯为政治宣教，而是真正开始重视对受教育者自身能力和社会价值的培育。到了 20 世纪 90 年代，语文教学大纲的核心内容转变为学生的能力训练，强调思路分析和表达方式，重视学生语感、语境意识的培养。至此，语文教科书的实用性和综合性开始体现，规范系统的语文教学也开始凸显价值性和发展性特征。这一点，一定意义上与核心价值观培育要求中的"增量改革"是一致的。

---

① 高地. 中国共产党社会主义核心价值观教育的历程、律与经验[J]. 思想教育研究，2011(8)：22.

② 张澍军. 试论思想政治教育学科前沿的若干重大问题[J]. 马克思主义研究，2011(1)：134.

③ 张志祥. 论制度化时期德育工作思维视角的转换[J]. 江苏技术师范学院学报，2006(3)：41.

（三）社会主义核心价值观在教科书中体现得更加深刻详细

党的十八大从国家、社会、个人三个层面对社会主义核心价值观做了高度概括，倡导富强、民主、文明、和谐，自由、平等、公正、法治以及爱国、敬业、诚信、友善的价值观。清晰凝练的24个字不仅让全国人民抓住了核心价值观的"主心骨"，也展现了新时期价值观的多元化的特点。核心价值观的培育较之前来看，不再单一笼统、简单含糊，而是分对象、有针对性地提出相应要求。可以看出，新时期的核心价值观更加深刻详细，且具有科学性和系统性。

新课改是一个不断变化、迅速发展的过程，激烈的人才竞争、多元化的人才需求，让语文教学不得不更加注重对中小学生社会意识的培养，提高学生自主学习、准确运用文字的能力。同时，鉴于核心价值观的培育要求，教科书决策者被要求在遵循学生自身发展规律的基础上，编写更加科学、符合时代发展要求的语文课本。2001年，《全日制义务教育语文课程标准（实验稿）》颁布，为语文教科书的进一步发展明确了标准，引导语文教科书围绕价值观教育要求另辟蹊径，指引教育工作者从"知识与能力、过程与方法、情感态度与价值观"三个维度确立教学目标。它把个人层面的核心价值观目标融进教学过程当中，注重让学生受到爱国主义教育、启蒙科学思维方法和培养社会思想品德，强调学生创造力和审美情趣的发展，要求个性健康和良好品质。此外，环保意识和生态观念也在教科书中得到充分体现。例如，苏教版初中语文教科书中的《鼎湖山听泉》和《绿》两篇选文，作者通过优美清新的笔触给学生展现了大自然的美丽风光；在反复朗读和教师引导下，学生对祖国河山的热爱、保护之情得到充分激发。人教版初中教科书则剔去含有浓烈时代感和政治色彩的《艰难的国运与雄健的国民》一文，让季羡林先生吟诵着优美深情的《月是故乡明》，让学生在畅游文字中燃起爱国情怀。新版语文教科书与旧版相比更贴近学生的生活实际。比如，七年级上册新增"学习生活"主题单元，选用《我的老师》《再塑生命》《我的早年生活》《王几何》和《〈论语〉十二章》这些生活化的文章作为教学内容，让教育教学与实际生活紧密相系，将"生活即教育"的教学思想贯彻语文教学始终；强调"家庭亲情"，以《秋天的怀念》替代《风筝》一文。这样的改变让语文更显实用性，真正体现把实现学生的全面发展作为语文教育终极目标的教学理念，把核心价值观在个人层面倡导的"爱国、敬业、诚信、友善"8字真言落实到日常教学中。另外，它还强调文本阅读，重视学生的主体性和教师的引导性（要求语文教师适当指引以达到增强学生自主学习能力的目的）。在课后习题的设计上，新版教科书也有所调整，它注重题量的均衡、题目的质量和灵活性，重视思维训练。教育者评价受教育者的作答不再仅仅局限于答案的准确性上，更多关注的是学生自我思维能力的体现。师生关系的转变和习题设置的发展让"自由、平等"的社会观念自然地体现在语文教学中。

综合不同时期的具体情况来看，核心价值观的变化引领中小学语文教科书的改革方向，对教科书的演变起到"风向标"作用。新时期语文通过对中小学生个人层面价值观的培育，逐步实现国家和社会层面核心价值观的培育要求。

二、语文教科书是对核心价值观培育要求的具体反映

语文教科书是培育时代人才的工具。在不同时期，根据不同经济、政治、文化发展水平，教科书呈现的内容也有差异。换言之，语文教科书不仅是社会历史的浓缩，更是对核心价值观培育要求的具体反映。

(一)语文教科书发展有助于实现核心价值观培育要求

学生是祖国未来建设的工程师，对他们的培养和教育关系国家前途和命运。尤其是中学生正值生长发育的黄金时期，同时处在学习发展的关键时期，对他们的培养和教育更加重要。教育者在督促学生努力学习科学文化知识的时候，抓准时机适当进行思想道德教育，提高学生的素质修养水平，加强新时期中小学生社会主义核心价值观培育也是不可或缺的任务。语文教育与核心价值观的培育是相辅相成的关系，语文教科书的演变是紧跟核心价值观培育要求的一个变化过程，是核心价值观要求最直观、最具体的体现，是核心价值观最有利的践行者和弘扬者。

语文课程所蕴含的丰富人文内涵对中小学生精神世界的涵养和发展具有深远影响，而中小学生对语文教科书的理解往往是"仁者见仁智者见智"的。新课标中要求语文教科书"要加强社会主义核心价值观的渗透"，积极响应教育工作者的倡导，在"中小学教科书要更多地体现社会主义核心价值观"的具体要求。在社会主义现代化建设新时期，过去的中小学语文教学模式和语文教科书内容已经无法适应当今社会对于中小学生核心价值观培育的要求。因此，新时期语

文教科书在编写时始终坚持实事求是、与时俱进的原则，密切联系社会生活对于中小学生能力和素质水平的要求，做到有针对性地选择课文内容和科学地命制课后习题。语文教科书体现的以爱国主义为核心的民族精神和以改革创新为核心的时代精神的编选准则，正是重视中小学生社会主义核心价值观培养，引导他们树立社会主义荣辱观，确立正确世界观、人生观和价值观的具体体现。

以核心价值观个人层面爱国的培养为例，语文教科书中有许多蕴含浓郁爱国情感的经典之作。这些"文质兼美"的文章不仅给中小学生阅读视角的享受，对他们价值观的建立也起到了积极推动作用。学生在学习文章内容、感受作者情感的过程中，潜移默化地受到情感的熏陶，产生"爱国"共鸣。例如，人教版（2013年版）初中语文教科书中增加了萧红的《回忆鲁迅先生》，与旧版本中《音乐巨人贝多芬》相比[1]，这篇选文在内容上看是中国作家赞美文坛巨星的文章，比起歌颂外国名人距离感更小，学生的价值认同感更容易被激发；从文章架构来看，中国作家的行文布局更契合学生阅读习惯，阅读学习时更容易把握文章内容、体会作者情感。虽然新旧版本中的两篇文章都是在颂扬名人名事，但《回忆鲁迅先生》不但能够引起学生对鲁迅先生的钦佩之情，而且比较容易激发学生的爱国之情。相较于用外国作家的事迹激发"爱国"，这种对祖国的情感来得更加直接而强烈。

新课标强调，要"重视语文课程对学生思想情感所起的熏陶感染作用，注意课程内容的价值取向，要继承和发展中华优秀文化传统和革命传统，体现社会主义核心价值体系的引领作用。"[2]这个要求在体现核心价值观在语文教科书的演变中起到重要作用的同时，也从侧面证明了语文教科书对于培育中小学生核心价值观所具有的重大意义。培育中学生的核心价值观，让学生践行核心价值观的要求，是语文教学的终极目标。语文教科书的演变是否符合核心价值观的培育要求是这一目标能否实现的关键所在。

人教版（2019年版）语文课本把七年级上册"家庭亲情"主题由原来的第五单元提前到第一单元，在七年级下册新添"道德修养"内容等。这些内容安排和调

---

① 王本华. 人教版义务教育课程标准教科书修订情况介绍[EB/OL]. http://www.doc88.com/p-9079324523444.html.

② 中华人民共和国教育部. 义务教育语文课程标准（2011版）[M]. 北京：北京师范大学出版社，2012：2-3.

整无一不是为了让语文教学契合核心价值观的培养方向，更加切实有效地对中学生进行核心价值观教育。

(二)教学需求对语文教科书的演变方向具有重要影响

教师是传递和传播人类文明的专职人员，是学校教育职能的主要实施者，根本任务是教书育人。教育教学理论指出，教育者在教育过程中起主导作用，在教学活动中扮演设计者、组织者和管理者角色，他们对核心价值观的理解以及对于教科书的剖析在学生核心价值观的培育中有着不容忽视的影响。当然，优秀教育者对于受教育者而言，其本身所具备的榜样示范作用同样也引领着中小学生走上学习和践行社会主义核心价值观的正确道路。所以，教师是中小学生核心价值观培养过程中的"掌舵人"。

《师说》有言："师者，传道授业解惑也。""教师的角色是指出不足之处，回答问题。"①教育者是知识的传授者，也是人类文化的传递者，他们在受教育者与文化知识之间架起了一座桥梁。教师不但实践和检验着教科书的合理性与适用性，而且能够系统全面地把教育现象、教育效果以及教学过程中发现的问题反映给语文教科书的编写者。有鉴于此，教师对语文教科书的演变方向具有重要影响。

语文教师不仅肩负着传播各民族优秀文化的重任，还扮演着引导学生学习和形成正确核心价值观，帮助语文教科书紧跟时代步伐、不断发展完善的重要角色。

三、核心价值观融入语文教科书的内容和方式

融入语文教科书是实现核心价值观培育的需要。在命题作文、单元指导、课后练习、综合性学习、材料阅读等多种途径中，最直接有效的方式是选取拥有相同或者相近思想内涵的文本，让学生通过对文本的阅读品味，感受文章中隐含的思想感情，最终达到培育中小学生核心价值观的目的。

---

① Daniela Stoica，Florica Paragina，Silviu Paragina，Cristina Miron，Alexandru Jipa. The interactivewhiteboard and the instructional design in teaching physics[J]. Procedia Social and Behavioral Sciences，2011，15：3316-3321.

(一)国家、社会层面核心价值观在选文中的体现

苏教版(2005 年版)初中语文选文《陈涉世家》通过描写陈胜、吴广不安现状，鼓动农民奋起起义的事情，突出"王侯将相宁有种乎"的人权平等思想和"苟富贵勿相忘"的共同富裕目标，表现了人们对"富贵"的追求，继承了中华民族历来对"民主富强"的不懈追求。还有《七律·长征》《长征组歌两首——四渡赤水出奇兵、过雪山草地》《草》《〈长征〉节选》《诗人领袖》等，在表现革命者不畏牺牲、艰苦奋斗崇高品质的同时，突出自强不息的中华民族精神。不难看出，苏教版初中语文教科书中有不少体现国家层面核心价值观培育要求的课文，相比较之下体现社会价值取向的选文就要少很多。小说《孔乙己》和《范进中举》都是通过塑造一个贫困潦倒，遭到世人冷眼相待的旧社会知识分子形象，来反映当时社会的黑暗，达到抨击不良社会制度和警醒世人封建礼教害人匪浅的目的。文言文《马说》《捕蛇者说》通过马、蛇的形象借物喻人，表现由于统治者决策失误给人民带来的困苦甚至灾难，暗讽当时的社会制度，从而引发学生价值观层面的思考。纵观整套苏教版初中语文教科书，选文很少涉及时代特征和社会公德两个方面，而有关自然价值观层面的选文却是教科书的"宠儿"。记叙西湖避雨经历的《山中避雨》一文，作者用自己的切身感触告诉学生，音乐的感染可以拉近人与人之间的距离，使彼此和谐相处，表现了对于"自然之声"的喜爱赞美之情。老舍《济南的冬天》虽然是一篇以着重描绘济南冬天特有的迷人风景，表达作者对济南冬天景象热爱之情为中心的写景抒情散文，但同时也是一篇侧面表现渴望人与自然和谐相处的文章——人与自然的和谐才能让济南的冬天永葆温情、可爱、迷人的风采。类似的散文还有朱自清的《春》，作者用优美的笔触刻画了春草、春花、春风、春雨四幅美景，展现了春的魅力，让学生不经意间爱上大自然风光。除了散文和记叙文之外，苏教版初中语文教科书的编写者还将多篇有关自然科学知识的说明文编入教科书，具体有《斜塔上的实验》《事物的正确答案不止一个》《以虫治虫》《梵天寺木塔》《沙漠里的奇怪现象》等，让学生在理性严谨、平实易懂的语言中体会自然科学丰富多彩的奥秘。另外，不可不提的还有《都市精灵》《幽径悲剧》这一类文章，运用间接抒情的手法，着重于对自然界动物和景物的描绘叙述，让学生在学习夹叙夹议的写作手法之际，感悟人与自然不可分割、息息相关的联系。综合以上对语文教科书选文内容的部分分析不难看出，不管是人与自然还是人与人之间的关系，"文明和谐"始终是华夏儿女共同的期盼。

(二)选文中个人核心价值观培育的呈现

体现个人核心价值观培育要求的文章是仅次于自然科学主题的第二大选文热点。《我的老师》这篇文章在字里行间展现一名人民教师的慈爱和伟大，流露出"我"对老师的敬仰和爱戴。除了形象的刻画、情感的抒发以外，《我的老师》一文还提出了"爱岗敬业"的个人价值观要求，作为教师不仅要履行教书育人的职责，同时也要关心爱护学生；作为学生不仅要努力学好科学文化知识，还要敬重爱戴师长。此外，在新课标倡导的三维目标之一的"情感态度与价值观"中，重在提高学生道德修养的文章还有《多一些宽容》《陋室铭》《纪念白求恩》等。《新闻两篇》《始终眷恋着自己的祖国》和《最后一课》等文章，虽然文本体裁不尽相同，但都表现爱国主义情怀，以激发学生的爱国热情为目标，体现核心价值观中个人层面上"爱国"的培养要求。

(三)教科书辅助系统对培育核心价值观的作用

通过对苏教版语文教科书的研究发现，除了优秀选文以外，课后练习、单元练习等配套练习在语文教科书的内容排版中也占有相当比重。众所周知，学生想要获得高效率学习效果，预习和复习环节必不可少。教科书中相应的练习设置恰好给学生课前自主预习指明了重点，结合课后练习自习课文，学生可以快速抓住文章的重点段落，初步感受文章的主旨思想，从而大致感知文中隐含的核心价值观，并且有针对性地提出自己的疑问。课后通过完成有一定难度的课后练习或单元练习，可以帮助学生巩固课堂知识，加深对文章中心思想的理解和感悟，进一步达到培育核心价值观的目的。

通过以上对中小学生核心价值观变化与语文教科书演变历程关系的研究，可以发现，初中语文教科书的演变源于核心价值观培育方向的改变。不管是新中国成立初期的典范化、唯一化，还是改革开放时期的科学化、多样化，乃至新课改时期"24字真言"融入选文，教科书的这些改变为的是把核心价值观更好地融入课堂、融进学生生活，为的是培养符合时代需要的能人志士。但就核心价值观融入语文教科书的内容和方式来看，教科书在选编上还有改进空间。例如，调整选文内容，以均衡各层面核心价值观在教科书中的体现比重；改变习题类型，让语文教学更加贴近学生实际生活，加强对学生综合能力的培养。当然，此论题还有很多值得研究的地方，如进一步探讨核心价值观如何经由教科书融入中小学生的日常学习生活，研究核心价值观"进教科书"的可行途径等问题。

第三章
新时期语文教科书价值观内容变迁

　　新时期扭转了之前思想路线混乱、教学质量倒退的局面，加速了语文教育教学的变革，带动了语文教学大纲（课程标准）及语文教科书内容的不断完善。由"编审合一"的统编制逐渐向"编审分离"的审定制发展，极大坚定了从中央到地方推动语文教科书改革与建设的决心。

一、20 世纪 70 年代末至 80 年代初语文教科书价值观内容

（一）语文教科书价值观内容概述

　　1. 背景简介

　　1978 年后，全国各族人民在中国共产党领导下，认真贯彻执行新时期总路线，国民经济得到了迅速恢复和发展。确立了解放思想、实事求是、团结一致向前看的思想路线，进一步巩固安定团结的局面，健全党规党纪、严肃党纪，调动一切积极因素为实现四个现代化努力；农业生产、交通运输、基本建设、国内外贸易都得到了迅速恢复，取得了新的成绩；文化馆、博物馆等公共文化场馆不断增加，电影、广播、电视、新闻事业迅速发展；科技队伍不断壮大，重大科学技术研究成果不断增多；教育方面，各类学校招生人数有所增加，且经过调整和整顿后，教育质量有所提高。[①] 1978 年颁布的《全日制十年制学校中学语文教学大纲（试行草案）》，是一个拨乱反正的大纲，1980 年修订印行第二版。《初级中学教科书语文》和《高级中学课本语文》这两套教科书就是在这一背景下编写的。

---

　　① 1978 年国民经济和社会发展统计公报［EB/OL］．http://news. xinhuanet. com/zhengfu/2002-11/14/content_630161. html. 2016-08-01.

2. 研究依据

(1)政治文件类依据

在改革的大环境下，加速社会主义文化建设显得十分迫切。《解放思想，实事求是，团结一致向前看》是邓小平同志在 1978 年 12 月 13 日中共中央工作会议闭幕会上的讲话，讲话提出："只有解放思想，坚持实事求是，一切从实际出发，理论联系实际""都来鼓励、支持党员和群众勇于思考、勇于探索、勇于创新，促进群众解放思想、开动脑筋""宪法和党章规定的公民权利、党员权利必须坚决保障，任何人不得侵犯""为了保障人民民主，必须加强法制。必须使民主制度化、法律化""要坚持从实践中学，从书本上学，从自己和人家的经验教训中学"。①

1978 年，《中国共产党第十一届中央委员会第三次全体会议公报》指出："要在人民和青年中继续加强自力更生、艰苦奋斗的革命思想教育。""健全党的民主集中制，健全党规党纪，严肃党纪。宪法规定的公民权利，必须坚决保障，任何人不得侵犯。""只要全党努力学习马列主义、毛泽东思想和社会主义现代化建设的本领，继续坚持实事求是，坚持群众路线，既勇于创造新的经验，又保持谦虚谨慎的态度，充分调查研究，实行精心指导，不打无准备之仗，不打无把握之仗。"②

胡耀邦同志在党的十二大作了题为《全面开创社会主义现代化建设的新局面》(1982 年)的报告，报告指出："要相信人民，依靠人民，顺应人民的要求和历史发展的潮流。""要厉行节约，反对浪费，把全部经济工作转到以提高经济效益为中心的轨道上来。""坚持革命的理想、道德和纪律。带动越来越多的社会成员成为有理想、有道德、有文化、守纪律的劳动者。""全社会建立和发展一种团结一致、友爱互助、共同奋斗、共同前进的新型社会关系。""在广大人民群众中，首先是干部和青年中，加强马克思列宁主义、毛泽东思想的教育，加强祖国历史特别是近代史的教育，加强党的纲领、党的历史和党的革命传统的教育，加强宪法和公民权利、公民义务、公民道德的教育，在各行各业加强职业责任、

---

① 解放思想，实事求是，团结一致向前看〔EB/OL〕. http://baike. baidu. com/view/1974919. html. 2016-08-01.

② 中国共产党第十一届中央委员会第三次全体会议公报〔EB/OL〕. http://baike. baidu. com/view/1975390. html. 2016-08-01.

职业道德、职业纪律的教育。努力实现理想教育、道德教育、纪律教育在全国人民中首先是全国青少年中的普及。""建设高度的社会主义民主和法制，保障社会主义建设的顺利进行。"①

这些政策文件反映了当时社会的主流文化价值观念，是分析本阶段教科书价值观内容时的重要依据。

(2)课程文件类依据

1978年版《全日制十年制学校中学语文教学大纲(试行草案)》在概述部分指出："毛主席教导说：'一个革命干部，必修能看能写，要有丰富的社会常识与自然常识，以为从事工作的基础与学习理论的基础，工作才有做好的希望，理论也才有学好的希望。'"在教学目的和要求部分指出："中学语文教学的目的是，用马克思主义的立场、观点和方法指导学生学习课文和必要的语文知识，进行严格的读写训练，使学生在思想上受到教育，不断提高社会主义觉悟，增强无产阶级感情，逐步树立无产阶级世界观；在读写能力上得到提高，能够正确地理解和运用祖国的语言文字，具有现代语文的读写能力和阅读浅易文言文的能力，逐步树立马克思主义的文风。"在教科书的内容和编排部分指出："课文的选取要遵照毛主席的教导，'以政治标准放在第一位，以艺术标准放在第二位'，要求'政治和艺术的统一，内容和形式的统一，革命的政治内容和尽可能完美的艺术形式的统一'。""从五四到建国的作品，要有鲜明的反帝、反封建、反官僚资本主义的内容，要反映新民主主义革命时期工农大众和革命前辈在党的领导下的斗争生活。选取古代的作品，要根据批判继承的原则。入选的外国作品，要有进步的思想内容。"②

1980年版《全日制十年制学校中学语文教学大纲(试行草案)》在其概述部分指出："语文课在进行读写训练的同时，还必须进行思想政治教育。"在教学目的和要求部分指出："在读写训练的过程中，要注意提高学生的社会主义觉悟，培养无产阶级的情操和共产主义的道德品质。"在教科书的内容和编排部分指出："课文要选取文质兼美的文章，必须思想内容好，语言文字好，适合教学(适合

---

① 全面开创社会主义现代化建设的新局面[EB/OL]. http://www.gov.cn/test/2007-08/28/content_729792.html. 2016-08-01.

② 课程教材研究所. 20世纪中国中小学课程标准·教学大纲汇编 语文卷[M]. 北京：人民教育出版社，2001：437-438.

学生的年龄特征和接受能力)。"①

这些课程文件是分析本阶段教科书价值观内容时的重要依据。

3. 样本介绍

1977 年,人民教育出版社重新制定了新的教学大纲,并根据此大纲于 1978 年编写了全日制学校中学语文课本。"这套课本诞生于拨乱反正的关键时期,清除了十年动乱时期教科书中的许多谬误,对肃清'四人帮'在语文教科书中的不良影响起到了不可低估的作用。但由于时间仓促,本套教科书带有明显的继承 1963 年版教科书的痕迹。1982 年,在此版基础上进行了修订,抽换了部分课文,调整了各种文体的比例,修改了注释,调整了思考与练习……"②基于此,本节选择《初级中学课本 语文》和《高级中学课本 语文》这两套人教版语文教科书作为研究样本。

(1)《初级中学课本 语文》

本研究所选用的版本情况如下:

第一册,1981 年 11 月第 1 版;

第二册,1982 年 5 月第 1 版;

第三册,1981 年 12 月第 1 版;

第四册,1982 年 6 月第 1 版;

第五册,1982 年 12 月第 1 版;

第六册,1983 年 4 月第 1 版。

这套教科书在内容编排上主要由插图、说明、目录、正文、附录六部分组成。

插图,主要由封面和穿插于课文之前的黑白图片两部分组成。

说明,介绍了本套教科书编写的指导思想,每册修订、审定、编写人员名单,并对在试用过程中提出宝贵意见的教育工作者表示感谢。

目录,位于"说明"之后、正文之前,主要介绍本册书的构成情况。篇目前标有"＊"的是阅读课文。

---

① 课程教材研究所. 20 世纪中国中小学课程标准·教学大纲汇编 语文卷[M]. 北京:人民教育出版社,2001:458-459.

② 李良品. 中国语文教材发展史[M]. 重庆:重庆出版社,2006:313.

表1　以《初级中学课本 语文》第一册为例

单元	一	二	三	四	五	六	七	八
选文篇目	《浣溪沙和柳亚子先生》	《一件珍贵的衬衫》	《从百草园到三味书屋》	《香山红叶》	《第比利斯的地下印刷所》	《纪念白求恩》	《鲁提辖拳打镇关西》	《寓言三则》
	《天上的街市》	《老山界》	《一面》	《济南的冬天》	《人民英雄永垂不朽》	《谈骨气》	《皇帝的新装》	《为学》
	《草地晚餐》	《同志的信任》	《春》	《人民的勤务员》		《渔夫的故事》	《伤仲永》
		《红军鞋》		《海滨仲夏夜》	《驿路梨花》			《故事三则》
					《截肢与输血》			《狼》
					《挺进报》			《诗八首》
体裁或类型	诗歌	记叙文	记叙文	散文	记叙文	议论文	小说、故事	文言文

　　正文部分，均由八个单元组成，每个单元选文2~6篇。由于有的课文含有2篇及以上选文，所以选文数量上要超过这个数。每篇课文后有练习，对学生的课后复习给出指导；有些课文后还附有一些常见的语文知识（语法知识）等；每单元之后有相应的单元练习和作文训练。

　　附录，更多的是介绍一些常见语言、文字、语法知识。

　　（2）《高级中学课本 语文》

　　本研究所选用的版本情况如下：

　　第一册，1983年9月第1版；

　　第二册，1984年3月第1版；

　　第三册，1981年12月第1版；

　　第四册，1982年6月第1版；

　　第五册，1982年12月第1版；

　　第六册，1983年5月第1版。

　　这套教科书在内容上可以分为，说明、目录、正文、附录四部分。

　　说明，介绍了本套书编写的指导思想，每册修订、审定、编写人员名单。

　　目录，位于"说明"之后、正文之前，主要介绍本册书的构成情况。篇目前标有"＊"的是阅读课文。

　　正文部分，均由七个单元组成，每个单元由 3～10 篇选文组成。

表 2　以《高级中学课本 语文》第一册为例

单元	一	二	三	四	五	六	七
选文篇目	《散文两篇》	《南州六月荔枝丹》	《记念刘和珍君》	《在马克思墓前的讲话》	《药》	《诗经二首》	《游褒禅山记》
	《长江三峡》	《现代自然科学中的基础学科》	《包身工》	《我们的文艺是为什么人的》	《百合花》	《察今》	《赤壁之战》
	《雨中登泰山》	《一次大型的泥石流》	《为了六十一个阶级弟兄》	《悼列宁》	《装在套子里的人》	《邹忌讽齐王纳谏》	《记王忠肃公翱事》
		《蝉》	《为了周总理的嘱托……》		《明湖居听书》	《廉颇蔺相如列传》	《芙蕖》
			《路标》		《林教头风雪山神庙》	《师说》	《原君》
体裁或类型	游记	说明文	记叙文	议论文	小说	文言文	文言文

　　每篇课文后有练习，对学生的课后复习给出一定指导；有些课文后还附有一些常见的语文知识（语法知识）等；每个单元之后有相应的单元练习。

　　附录，更多的是介绍一些常见的语言、文字、语法知识。

　　4. 中学语文教科书价值观内容架构表说明

　　在总结相关价值理论的基础上，依据社会主义核心价值观、学生核心素养等，充分考虑本阶段语文教育现实，语文课程标准的要求，从"思想道德素质"和"科学文化素质"两方面对语文教科书价值观内容研究的"架构表"进行设计。思想道德素质方面分为人格修养、家国情怀、社会关爱三个维度；科学文化素质方面分为文化视野、语文知识、语文能力、学习发展四个维度。由于一篇选文可能同时具有多种价值观内容，故在分析过程中，分别计入相应的价值维度。（详见表3）

表3　中学语文教科书价值观内容架构

价值观内容范畴		编码	价值观内容细目
思想道德素质	人格修养	A	品德操守（持正重义、孝敬谦恭、仁爱友善、诚实守信）
			心理品质（自信自爱、追求理想、坚韧乐观、善于交往、明理力行、情感态度）
	家国情怀	B	家人亲情（家庭关怀、亲友互爱、家乡情谊）
			国家情感（国家情怀、民族精神、民族互存、政治认同、革命精神、建设发展）
	社会关爱	C	社会责任（社会追求、社会公德、奉献社会、社会现象）
			生态意识（热爱自然、维护生态、节约资源、珍爱生命、天人合一）
			国际理解（了解世界、造福人类、追求和平、合作共赢）
科学文化素质	文化视野	D	民族文化、多元文化、经典文化、时代文化
	语文知识	E	语言、文章、文学、文言等知识；听、说、读、写等知识
	语文能力	F	语文理解、语文运用、语文思维、语文审美
	学习发展	G	学会学习、勇于探究、创新发展

不同国家和地区对于语文教科书的价值观内容有不同要求。

新加坡华文课程纲要对华文教科书价值观内容的比重作出 10％～25％ 的建议。同时，各价值观内容维度的比重下限不应少于 10％[①]。

马来西亚中学华文课程大纲评介中规定："在华文教学过程中，培育学生热爱语文和优秀文化的思想感情，训练学生的思维技巧和创造力，培养审美的情趣，以发展健康的个性，养成良好的意志品格，并使学生受到爱国主义教育和道德教育的熏陶。"[②]

综合上述课程纲要（大纲），结合我国各阶段社会发展现实、政治需要和语文课程标准（大纲）的实际要求，我们认为，语文教科书价值观内容各（子）维度的比重达到 10％～30％ 为宜。

[①]　新加坡课程发展处. 中学华文课程标准[M]. 新加坡：新加坡教育部，2002.

[②]　洪宗礼，柳士镇，倪文锦. 母语教材研究[M]. 南京：江苏教育出版社，2007：515.

(二)《初级中学课本 语文》价值观内容分析

1. 思想道德素质价值观内容分析

①人格修养

▲品德操守

Ⅰ. 持正重义

持正重义指的是做人坚强正直，坚持真理正义。具体选文：《同志的信任》《挺进报》《鲁提辖拳打镇关西》《皇帝的新装》《渔夫的故事》《乐羊子妻》《继续保持艰苦奋斗的作风》《〈论语〉六则》《扁鹊见蔡桓公》《一件小事》《童区寄传》《大铁椎传》《石灰吟》《闻一多先生的说和做》《最后一次讲演》《论鲁迅》《祖冲之》《哥白尼》《公输》《得道多助，失道寡助》《过零丁洋》《太阳的光辉》《曹刿论战》《出师表》《叔向贺贫》《唐雎不辱使命》。

Ⅱ. 孝敬谦恭

孝敬谦恭指的是孝顺父母，尊敬师长。具体选文：《我的老师》《小橘灯》《挖荠菜》《木兰诗》《母亲的回忆》。

Ⅲ. 仁爱友善

仁爱友善指的是待人和善，亲近慈爱。具体选文：《一件珍贵的衬衫》《草地晚餐》《从百草园到三味书屋》《一面》《香山红叶》《人民的勤务员》《驿路梨花》《截肢和输血》《纪念白求恩》《我的老师》《小橘灯》《分马》《小麻雀》《挖荠菜》《〈论语〉六则》《芙蓉楼送辛渐》《一件小事》《鞠躬尽瘁》《牛郎织女》《周总理，你在哪里》《第二次考试》《黄生借书说》《藤野先生》《隆中对》。

Ⅳ. 诚实守信

诚实守信指的是为人真诚，遵守信约。具体选文：《皇帝的新装》。

▲心理品质

Ⅰ. 自信自爱

自信自爱指的是相信自我，善待自己。具体选文：《浣溪沙·和柳亚子先生》《童区寄传》《机器人》《祖冲之》《哥白尼》《少年中国说》《沁园春·雪》《隆中对》《陌上桑》。

Ⅱ. 追求理想

追求理想指的是探索梦想，寻找希望。具体选文：《天上的街市》《老山界》

《一面》《人民英雄永垂不朽》《挺进报》《谈骨气》《两棵奇树》《卓越的科学家竺可桢》《夜走灵官峡》《梅岭三章》《回延安》《梁生宝买稻种》《荔枝蜜》《小麻雀》《〈论语〉六则》《鞠躬尽瘁》《记一辆纺车》《在烈日和暴雨下》《西里西亚的纺织工人》《愚公移山》《陋室铭》《爱莲说》《石灰吟》《雄伟的人民大会堂》《最后一次讲演》《桃花源记》《观沧海》《祖冲之》《哥白尼》《口占一绝》《狱中诗》《南京书所见》《事事关心》《有的人》《给青年们的一封信》《坚强的战士》《公输》《得道多助，失道寡助》《岳阳楼记》《醉翁亭记》《少年中国说》《清平乐·村居》《沁园春·雪》《幼林》《地质之光》《二六七号牢房》《陈涉世家》《隆中对》《出师表》《答司马谏议书》。

Ⅲ. 坚韧乐观

坚韧乐观指的是坚定信念，积极向上。具体选文：《老山界》《草地晚餐》《红军鞋》《同志的信任》《挺进报》《塞翁失马》《乐羊子妻》《小橘灯》《梅岭三章》《鞠躬尽瘁》《在烈日和暴雨下》《愚公移山》《李愬雪夜入蔡州》《闻一多先生的说和做》《第二次考试》《筑路》《给青年们的一封信》《坚强的战士》《生于忧患，死于安乐》《二六七号牢房》。

Ⅳ. 善于交往

善于交往指的是善于交际，乐于交友。具体选文：《同志的信任》《驿路梨花》《〈论语〉六则》《送东阳马生序》《隆中对》。

Ⅴ. 明理力行

明理力行指的是机智善辩，敏思践行。具体选文：《同志的信任》《挺进报》《鲁提辖拳打镇关西》《乐羊子妻》《卖油翁》《古代英雄的石像》《卓越的科学家竺可桢》《任弼时同志二三事》《求雨》《继续保持艰苦奋斗的作风》《想和做》《小麻雀》《〈论语〉六则》《周处》《扁鹊见蔡桓公》《长歌行》《一件小事》《鞠躬尽瘁》《放下包袱，开动机器》《批评与自我批评》《西里西亚的纺织工人》《愚公移山》《冯婉贞》《石灰吟》《最后一次讲演》《筑路》《松树的风格》《论鲁迅》《团结广大人民群众一道前进》《说谦虚》《祖冲之》《哥白尼》《口占一绝》《狱中诗》《南京书所见》《事事关心》《有的人》《给青年们的一封信》《公输》《芋老人传》《挥手之间》《什么是知识》《太阳的光辉》《论各尽所能》《地质之光》《普通劳动者》《曹刿论战》《答司马谏议书》《叔向贺贫》。

Ⅵ. 情感态度

情感态度指的是思想感情和生活态度。具体选文：《浣溪沙·和柳亚子先生》《一件珍贵的衬衫》《老山界》《草地晚餐》《红军鞋》《从百草园到三味书屋》《一面》《同志的信任》《香山红叶》《济南的冬天》《春》《海滨仲夏夜》《人民英雄永垂不朽》《人民的勤务员》《驿路梨花》《截肢和输血》《挺进报》《纪念白求恩》《谈骨气》《鲁提辖拳打镇关西》《塞翁失马》《伤仲永》《乐羊子妻》《狼》《静夜思》《蚕妇》《回乡偶书》《凉州词》《江畔独步寻花》《晓出净慈寺送林子方》《古代英雄的石像》《美猴王》《两棵奇树》《我的老师》《卓越的科学家竺可桢》《任弼时同志二三事》《小橘灯》《社戏》《夜走灵官峡》《梅岭三章》《回延安》《梁生宝买稻种》《分马》《荔枝蜜》《小麻雀》《猫》《挖荠菜》《周处》《卖炭翁》《长歌行》《芙蓉楼送辛渐》《秋浦歌》《一件小事》《七根火柴》《鞠躬尽瘁》《背影》《茶花赋》《记一辆纺车》《故乡》《在烈日和暴雨下》《制台见洋人》《中国石拱桥》《春蚕到死丝方尽》《牛郎织女》《孟姜女》《周总理，你在哪里》《西里西亚的纺织工人》《愚公移山》《童区寄传》《李愬雪夜入蔡州》《大铁椎传》《冯婉贞》《陋室铭》《爱莲说》《木兰诗》《石灰吟》《杜少府之任蜀州》《春夜喜雨》《忆江南》《渔歌子》《雄伟的人民大会堂》《故宫博物院》《井冈翠竹》《听潮》《谁是最可爱的人》《第二次考试》《青纱帐－甘蔗林》《黎明的通知》《我为少年少女们歌唱》《论雷峰塔的倒掉》《最后一次讲演》《老杨同志》《变色龙》《筑路》《杨修之死》《桃花源记》《小石潭记》《马说》《观沧海》《石壕吏》《送元二使安西》《别董大》《过故人庄》《钱塘湖春行》《如梦令》《西江月》《白杨礼赞》《松树的风格》《母亲的回忆》《藤野先生》《论鲁迅》《祖冲之》《哥白尼》《口占一绝》《狱中诗》《南京书所见》《有的人》《孔乙己》《坚强的战士》《我的叔叔于勒》《范进中举》《生于忧患，死于安乐》《触龙说赵太后》《捕蛇者说》《岳阳楼记》《醉翁亭记》《芋老人传》《少年中国说》《白雪歌送武判官归京》《黄鹤楼》《送友人》《过零丁洋》《浣溪沙》《清平乐·村居》《沁园春·雪》《海燕》《幼林》《挥手之间》《澜沧江边的蝴蝶会》《菜园小记》《"友邦惊诧"论》《太阳的光辉》《地质之光》《二六七号牢房》《〈白毛女〉选场》《〈龙须沟〉选场》《普通劳动者》《竞选州长》《果树园》《葫芦僧判葫芦案》《陈涉世家》《出师表》《唐雎不辱使命》《陌上桑》《观猎》《闻官军收河南河北》《渔家傲》《山坡羊·潼关怀古》《朝天子·咏喇叭》。

②家国情怀

▲家人亲情

Ⅰ. 家庭关怀

家庭关怀指的是家人之间的相互关心和爱护之情。具体选文：《静夜思》《夜走灵官峡》《挖荠菜》《背影》《故乡》《牛郎织女》《孟姜女》《木兰诗》《春夜喜雨》《母亲的回忆》《触龙说赵太后》《清平乐·村居》《林黛玉进贾府》。

Ⅱ．亲友互爱

亲友互爱指的是亲戚朋友之间的相互关爱之情。具体选文：《同志的信任》《晓出净慈寺送林子方》《凉州词》《社戏》《分马》《芙蓉楼送辛渐》《记一辆纺车》《故乡》《杜少府之任蜀州》《送元二使安西》《别董大》《过故人庄》《藤野先生》《白雪歌送武判官归京》《黄鹤楼》《送友人》。

Ⅲ．家乡情谊

家乡情谊指的是对家乡故土的深情。具体选文：《红军鞋》《静夜思》《回乡偶书》《社戏》《茶花赋》《故乡》《闻官军收河南河北》。

▲国家情感

Ⅰ．国家情怀

国家情怀指的是对国家的认同，以及民族自豪和爱国情怀。具体选文：《浣溪沙·和柳亚子先生》《天上的街市》《人民英雄永垂不朽》《谈骨气》《卓越的科学家竺可桢》《最后一课》《梅岭三章》《回延安》《观巴黎油画记》《茶花赋》《中国石拱桥》《冯婉贞》《图画》《木兰诗》《望天门山》《十一月四日风雨大作》《石灰吟》《春夜喜雨》《忆江南》《雄伟的人民大会堂》《闻一多先生的说和做》《青纱帐－甘蔗林》《黎明的通知》《我为少男少女们歌唱》《最后一次讲演》《多收了三五斗》《筑路》《论鲁迅》《给青年们的一封信》《晋祠》《触龙说赵太后》《岳阳楼记》《少年中国说》《过零丁洋》《澜沧江边的蝴蝶会》《从甲骨文到口袋图书馆》《地质之光》《二六七号牢房》《〈龙须沟〉选场》《曹刿论战》《出师表》《唐雎不辱使命》《登泰山记》《观猎》《闻官军收河南河北》《渔家傲》。

Ⅱ．民族精神

民族精神指的是热爱祖国、爱好和平、勤劳勇敢、自强不息的精神品质。具体选文：《草地晚餐》《人民英雄永垂不朽》《谈骨气》《最后一课》《夜走灵官峡》《梅岭三章》《梁生宝买稻种》《继续保持艰苦奋斗的作风》《荔枝蜜》《一件小事》《七根火柴》《鞠躬尽瘁》《茶花赋》《记一辆纺车》《在烈日和暴雨下》《中国石拱桥》《苏州园林》《愚公移山》《冯婉贞》《十一月四日风雨大作》《石灰吟》《雄伟的人民大会堂》《故宫博物院》《井冈翠竹》《谁是最可爱的人》《闻一多先生的说和做》《青纱帐－甘蔗林》《黎明的通知》《我为少男少女们歌唱》《最后一次讲演》《筑路》《核舟记》《活板》《白杨礼赞》《松树的风格》《母亲的回忆》《论鲁迅》《团结广大人民群众一道前进》《说谦虚》《祖冲之》《坚强的战士》《少年中国说》《过零丁洋》《论各尽所能》《地质之光》《〈龙须沟〉选场》。

Ⅲ．民族互存

民族互存指的是各民族之间相互平等、相互团结，共同发展。具体选文：《浣溪沙·和柳亚子先生》《驿路梨花》《敕勒歌》《澜沧江边的蝴蝶会》。

Ⅳ．政治认同

政治认同指的是热爱中国共产党。具体选文：《浣溪沙·和柳亚子先生》《一件珍贵的衬衫》《老山界》《草地晚餐》《红军鞋》《人民英雄永垂不朽》《人民的勤务员》《截肢和输血》《挺进报》《七根火柴》《鞠躬尽瘁》《记一辆纺车》《放下包袱，开动机器》《批评与自我批评》《周总理，你在哪里》《雄伟的人民大会堂》《井冈翠竹》《青纱帐－甘蔗林》《人民解放军百万大军横渡长江》《白杨礼赞》《松树的风格》《团结广大人民群众一道前进》《反对自由主义》《坚强的战士》《挥手之间》《太阳的光辉》《论各尽所能》《〈龙须沟〉选场》《普通劳动者》。

Ⅴ．革命精神

革命精神指的是敢于斗争、勇敢反抗的品质。具体选文：《老山界》《草地晚餐》《红军鞋》《同志的信任》《第比利斯的地下印刷所》《人民英雄永垂不朽》《截肢和输血》《挺进报》《梅岭三章》《继续保持艰苦奋斗的作风》《七根火柴》《记一辆纺车》《西里西亚的纺织工人》《冯婉贞》《井冈翠竹》《谁是最可爱的人》《青纱帐－甘蔗林》《黎明的通知》《论雷峰塔的倒掉》《最后一次讲演》《人民解放军百万大军横渡长江》《筑路》《白杨礼赞》《松树的风格》《论鲁迅》《口占一绝》《狱中诗》《南京书所见》《坚强的战士》《海燕》《挥手之间》《"友邦惊诧"论》《二六七号牢房》《〈白毛女〉选场》《果树园》。

Ⅵ．建设发展

建设发展指的是社会的建设和发展。具体选文：《夜走灵官峡》《梁生宝买稻种》《求雨》《继续保持艰苦奋斗的作风》《荔枝蜜》《茶花赋》《向沙漠进军》《葛洲坝安然无恙，长江洪峰抵沙市》《松树的风格》《太阳的光辉》《论各尽所能》《〈龙须沟〉选场》。

③社会关爱

▲社会责任

Ⅰ．社会追求

社会追求指的是对"自由、平等、公正、法治"美好社会的追求。具体选文：

《一件珍贵的衬衫》《香山红叶》《人民的勤务员》《驿路梨花》《截肢和输血》《挺进报》《鲁提辖拳打镇关西》《乐羊子妻》《两棵奇树》《夜走灵官峡》《分马》《荔枝蜜》《小麻雀》《一件小事》《七根火柴》《鞠躬尽瘁》《茶花赋》《记一辆纺车》《西里西亚的纺织工人》《第二次考试》《黎明的通知》《我为少年少女们歌唱》《论雷峰塔的倒掉》《最后一次讲演》《多收了三五斗》《桃花源记》《马说》《黄生借书说》《团结广大人民群众一道前进》《哥白尼》《反对自由主义》《事事关心》《捕蛇者说》《幼林》《太阳的光辉》《论各尽所能》《二六七号牢房》《〈龙须沟〉选场》《果树园》《陈涉世家》。

Ⅱ. 社会公德

社会公德指的是文明礼貌、乐于助人、爱护环境，遵纪守法等品质。具体选文：《一件珍贵的衬衫》《一面》《鲁提辖拳打镇关西》《分马》《荔枝蜜》《第二次考试》。

Ⅲ. 奉献社会

奉献社会指的是对社会的无私奉献。具体选文：《人民的勤务员》《两棵奇树》《卓越的科学家竺可桢》《任弼时同志二三事》《夜走灵官峡》《荔枝蜜》《鞠躬尽瘁》《茶花赋》《记一辆纺车》《春蚕到死丝方尽》《周总理，你在哪里》《第二次考试》《松树的风格》《论鲁迅》《论各尽所能》《〈龙须沟〉选场》《普通劳动者》。

Ⅳ. 社会现象

社会现象指的是反映社会的状态或变化，以及人与人的关系。具体选文：《人民的勤务员》《皇帝的新装》《渔夫的故事》《智子疑邻》《黔之驴》《伤仲永》《两小儿辩日》《狼》《蚕妇》《赫尔墨斯和雕像者》《蚊子和狮子》《古代英雄的石像》《夜走灵官峡》《分马》《求雨》《小麻雀》《猫》《扁鹊见蔡桓公》《卖炭翁》《江南逢李龟年》《孟姜女》《鞠躬尽瘁》《故乡》《在烈日和暴雨下》《制台见洋人》《连升三级》《西里西亚的纺织工人》《论雷峰塔的倒掉》《多收了三五斗》《老杨同志》《变色龙》《卖柑者言》《石壕吏》《哥白尼》《孔乙己》《坚强的战士》《我的叔叔于勒》《范进中举》《捕蛇者说》《"友邦惊诧"论》《〈白毛女〉选场》《〈龙须沟〉选场》《普通劳动者》《竞选州长》《果树园》《葫芦僧判·葫芦案》《陈涉世家》《叔向贺贫》《陌上桑》《山坡羊·潼关怀古》《朝天子·咏喇叭》。

▲生态意识

Ⅰ. 热爱自然

热爱自然指的是对自然风光、自然生活的热爱之情。具体选文：《从百草园到三味书屋》《香山红叶》《济南的冬天》《春》《海滨仲夏夜》《敕勒歌》《鸟鸣涧》《凉州词》《江畔独步寻花》《晓出净慈寺送林子方》《大自然的语言》《看云识天气》《江南春绝句》《惠崇〈春江晚景〉》《舟夜书所见》《苏州园林》《春蚕到死丝方尽》《望天门山》《忆江南》《渔歌子》《听潮》《蜘蛛》《小石潭记》《钱塘湖春行》《如梦令》《西江月》《花儿为什么这样红》《晋祠》《醉翁亭记》《黄鹤楼》《沁园春·雪》《澜沧江边的蝴蝶会》《菜园小记》《登泰山记》。

Ⅱ．维护生态

维护生态指的是对自然生态环境的保护。具体选文：《向沙漠进军》。

Ⅲ．节约资源

节约资源指的是对自然资源和生态资源的节约意识。具体选文：《向沙漠进军》。

Ⅳ．珍爱生命

珍爱生命指的是对生命的热爱、歌颂。具体选文：《截肢和输血》《猫》。

Ⅴ．天人合一

天人合一指的是人与自然的和谐发展。具体选文：《海滨仲夏夜》。

▲国际理解

Ⅰ．了解世界

了解世界指的是对世界的了解和认识。具体选文：《第比利斯的地下印刷所》《截肢和输血》《观巴黎油画记》《宇宙里有些什么》《食物从何处来》《西里西亚的纺织工人》《死海不死》《谁是最可爱的人》《筑路》《哥白尼》《二六七号牢房》《竞选州长》。

Ⅱ．造福人类

造福人类指的是为人类社会造福。具体选文：《纪念白求恩》《宇宙里有些什么》《奇特的激光》《向沙漠进军》《蜘蛛》《石油的用途》《机器人》《活板》《哥白尼》《从甲骨文到口袋图书馆》。

Ⅲ．追求和平

追求和平指的是对和平生活的美好追求和向往。具体选文：《人民英雄永垂不朽》《截肢和输血》《纪念白求恩》《谁是最可爱的人》《黎明的通知》《公输》《二六七号牢房》《山坡羊·潼关怀古》。

（2）思想道德素质价值观内容体现频率分析

①价值观内容范畴总体统计分析

表 4 《初级中学课本 语文》思想道德素质价值观内容

范畴总体统计分析表

价值观范畴	初一			初二			初三			初中		
	频率	百分比（%）	排序	频率	百分比（%）	排序	频率	百分比（%）	排序	频率	百分比（%）	排序
人格修养	125	49.40	1	100	41.15	1	123	50.62	1	348	47.09	1
家国情怀	58	22.93	3	81	33.33	2	69	28.40	2	208	28.14	2
社会关爱	70	27.67	2	62	25.52	3	51	20.98	3	183	24.77	3
总频率	253	100.00		243	100.00		243	100.00		739	100.00	

从表中不难发现，思想道德素质价值观内容的范畴分布比较全面，每个范畴都占有一定比例。总体上，频率分布由高到低依次为人格修养范畴、家国情怀范畴和社会关爱范畴。其中，人格修养范畴所占的比例最大，达到了47.09%。不论是在总频率还是在各年级分布上，都远远超过其他两个范畴，建议适当减少这部分比重，降至30%左右较为适宜；家国情怀范畴的选文数量和比例相对适中；而社会关爱价值范畴的选文数量和所占比例则最小，建议增加这部分比重至30%左右较适宜。

②价值观内容范畴分项统计分析

表 5 《初级中学课本 语文》思想道德素质价值观内容

范畴统计分析表

价值观范畴		初一			初二			初三			初中		
		频率	百分比（%）	排序	频率	百分比（%）	排序	频率	百分比（%）	排序	频率	百分比（%）	排序
人格修养	品德操守	29	11.46	4	13	5.35	7	14	5.76	4	56	7.58	4
	心理品质	96	37.94	1	87	35.80	1	109	44.86	1	292	39.51	1
家国情怀	家人亲情	13	5.14	6	14	5.76	5	9	3.71	5	36	4.87	6
	国家情感	45	17.79	2	67	27.57	2	60	24.69	2	172	23.27	2

续表

价值观范畴		初一			初二			初三			初中		
		频率	百分比（%）	排序	频率	百分比（%）	排序	频率	百分比（%）	排序	频率	百分比（%）	排序
社会关爱	社会责任	45	17.79	3	34	13.99	3	35	14.40	3	114	15.43	3
	生态意识	18	7.11	5	13	5.35	6	8	3.29	6	39	5.28	5
	国际理解	7	2.77	7	15	6.18	4	8	3.29	6	30	4.06	7
总频率		253	100.00		243	100.00		243	100.00		739	100.00	

　　根据本研究对语文教科书价值观内容各维度及其子维度的比重应达到10%～30%为宜的建议，结合上表不难发现，《初级中学课本 语文》教科书思想道德素质层面，家国情怀范畴和社会关爱范畴总体选文数量和所占比例是较合理的，但家人亲情维度、生态意识维度和国际理解维度的比重过小，远低于10%，应当增加这些维度的选文。人格修养范畴所占的比重则略高，尤以心理品质维度最大，达到总比重的39.51%，应当减少至25%～30%为宜，而品德操守维度的选文比重应增加至10%更佳。

　　③价值观内容范畴分类统计分析

表6　《初级中学课本 语文》思想道德素质
人格修养—品德操守价值观内容统计分析表

价值观范畴	初一			初二			初三			初中		
	频率	百分比（%）	排序	频率	百分比（%）	排序	频率	百分比（%）	排序	频率	百分比（%）	排序
持正重义	9	31.03	2	6	46.15	1	11	78.57	1	26	46.43	1
孝敬谦恭	3	10.35	3	1	7.70		1	7.14	3	5	8.93	3
仁爱友善	16	55.17	1	6	46.15	1	2	14.29	2	24	42.86	2
诚实守信	1	3.45	4	0	0.00		0	0.00	4	1	1.78	4
总频率	29	100.00		13	100.00		14	100.00		56	100.00	

　　人格修养范畴品德操守维度，总体选文数量和所占比例较小，占总比重的7.58%。其中，持正重义子维度和仁爱友善子维度所占的比例较大，分别为46.43%和42.86%；孝敬谦恭子维度和诚实守信子维度所占的比例过小，仅占

8.93％和1.78％。在呈现方式上，持正重义子维度，三个年级选文数量呈"↘↗"的状态，即"大—小—大"的变化趋势。仁爱友善子维度，选文数量随年级逐渐下降（↘）。孝敬谦恭子维度和诚实守信子维度，三个年级的选文数量基本呈"↘—"的状态，由"大—小"；且诚实守信子维度在初二、初三年级出现了"零频率"现象，与其他子维度之间的差异极为显著。

表7 《初级中学课本 语文》思想道德素质
人格修养—心理品质价值观内容统计分析表

价值观范畴	初一			初二			初三			初中		
	频率	百分比（％）	排序	频率	百分比（％）	排序	频率	百分比（％）	排序	频率	百分比（％）	排序
自信自爱	1	1.04	6	2	2.30	5	6	5.50	4	9	3.08	5
追求理想	15	15.62	3	12	13.79	2	23	21.10	2	50	17.12	2
坚韧乐观	9	9.38	4	7	8.05	4	4	3.68	5	20	6.85	4
善于交往	3	3.12	5	1	1.15	6	1	0.92	6	5	1.72	6
明理力行	16	16.67	2	11	12.64	3	22	20.18	3	49	16.78	3
情感态度	52	54.17	1	54	62.07	1	53	48.62	1	159	54.45	1
总频率	96	100.00		87	100.00		109	100.00		292	100.00	

人格修养范畴心理品质维度，总体选文数量和所占比例较大，占总比重的39.51％。其中，情感态度子维度频率分布上超过了50％，也超过其他子维度频率之和。追求理想子维度和明理力行子维度频度分布居其次，分别为17.12％和16.78％。坚韧乐观、自信自爱和善于交往子维度选文数量和所占的比例较小，仅占6.85％、3.08％和1.72％，远远低于前三者。在呈现方式上，情感态度子维度，选文数量基本呈"—"的状态。明理力行子维度和追求理想子维度，三个年级的选文数量呈"↘↗"的状态，由"大—小—大"。坚韧乐观子维度和善于交往子维度，三个选文数量，随年级逐渐下降（↘）。自信自爱子维度，选文数量随年级逐渐上升（↗）。

表8 《初级中学课本 语文》思想道德素质
家国情怀—家人亲情价值观内容统计分析表

价值观范畴	初一			初二			初三			初中		
	频率	百分比（%）	排序	频率	百分比（%）	排序	频率	百分比（%）	排序	频率	百分比（%）	排序
家庭关怀	3	23.08	3	6	42.86	1	4	44.44	1	13	36.12	2
亲友互爱	6	46.15	1	6	42.86	1	4	44.44	1	16	44.44	1
家乡情谊	4	30.77	2	2	14.28	3	1	11.12	3	7	19.44	3
总频率	13	100.00		14	100.00		9	100.00		36	100.00	

　　家国情怀范畴家人亲情维度，总体选文数量和所占比例过小，仅占总比重的4.87%。其中，亲友互爱子维度和家庭关怀子维度所占的比例较大，分别为44.44%和36.12%。家乡情谊子维度居其次，频率分布上占19.44%。在呈现方式上，亲友互爱子维度，三个年级的选文数量呈"—↘"的状态，由"大—小"。家庭关怀子维度，三个年级的选文数量呈"↗↘"的状态，由"小—大—小"。家乡情谊子维度，选文数量随年级逐渐下降（↘）。

表9 《初级中学课本 语文》思想道德素质
家国情怀—国家情感价值观内容统计分析表

价值观范畴	初一			初二			初三			初中		
	频率	百分比（%）	排序	频率	百分比（%）	排序	频率	百分比（%）	排序	频率	百分比（%）	排序
国家情怀	9	20.00	3	18	26.87	2	19	31.67	1	46	26.74	1
民族精神	9	20.00	3	24	35.82	1	13	21.67	2	46	26.74	1
民族互存	3	6.67	6	0	0.00	6	1	1.66	6	4	2.34	6
政治认同	9	20.00	1	10	14.93	4	10	16.67	4	29	16.86	4
革命精神	10	22.22	2	12	17.91	3	13	21.67	2	35	20.34	3
建设发展	5	11.11	5	3	4.47	5	4	6.66	5	12	6.98	5
总频率	45	100.00		67	100.00		60	100.00		172	100.00	

　　家国情怀范畴国家情感维度，总体选文数量和所占比例较适宜，占总比重的23.27%。其中，国家情怀子维度和民族精神子维度所占的比例较大，都占到了

26.74％。革命精神子维度和政治认同子维度所占的比例其次，分别为20.34％和16.86％。建设发展和民族互存子维度选文数量和所占的比例较小，仅占6.98％和2.34％，远远低于前四者。在呈现方式上，国家情怀子维度和革命精神子维度，选文数量随年级逐渐上升(↗)。民族精神子维度，三个年级的选文数量呈"↗↘"的状态，由"小—大—小"。政治认同子维度，选文数量基本呈"—"的状态。建设发展子维度和民族互存子维度，三个年级的选文数量呈"↘↗"的状态，由"大—小—大"。

表10 《初级中学课本 语文》思想道德素质
社会关爱—社会责任价值观内容统计分析表

价值观范畴	初一			初二			初三			初中		
	频率	百分比(％)	排序	频率	百分比(％)	排序	频率	百分比(％)	排序	频率	百分比(％)	排序
社会追求	13	28.89	2	15	44.12	1	12	34.29	2	40	35.09	2
社会公德	5	11.11	4	1	2.94	4	0	0.00	4	6	5.26	4
奉献社会	6	13.33	3	6	17.65	3	5	14.28	3	17	14.91	3
社会现象	21	46.67	1	12	35.29	2	18	51.43	1	51	44.74	1
总频率	45	100.00		34	100.00		35	100.00		114	100.00	

社会关爱范畴社会责任维度，总体选文数量和所占比例较适宜，占总比重的15.43％。其中，社会现象子维度和社会追求子维度所占的比例较大，分别为44.74％和35.9％。奉献社会子维度所占的比例居其次，为14.91％。社会公德子维度所占的比例最小，仅占5.26％。在呈现方式上，社会现象子维度，三个年级的选文数量呈"↘↗"的状态，由"大—小—大"。社会追求子维度，三个年级的选文数量呈"↗↘"的状态，由"小—大—小"。奉献社会子维度，三个年级的选文数量呈"—↘"，由"大—小"。社会公德子维度，选文数量随年级逐渐下降(↘)，且在初三年级出现了"零频率"现象。

表11 《初级中学课本 语文》思想道德素质
"社会关爱—生态意识"价值观内容统计分析表

价值观范畴	初一			初二			初三			初中		
	频率	百分比(％)	排序	频率	百分比(％)	排序	频率	百分比(％)	排序	频率	百分比(％)	排序
热爱自然	15	83.33	1	11	84.62	1	8	100.00	1	34	87.18	1

价值观范畴	初一			初二			初三			初中		
	频率	百分比（%）	排序	频率	百分比（%）	排序	频率	百分比（%）	排序	频率	百分比（%）	排序
维护生态	0	0.00	4	1	7.69	2	0	0.00	2	1	2.56	3
节约资源	0	0.00	4	1	7.69	2	0	0.00	2	1	2.56	3
珍爱生命	2	11.11	2	0	0.00	4	0	0.00	2	2	5.14	2
天人合一	1	5.56	3	0	0.00	4	0	0.00	2	1	2.56	3
总频率	18	100.00		13	100.00		8	100.00		39	100.00	

社会关爱范畴生态意识维度，总体选文数量和所占比例过小，占总体比重的5.28%。其中，热爱自然子维度所占的比例最大，占到了87.18%，远远超过其他子维度频率之和。珍爱生命、维护生态、节约资源和天人合一子维度的选文数量和所占的比例则过小，分别为5.14%、2.56%、2.56%和2.56%。在呈现方式上，热爱自然子维度、珍爱生命子维度和天人合一子维度，选文数量随年级逐渐下降（↘）。维护生态子维度和节约资源子维度，三个年级的选文数量呈"↗↘"的状态，由"小—大—小"。且维护生态子维度和节约资源子维度在初一、初三年级，珍爱生命子维度和天人合一子维度在初二、初三年级，均出现了"零频率"现象。

表12　《初级中学课本 语文》思想道德素质
社会关爱—国际理解价值观内容统计分析表

价值观范畴	初一			初二			初三			初中		
	频率	百分比（%）	排序	频率	百分比（%）	排序	频率	百分比（%）	排序	频率	百分比（%）	排序
了解世界	3	42.86	1	6	40.00	2	3	37.50	1	12	40.00	1
造福人类	1	14.28	3	7	46.67	1	2	25.00	3	10	33.33	2
追求和平	3	42.86	1	2	13.33	3	3	37.50	1	8	26.67	3
合作共赢	0	0.00	4	0	0.00	4	0	0.00	4	0	0.00	4
总频率	7	100.00		15	100.00		8	100.00		30	100.00	

社会关爱范畴国际理解维度，总体选文数量和所占比例过小，占总体比重的4.06%。其中，了解世界子维度所占的比例最大，占到了40.00%，明显超

过了其他子维度的比重。造福人类子维度和追求和平子维度居其次。合作共赢子维度出现了缺失，频率分布为 0，与其他子维度之间差异显著。在呈现方式上，了解世界子维度和造福人类子维度，三个年级的选文数量呈现"↗↘"的状态，由"小—大—小"。追求和平子维度，选文数量基本呈"—"的状态。

2. 科学文化素质价值观内容分析

（1）文化视野

①课程要求

"入选的现代作品，思想内容要有助于提高学生的社会主义觉悟、培养无产阶级的情操和共产主义的道德品质，树立无产阶级世界观。选取的古代作品，要体现批判继承的原则。入选的外国作品，要有进步的思想内容。"①

②教科书编写安排综述

在文化视野方面，力求体现大纲提出的"思想内容好、语言文字好，适合教学"的原则。根据教育的要求和学生的接受能力，精心选取 180 篇课文，力求篇幅短小精悍，内容丰富多样。

③列表统计

表 13 《初级中学课本 语文》选文时代范围统计分析表

时代	先秦	秦汉	魏晋南北朝	唐宋	元明清	近现代	当代	总计
篇数	15	3	8	50	21	60	72	229
百分比（%）	6.55	1.31	3.49	21.84	9.17	26.20	31.44	100.00

表 14 《初级中学课本 语文》选文空间范围统计分析表

地 区	亚洲		欧 洲						北美洲	总 计
国家	中国	阿拉伯国家	法国	德国	捷克斯洛伐克	古希腊	丹麦	俄罗斯（俄国、苏联）	美国	
篇数	216	1	2	1	1	2	1	4	1	229
百分比（%）	94.32	0.44	0.87	0.44	0.44	0.87	0.44	1.74	0.44	100.00

---

① 课程教材研究所. 20 世纪中国中小学课程标准·教学大纲汇编 语文卷[M]. 北京：人民教育出版社，2001：438.

④评价

在文化视野方面基本达成了大纲"进行热爱领袖、热爱党、热爱社会主义祖国和热爱劳动、热爱科学的教育""有助于提高学生的社会主义觉悟，培养共产主义道德品质，树立无产阶级世界观"等目标和要求，但由于本国民族文化的选文比重过高，世界与其他国家优秀文化的选文数量过少，大纲中"入选的外国作品，要有进步的思想内容"等目标未能很好达成。

（2）语文知识

①课程要求

"语文知识，包括语法、逻辑、修辞、写作知识和文学常识等。这些知识力求精要、好懂、好用。语法、逻辑、修辞以及词句篇章的有关知识，可以结合的内容要尽可能结合起来教学。要少用术语，紧密结合学生阅读和写作的实际，结合汉语的特点，对语文知识的教学进行研究，使语文知识教学更好地为培养读写能力服务。"[①]

②教科书编写安排综述

语文知识安排力求体现大纲提出的"精要、好懂、有用"的原则。语法、逻辑、读写知识仍用短文形式，修辞结合课文练习有计划地安排。各种知识短文都按照本身的系统进行安排，力求集中可以自成系统，分散可以同课文配合。

③列表统计

表 15　《初级中学课本 语文》语文知识安排表

	字词句篇知识	逻辑知识	读写基本知识	附录
第一册	形声字 同音字·形似字·多音多义字 双音的合成词		记叙的要素 观察和记叙 记叙的顺序	汉语拼音 常用标点符号用法简表
第二册	词和词组（一） 词和词组（二）		记叙的中心和材料 记叙的详略 前后一贯、首尾一致	字典和词典 现代常用汉字表

---

①　课程教材研究所. 20 世纪中国中小学课程标准·教学大纲汇编 语文卷［M］. 北京：人民教育出版社，2001：439.

续表

	字词句篇知识	逻辑知识	读写基本知识	附录
第三册	陈述和陈述的对象 形容、限制和补充	肯定和否定、 全部和部分	阅读提要、写作提纲 描写和说明 说明事物要抓住特征 谈谈诗歌	书信
第四册	复杂的单句 词义 词的不同色彩		说明的方法 谈谈散文 记叙·说明·议论	汉字形体的演变
第五册	复句(一) 复句(二) 多重复句		论点和论据 论证 谈谈小说	计划 记录
第六册	句式的变换 句与句之间 常用的文言虚词		立论和驳论 谈谈戏剧 几种表达方式的 综合运用	语法复习表 修辞复习提纲

④评价

在语文知识方面，根据语文教学与引用的实际需要，从文字、词汇、语法、文体、文学等方面对语文知识进行归类，字词句篇知识和读写基本知识很好达成了大纲的要求，也为学生学习语文知识提供了方便，但逻辑知识方面内容则显得不够充分。

(3)语文能力

①课程要求

"初中阶段，学生能够阅读通俗的政治、科技读物和文艺读物，能正确领会词句的含义和文章的内容，抓住文章的中心和要点；能写一般的记叙、说明、议论的文章，做到观点正确，内容具体，条理清楚，语句通顺，会使用标点符号，字写得正确整齐。学会使用一般的工具书。"[①]"学生要学会说普通话，提高

①　课程教材研究所. 20世纪中国中小学课程标准·教学大纲汇编 语文卷[M]. 北京：人民教育出版社，2001：438.

口语表达能力。"①

②教科书编写安排综述

编者对各年级的教学要求做了细化，形成从识字写字、口头表达、阅读能力、写作能力完整的语文教学体系。具体内容参见下表。

③列表说明

表 16　《初级中学课本 语文》各册读写能力教学要求

第一册	一、着重培养记叙能力。初步了解记叙、说明、议论等常用的表达方式，主要领会记叙的性质和要素；写记叙文要求内容具体，完整清晰，根据表达中心思想的需要，把有关的人、事、时间、地点等要素交代清楚。二、进行严格的字词句等基本训练。三、开始学习文言文。了解一些文言实词、虚词和常见的句式。还要练习写钢笔字和毛笔字
第二册	一、继续着重培养记叙能力。写记叙文要求中心明确，材料选择和组织得当，条理清楚，前后一贯，首尾一致。二、学习一些语法知识，初步接触一些逻辑常识，加强字词句基本训练。三、继续学习一些文言词语。还要继续练习写钢笔字和毛笔字
第三册	一、继续培养记叙能力，开始培养说明能力。主要使学生逐步学会围绕中心选择材料和按照一定的顺序组织材料，文章写得有条理，前后照应。同时初步了解说明文的一般特点，学习一些说明事物的具体方法。二、继续进行严格的字词句等基本训练。三、继续学习一些文言词语和文言句式，初步理解古今词义的变化。还要继续练习写钢笔字和毛笔字
第四册	一、继续培养记叙能力，着重培养说明能力。要求掌握说明事物的要点和方法。写一般说明的文章，能抓住事物特征、本质，比较准确清楚，有条有理。二、继续丰富词汇，提高用词造句的能力。三、继续了解一些语法、修辞、逻辑知识。四、继续学习一些文言词语和句式，掌握一些文言词汇，初步理解古今词义的变化。还要继续学习写钢笔字和毛笔字
第五册	一、继续培养记叙能力，学习和掌握在记叙中运用议论、抒情的方法和写人、写景、布局谋篇的一些方法。着重培养议论能力，学习和掌握有关论点、论据以及论证的一些知识和方法，学习写一般的议论文章，要求论点正确、鲜明，论据充分、有力，条理清楚，语句通顺。二、进一步丰富词汇，提高用词造句的能力，进一步了解一些语法、修辞、逻辑知识。三、继续学习和掌握一些文言实词和虚词，初步掌握文言句式的一些特点，学习使用工具书了解一些文言词义

---

① 课程教材研究所. 20 世纪中国中小学课程标准·教学大纲汇编 语文卷[M]. 北京：人民教育出版社，2001：438.

续表

第六册	一、继续培养记叙能力，进一步学习和掌握写人、记事、写景、抒情的一些方法。要求学生写一般的记叙文，做到观点正确，中心突出，材料充实，结构完整，条理清楚，详略得当，语句通顺。二、着重培养议论能力，学习和掌握一些立论和驳论的方法。要求学生写一般的议论文，做到观点正确、鲜明，论据确凿、有力，论点和论据配合得当，结构完整，条理清楚，语句通顺。三、进一步丰富词汇，提高用词造句能力，进一步了解一些语法、修辞、逻辑知识。四、继续学习和掌握一些文言实词和虚词，初步掌握一些文言句式的特点，学习使用工具书了解一些文言词义

④评价

在语文能力方面，从听说、读、写三个层面对各年级的教学要求做了细化，很好达成了大纲的要求，也为学生提高语文学习能力提出了更高目标。

(4)学习发展

①课程要求

"提倡教学联系实际，要联系学生生活、学习、思想和参加社会实践的实际。提倡启发式教学，要针对学生的实际情况，有的放矢启发学生思考问题。要通过多种方法，逐步培养学生独立地分析问题和解决问题的能力。"[①]"要加强课外阅读和写作的指导，平时注意指导学生观察事物，搜集资料；下笔之前，要启发他们清楚为什么写、写什么和怎样写。"[②]

②教科书编写安排综述

编者主要从学会学习、勇于探究、创新发展三方面，对课本中各年级内容做了细化。具体内容参见下表。

③列表说明

表 17 《初级中学课本 语文》学习发展内容安排表

	学会学习	勇于探究	创新发展	备注
第一册	《伤仲永》《两小儿辩日》	《两小儿辩日》		

---

① 课程教材研究所. 20世纪中国中小学课程标准·教学大纲汇编 语文卷[M]. 北京：人民教育出版社，2001：440-441.

② 课程教材研究所. 20世纪中国中小学课程标准·教学大纲汇编 语文卷[M]. 北京：人民教育出版社，2001：460-461.

续表

	学会学习	勇于探究	创新发展	备注
第二册		《想和做》 《论语六则》		
第三册		《宇宙里有些什么》 《食物从何处来》 《奇特的激光》		
第四册	《统筹方法》 《黄生借书说》	《向沙漠进军》 《死海不死》	《机器人》	
第五册		《祖冲之》 《哥白尼》	《哥白尼》	
第六册				

④评价

在学习发展方面，总体的选文数量不多，基本达成了大纲中学会学习和勇于探究方面的要求和目标，但由于创新发展方面的选文过少，因而未能很好地达成创新发展方面的要求。

(三)《高级中学课本 语文》价值观内容分析

1. 思想道德素质价值观内容分析

①人格修养

▲品德操守

Ⅰ. 持正重义

持正重义指的是做人坚强正直，坚持真理正义。具体选文：《记念刘和珍君》《在马克思墓前的讲话》《林教头风雪山神庙》《廉颇蔺相如列传》《记王忠肃公翱事》《芙蕖》《荷花淀》《智取生辰纲》《鸿门宴》《五人墓碑记》《梅花岭记》《谭嗣同》《与妻书》《"丧家的""资本家的乏走狗"》《鲁迅的精神》《琐忆》《火刑》《讲讲实事求是》《威尼斯商人》《窦娥冤》《鱼我所欲也》《〈指南录〉后序》《左忠毅公逸事》《爱国学者顾炎武》《雷电颂》《中国人失掉自信力了吗》《殽之战》《报刘一丈书》《复庵记》《涉江》《荆轲刺秦王》《屈原列传》《谏太宗十思疏》《柳毅传》《陈州枭米》。

Ⅱ．孝敬谦恭

孝敬谦恭指的是孝顺父母，尊敬师长。具体选文：《师说》《项脊轩志》《报刘一丈书》《大堰河——我的保姆》。

Ⅲ．仁爱友善

仁爱友善指的是待人和善，亲近慈爱。具体选文：《为了六十一个阶级弟兄》《路标》《百合花》《廉颇蔺相如列传》《记王忠肃公翱事》《琐忆》《信陵君窃符救赵》《左忠毅公逸事》《山地回忆》《大堰河——我的保姆》《原毁》。

Ⅳ．诚实守信

诚实守信指的是为人真诚，遵守信约。具体选文：《谭嗣同》《威尼斯商人》《荆轲刺秦王》《柳毅传》。

▲心理品质

Ⅰ．自信自爱

自信自爱指的是相信自己，善待自我。具体选文：《邹忌讽齐王纳谏》《沁园春·长沙》《屈原列传》《柳毅传》。

Ⅱ．追求理想

追求理想指的是探索梦想和寻找希望。具体选文：《荷塘月色》《绿》《为了周总理的嘱托……》《在马克思墓前的讲话》《悼列宁》《原君》《沁园春·长沙》《崇高的理想》《荷花淀》《母亲》《琵琶行》《五人墓碑记》《病梅馆记》《谭嗣同》《与妻书》《为了忘却的记念》《火刑》《虎吼雷鸣马萧萧》《梦游天姥吟留别》《茅屋为秋风所破歌》《〈呐喊〉自序》《永遇乐·京口北固亭怀古》《鱼我所欲也》《庄暴见孟子》《过秦论》《送东阳马生序》《范爱农》《爱国学者顾炎武》《山地回忆》《行路难》《子路、曾皙、冉有、公西华侍坐》《齐桓晋文之事》《复庵记》《〈黄花岗七十二烈士事略〉序》《离不开你》《春蚕(上)》《春蚕(下)》《归园田居》《饮酒》《涉江》《屈原列传》。

Ⅲ．坚韧乐观

坚韧乐观指的是坚定信念、积极向上。具体选文：《百合花》《林教头风雪山神庙》《廉颇蔺相如列传》《猎户》《劝学》《鸿门宴》《虎吼雷鸣马萧萧》《庖丁解牛》《左忠毅公逸事》《爱国学者顾炎武》《山地回忆》《离不开你》。

Ⅳ.善于交往

善于交往指的是善于交际，乐于交友。具体选文：《信陵君窃符救赵》《内蒙访古》《原毁》。

Ⅴ.明理力行

明理力行指的是机智善辩，敏思践行。具体选文：《为了周总理的嘱托……》《路标》《我们的文艺是为什么人的》《悼列宁》《察今》《邹忌讽齐王纳谏》《师说》《游褒禅山记》《赤壁之战》《记王忠肃公翱事》《猎户》《民族的科学的大众的文化》《崇高的理想》《劝学》《石钟山记》《五人墓碑记》《谭嗣同》《与妻书》《改造我们的学习》《善于建设一个新世界》《鲁迅的精神》《琐忆》《火刑》《谋攻》《反对党八股》《个人和集体》《党员登记表》《讲讲实事求是》《实践是检验真理的唯一标准》《〈物种起源〉导言》《庖丁解牛》《送东阳马生序》《左忠毅公逸事》《爱国学者顾炎武》《菱角》《一个极其重要的政策》《子路、曾皙、冉有、公西华侍坐》《〈黄花岗七十二烈士事略〉序》《汉堡港的变奏》《人的正确思想是从哪里来的》《黑海风暴和天气预报的产生——必然性和偶然性》《柳毅传》。

Ⅵ.情感态度

情感态度指的是思想感情和生活态度。具体选文：《荷塘月色》《绿》《长江三峡》《记念刘和珍君》《包身工》《为了六十一个阶级弟兄》《为了周总理的嘱托……》《路标》《在马克思墓前的讲话》《悼列宁》《药》《百合花》《装在套子里的人》《林教头风雪山神庙》《伐檀》《硕鼠》《邹忌讽齐王纳谏》《廉颇蔺相如列传》《师说》《游褒禅山记》《赤壁之战》《记王忠肃公翱事》《芙蕖》《原君》《猎户》《土地》《樱花赞》《秋色赋》《"老虎团"的结局》《水调歌头·游泳》《一月的哀思》《王贵与李香香》《崇高的理想》《拿来主义》《祝福》《荷花淀》《母亲》《鸿门宴》《琵琶行》《石钟山记》《五人墓碑记》《梅花岭记》《病梅馆记》《谭嗣同》《与妻书》《风景谈》《海市》《云赋》《杨树》《"丧家的""资本家的乏走狗"》《鲁迅的精神》《为了忘却的记念》《琐忆》《火刑》《阿Q正传》《虎吼雷鸣马萧萧》《失街亭》《守财奴》《泼留希金》《梦游天姥吟留别》《茅屋为秋风所破歌》《孔雀东南飞(并序)》《信陵君窃符救赵》《张衡传》《六国论》《与朱元思书》《柳敬亭传》《促织》《内蒙访古》《花城》《我们打了一个大胜仗》《甲申三百年祭》《狂人日记》《党员登记表》《群英会蒋干中计》《项链》《柏林之围》《〈呐喊〉自序》《雷雨》《威尼斯商人》《窦娥冤》《念奴娇·赤壁怀古》《永遇乐·京口北固亭怀古》《过秦论》《阿房宫赋》《〈指南录〉后序》《左忠毅公逸事》《书博鸡者事》《范爱农》《爱国学者顾炎武》《山地回忆》《书塾与学堂》《雷电颂》《静夜》《春鸟》《小二黑结婚(上)》《小二黑结婚(下)》《九夜》《穷人的专利权》《林黛玉进贾府》《灯》《丑石》《菱角》《一个极其重要的政策》《中国共产党第十二次全国代表大会开幕词》《文学与出汗》《中国人失掉自信力了吗》《行路难》《兵车行》《雨霖铃》《扬州慢》《齐桓晋文之事》《殽之战》《伶官传序》《过小孤山大孤山》《项脊轩志》《报刘一丈书》《复庵记》《〈黄花岗七十二烈士事略〉序》《娘子关前》《离不开你》《汉堡港的变奏》《我歌唱延安》《西湖漫笔》《大堰河——我的保姆》《西去列车的窗口》《春蚕(上)》《春蚕(下)》《警察和赞美诗》《灌园叟晚逢仙女》《归园田居》《饮酒》《涉江》《荆轲刺秦王》《屈原列传》《谏太宗十思疏》《柳毅传》《原毁》《教战守策》《祭妹文》《[般涉调]哨遍》《陈州粜米》。

②家国情怀

▲家人亲情

Ⅰ.家庭关怀

家庭关怀指的是家人之间的相互关爱之情。具体选文：《荷花淀》《母亲》《与妻书》《雷雨》《窦娥冤》《书塾与学堂》《九夜》《项脊轩志》《离不开你》《大堰河——我的保姆》《祭妹文》。

Ⅱ.亲友互爱

亲友互爱指的是亲戚朋友之间的相互关爱之情。具体选文：《荷花淀》《为了忘却的记念》《内蒙访古》《威尼斯商人》。

Ⅲ.家乡情谊

家乡情谊指的是对家乡故土的深情。具体选文：《山地回忆》。

▲国家情感

Ⅰ.国家情怀

国家情怀指的是对国家的认同以及民族自豪感和爱国情怀。具体选文：《长江三峡》《雨中登泰山》《悼列宁》《廉颇蔺相如列传》《猎户》《土地》《沁园春·长沙》《水调歌头·游泳》《崇高的理想》《拿来主义》《荷花淀》《梅花岭记》《谭嗣同》《与妻书》《天山景物记》《茅屋为秋风所破歌》《论积贮疏》《游黄山记》《内蒙访古》《花城》《个人和集体》《柏林之围》《〈呐喊〉自序》《永遇乐·京口北固亭怀古》《庄暴见孟子》《〈指南录〉后序》《左忠毅公逸事》《范爱农》《爱国学者顾炎武》《静夜》《灯》《中国人失掉自信力了吗》《扬州慢》《过小孤山大孤山》《复庵记》《〈黄花岗七十二烈士事略〉序》《娘子关前》《汉堡港的变奏》《西湖漫笔》《西去列车的窗口》《涉江》《屈原列传》《教战守策》。

Ⅱ．民族精神

民族精神指的是热爱祖国、爱好和平、勤劳勇敢、自强不息的精神品质。具体选文：《长江三峡》《记念刘和珍君》《为了六十一个阶级弟兄》《为了周总理的嘱托……》《路标》《我们的文艺是为什么人的》《悼列宁》《百合花》《猎户》《土地》《秋色赋》《沁园春·长沙》《王贵与李香香》《民族的科学的大众的文化》《拿来主义》《荷花淀》《梅花岭记》《谭嗣同》《与妻书》《杨树》《善于建设一个新世界》《我们打了一个大胜仗》《〈呐喊〉自序》《〈指南录〉后序》《范爱农》《山地回忆》《九夜》《中国人失掉自信力了吗》《〈黄花岗七十二烈士事略〉序》《娘子关前》《离不开你》《我歌唱延安》《春蚕（上）》《春蚕（下）》《陈州粜米》。

Ⅲ．民族互存

民族互存指的是各民族之间相互平等、相互团结，共同发展。具体选文：《天山景物记》《内蒙访古》。

Ⅳ．政治认同

政治认同指的是热爱中国共产党。具体选文：《为了六十一个阶级弟兄》《路标》《百合花》《"老虎团"的结局》《一月的哀思》《人类的出现》《崇高的理想》《荷花淀》《风景谈》《海市》《善于建设一个新世界》《花城》《我们打了一个大胜仗》《个人和集体》《党员登记表》《讲讲实事求是》《实践是检验真理的唯一标准》《〈农村调查〉序言》《娘子关前》《离不开你》《我歌唱延安》《西湖漫笔》《西去列车的窗口》。

Ⅴ．革命精神

革命精神指的是敢于斗争、勇敢反抗的品质。具体选文：《记念刘和珍君》《悼列宁》《药》《百合花》《土地》《"老虎团"的结局》《沁园春·长沙》《水调歌头·游泳》《王贵与李香香》《民族的科学的大众的文化》《荷花淀》《母亲》《与妻书》《云赋》《"丧家的""资本家的乏走狗"》《鲁迅的精神》《为了忘却的记念》《琐忆》《虎吼雷鸣马萧萧》《反对党八股》《狂人日记》《党员登记表》《实践是检验真理的唯一标准》《〈农村调查〉序言》《〈呐喊〉自序》《范爱农》《山地回忆》《雷电颂》《静夜》《九夜》《灯》《一个极其重要的政策》《〈黄花岗七十二烈士事略〉序》《我歌唱延安》《西去列车的窗口》《黑海风暴和天气预报的产生——必然性和偶然性》。

Ⅵ. 建设发展

建设发展指的是新社会的建设和发展。具体选文：《南州六月荔枝丹》《猎户》《土地》《秋色赋》《水调歌头·游泳》《崇高的理想》《杨树》《善于建设一个新世界》《花城》《我们打了一个大胜仗》《实践是检验真理的唯一标准》《山地回忆》《中国共产党第十二次全国代表大会开幕词》《治平篇》《西湖漫笔》《结婚现场会（上）》《结婚现场会（下）》。

③社会关爱

▲社会责任

Ⅰ. 社会追求

社会追求指的是对自由、平等、公正、法治社会的追求。具体选文：《为了六十一个阶级弟兄》《路标》《我们的文艺是为什么人的》《百合花》《察今》《原君》《一月的哀思》《民族的科学的大众的文化》《崇高的理想》《祝福》《病梅馆记》《与妻书》《善于建设一个新世界》《虎吼雷鸣马萧萧》《花城》《我们打了一个大胜仗》《个人和集体》《讲讲实事求是》《庄暴见孟子》《山地回忆》《丑石》《〈黄花岗七十二烈士事略〉序》《离不开你》《我歌唱延安》《西湖漫笔》《谏太宗十思疏》《柳毅传》《原毁》《陈州粜米》。

Ⅱ. 社会公德

社会公德指的是文明礼貌、乐于助人、爱护环境，遵纪守法等品质。具体选文：《师说》《山地回忆》。

Ⅲ. 奉献社会

奉献社会指的是对社会的无私奉献。具体选文：《路标》《崇高的理想》《杨树》《花城》《我们打了一个大胜仗》《个人和集体》《丑石》《离不开你》。

Ⅳ. 社会现象

社会现象指的是反映社会的状态或变化，以及人与人的关系。具体选文：《包身工》《为了六十一个阶级弟兄》《药》《装在套子里的人》《明湖居听书》《林教头风雪山神庙》《伐檀》《硕鼠》《原君》《王贵与李香香》《祝福》《智取生辰纲》《琵琶行》《五人墓碑记》《狱中杂记》《病梅馆记》《谭嗣同》《海市》《为了忘却的记念》《火刑》《阿Q正传》《虎吼雷鸣马萧萧》《守财奴》《泼留希金》《梦游天姥吟留别》《孔雀东南飞（并序）》《论积贮疏》《六国论》《促织》《我们打了一个大胜仗》《甲申三百年祭》《狂人日记》《项链》《〈农村调查〉序言》《雷雨》《威尼斯商人》《窦娥冤》《订鬼》《阿房宫赋》《书博鸡事者》《范爱农》《山地回忆》《书塾与学堂》《静夜》《春鸟》《小二黑结婚(上)》《小二黑结婚(下)》《九夜》《穷人的专利权》《灯》《丑石》《文学与出汗》《中国人失掉自信力了吗》《兵车行》《扬州慢》《齐桓晋文之事》《伶官传序》《报刘一丈书》《治平篇》《春蚕(上)》《春蚕(下)》《结婚现场会(上)》《结婚现场会(下)》《警察和赞美诗》《灌园叟晚逢仙女》《屈原列传》《谏太宗十思疏》《原毁》《教战守策》《祭妹文》《察变》《［般涉调］哨遍》《陈州粜米》。

▲生态意识

Ⅰ．热爱自然

热爱自然指的是对自然风光、自然生活的热爱之情。具体选文：《荷塘月色》《绿》《长江三峡》《雨中登泰山》《游褒禅山记》《芙蕖》《樱花赞》《秋色赋》《石钟山记》《采草药》《雁荡山》《天山景物记》《风景谈》《海市》《云赋》《杨树》《梦游天姥吟留别》《与朱元思书》《游黄山记》《威尼斯》《春鸟》《过小孤山大孤山》《娘子关前》《西湖漫笔》《归园田居》《饮酒》。

Ⅱ．维护生态

维护生态指的是对自然生态环境的保护。具体选文：《一次大型的泥石流》。

Ⅲ．珍爱生命

珍爱生命指的是对生命的热爱、歌颂。具体选文：《蝉》《为了六十一个阶级弟兄》《樱花赞》。

▲国际理解

Ⅰ．了解世界

了解世界指的是对世界的了解和认识。具体选文：《在马克思墓前的讲话》《悼列宁》《人类的出现》《拿来主义》《母亲》《改造我们的学习》《火刑》《威尼斯》《〈物种起源〉导言》《海洋与生命》《察变》。

Ⅱ．造福人类

造福人类指的是为人类社会造福。具体选文：《眼睛与仿生学》《农作物抗病品种的培育》《火刑》《海洋与生命》。

Ⅲ．追求和平

追求和平指的是对和平生活的美好追求和向往。具体选文：《猎户》《樱花赞》。

Ⅳ．合作共赢

合作共赢指的是互相合作，共同发展。具体选文：《汉堡港的变奏》。

（2）思想道德素质价值观内容体现频率分析

①价值观内容范畴总体统计分析

表18 《高级中学课本 语文》
思想道德素质价值观内容范畴总体统计分析表

价值观范畴	高一			高二			高三			高中		
	频率	百分比（%）	排序	频率	百分比（%）	排序	频率	百分比（%）	排序	频率	百分比（%）	排序
人格修养	106	46.90	1	88	46.81	1	104	48.15	1	298	47.30	1
家国情怀	64	42.48	2	52	27.66	2	56	25.93	3	172	27.30	2
社会关爱	56	24.78	3	48	25.53	3	56	25.92	2	160	25.40	3
总频率	226	100.00		188	100.00		216	100.00		630	100.00	

从表中不难发现，思想道德素质价值观内容的范畴分布比较全面，每个范畴都占有一定比例。总体分布上，频率分布由高到低依次为人格修养范畴、家国情怀范畴和社会关爱范畴。其中，人格修养范畴所占的比例最大，不论是在总数上还是各年级分布上都远远超过其他范畴，建议适当减少这部分的比重，降至30%左右为宜；家国情怀范畴和社会关爱范畴的选文数量和比例相对适中，建议可以适当增加这两部分比重至30%左右为宜。

②价值观内容范畴统计分析

表19 《高级中学课本 语文》
思想道德素质价值观内容范畴统计分析表

价值观范畴		高一			高二			高三			高中		
		频率	百分比（%）	排序	频率	百分比（%）	排序	频率	百分比（%）	排序	频率	百分比（%）	排序
人格修养	品德操守	20	8.85	4	14	7.45	4	20	9.26	4	54	8.57	
	心理品质	86	38.05	1	74	39.36	1	84	38.89	1	244	38.73	
家国情怀	家人亲情	4	1.77	7	5	2.66	6	7	3.24	5	16	2.54	
	国家情感	60	26.55	2	47	25.00	2	49	22.69	2	156	24.76	

续表

价值观范畴		高一			高二			高三			高中		
		频率	百分比（%）	排序	频率	百分比（%）	排序	频率	百分比（%）	排序	频率	百分比（%）	排序
社会关爱	社会责任	32	14.16	3	34	18.09	3	46	21.29	3	112	17.78	
	生态意识	15	6.64	5	9	4.78	5	6	2.78	6	30	4.76	
	国际理解	9	3.98	6	5	2.66	6	4	1.85	7	18	2.86	
总频率		226	100.00		188	100.00		216	100.00		630	100.00	

　　根据本研究对语文教科书价值观内容各维度及其子维度的比重应达到10%~30%为宜的建议，结合上表不难发现，《高级中学课本 语文》教科书思想道德素质层面，家国情怀范畴和社会关爱范畴总体的选文数量和所占比例较合理，但其中家人亲情维度、生态意识维度和国际理解维度的比重过小，远低于10%，应当增加这些维度的选文。人格修养范畴所占的比重则较高，尤以心理品质维度最多，达到总比重的38.73%，应当减少至25%~30%为宜，而品德操守维度的选文比重增加至10%更佳。

　　③价值观内容范畴分类统计分析

表20　《高级中学课本 语文》思想道德素质
人格修养—品德操守价值观内容统计分析表

价值观范畴	高一			高二			高三			高中		
	频率	百分比（%）	排序	频率	百分比（%）	排序	频率	百分比（%）	排序	频率	百分比（%）	排序
持正重义	13	65.00	1	10	71.43	1	12	60.00	1	35	64.81	1
孝敬谦恭	1	5.00	3	0	0.00	4	3	15.00	2	4	7.41	3
仁爱友善	5	25.00	2	3	21.43	2	3	15.00	3	11	20.37	2
诚实守信	1	5.00	3	1	7.14	3	2	10.00	4	4	7.41	3
总频率	20	100.00		14	100.00		20	100.00		54	100.00	

　　人格修养范畴品德操守维度，总体选文数量和所占比例较小，占总比重的8.57%。其中，持正重义子维度所占的比例较大，达到64.81%，远超过其他

子维度频率之和；仁爱友善子维度所占比例其次，达到 20.37%；孝敬谦恭子维度和诚实守信子维度所占的比例过小，仅占 7.41% 和 7.41%。在呈现方式上，持正重义子维度，三个年级选文数量呈"↘↗"的状态，由"大—小—大"；仁爱友善子维度，三个年级的选文数量基本呈"↘—"的状态，由"大—小"；诚实守信子维度，三个年级的选文数量呈"—↗"的状态，由"小—大"；孝敬谦恭子维度，三个年级选文数量呈"↘↗"的状态，由"大—小—大"，且在高二年级出现了"零频率"现象。

表 21　《高级中学课本 语文》思想道德素质
人格修养—心理品质价值观内容统计分析表

价值观范畴	高一			高二			高三			高中		
	频率	百分比（%）	排序	频率	百分比（%）	排序	频率	百分比（%）	排序	频率	百分比（%）	排序
自信自爱	2	2.33	5	0	0.00	6	2	2.38	5	4	1.64	5
追求理想	15	17.44	3	11	14.86	3	15	17.86	2	41	16.80	3
坚韧乐观	6	6.97	4	3	4.06	4	3	3.57	4	12	4.92	4
善于交往	0	0.00	6	2	2.70	5	1	1.19	6	3	1.23	6
明理力行	18	20.93	2	15	20.27	2	9	10.71	3	42	17.21	2
情感态度	45	52.33	1	43	58.11	1	54	64.29	1	142	58.20	1
总频率	86	100.00		74	100.00		84	100.00		244	100.00	

　　人格修养范畴心理品质维度，总体选文数量和所占比例较大，占总比重的 38.73%。其中，情感态度子维度频度分布上超过了 50%，也超过其他子维度频率之和。明理力行子维度和追求理想子维度频度分布居其次，分别为 17.21% 和 16.80%。坚韧乐观、自信自爱和善于交往子维度选文数量和所占的比例较小，仅占 4.92%、1.64% 和 1.23%，远远低于前三者。在呈现方式上，情感态度子维度和追求理想子维度，三个年级的选文数量呈"↘↗"的状态，由"大—小—大"；明理力行子维度，三个选文数量，随年级逐渐下降（↘）；坚韧乐观子维度，三个年级的选文数量基本呈"↘—"的状态，由"大—小"；自信自爱子维度，三个年级的选文数量呈"↘↗"的状态，由"大—小—大"，且在高二年级出现了"零频率"现象；善于交往子维度，三个年级的选文数量呈"↗↘"的状态，由"小—大—小"，且在高一年级，出现了"零频率"现象。

表 22　《高级中学课本 语文》思想道德素质
家国情怀—家人亲情价值观内容统计分析表

价值观范畴	高一			高二			高三			高中		
	频率	百分比（%）	排序	频率	百分比（%）	排序	频率	百分比（%）	排序	频率	百分比（%）	排序
家庭关怀	3	75.00	1	2	40.00	2	6	85.71	1	11	68.75	1
亲友互爱	1	25.00	2	3	60.00	1	0	0.00	3	4	25.00	2
家乡情谊	0	0.00	3	0	0.00	3	1	14.29	2	1	6.25	3
总频率	4	100.00		5	100.00		7	100.00		16	100.00	

家国情怀范畴家人亲情维度，总体选文数量和所占比例过小，仅占总比重的 2.54%。其中，家庭关怀子维度所占的比例最大，达到了 68.75%，远超其他两范畴之和；亲友互爱子维度其次，频率分布占 25.00%；家乡情谊子维度，所占的比例最小，仅有 6.25%。在呈现方式上，家庭关怀子维度，三个年级的选文数量呈"↘↗"的状态，由"大—小—大"；亲友互爱子维度，三个年级的选文数量呈"↗↘"的状态，由"小—大—小"，且在高三年级出现了"零频率"现象；家乡情谊子维度，三个年级的选文数量呈"—↗"的状态，由"小—大"，且在高一、高二年级出现了"零频率"现象。

表 23　《高级中学课本 语文》思想道德素质
家国情怀—国家情感价值观内容统计分析表

价值观范畴	高一			高二			高三			高中		
	频率	百分比（%）	排序	频率	百分比（%）	排序	频率	百分比（%）	排序	频率	百分比（%）	排序
国家情怀	14	23.33	2	13	27.66	1	16	32.65	1	43	27.56	1
民族精神	19	31.67	1	5	10.64	4	11	22.45	3	35	22.43	3
民族互存	0	0.00	6	2	4.26	6	0	0.00	6	2	1.28	6
政治认同	8	13.33	4	10	21.28	3	5	10.20	5	23	14.74	4
革命精神	13	21.67	3	12	25.53	2	11	22.45	2	36	23.08	2
建设发展	6	10.00	5	5	10.64	4	6	12.25	4	17	10.91	5
总频率	60	100.00		47	100.00		49	100.00		156	100.00	

家国情怀范畴国家情感维度，总体选文数量和所占比例较适宜，占总比重的 24.76%。其中，国家情怀子维度、革命精神子维度和民族精神子维度所占比例较大，分别达到了 27.56%、23.08% 和 22.43%。政治认同子维度和建设发展子维度所占比例其次，占 14.74% 和 10.91%。民族互存子维度选文数量和所占比例最小，仅占 1.28%。在呈现方式上，国家情怀子维度、革命精神和建设发展子维度，三个年级的选文数量呈"↘↗"的状态，由"大—小—大"；革命精神子维度，选文的数量呈现逐渐下降（↘）；政治认同子维度，三个年级的选文数量呈"↗↘"的状态，由"小—大—小"；民族互存子维度，三个年级的选文数量呈"↘↗"的状态，由"大—小—大"，且在高一、高三年级出现了"零频率"现象。

表 24 《高级中学课本 语文》思想道德素质
社会关爱—社会责任价值观内容统计分析表

价值观范畴	高一			高二			高三			高中		
	频率	百分比（%）	排序	频率	百分比（%）	排序	频率	百分比（%）	排序	频率	百分比（%）	排序
社会追求	12	37.50	2	7	20.59	2	10	21.74	2	29	25.89	2
社会公德	1	3.13	4	0	0.00	4	1	2.17	4	2	1.79	4
奉献社会	2	6.25	3	4	11.76	3	2	4.35	3	8	7.14	3
社会现象	17	53.12	1	23	67.65	1	33	71.74	1	73	65.18	1
总频率	32	100.00		34	100.00		46	100.00		112	100.00	

社会关爱范畴社会责任维度，总体选文数量和所占比例较适宜，占总比重的 17.78%。其中，社会现象子维度所占比例最大，达到了 65.18%，远超过其他子维度频率之和；社会追求子维度其次，占 25.89%；奉献社会子维度和社会公德子维度所占的比例最小，仅占 7.14% 和 1.79%。在呈现方式上，社会现象子维度，选文数量随年级逐渐上升（↗）；社会追求子维度，三个年级的选文数量呈"↘↗"的状态，由"大—小—大"；奉献社会子维度，三个年级的选文数量呈"↗↘"的状态，由"小—大—小"；社会公德子维度，三个年级的选文数量基本呈"—"的状态，且在高二年级出现了"零频率"现象。

表 25 　《高级中学课本 语文》思想道德素质
社会关爱—生态意识价值观内容统计分析表

价值观范畴	高一			高二			高三			高中		
	频率	百分比（%）	排序	频率	百分比（%）	排序	频率	百分比（%）	排序	频率	百分比（%）	排序
热爱自然	11	73.33	1	9	100.00	1	6	100.00	1	26	86.67	1
维护生态	1	6.67	3	0	0.00	2	0	0.00	2	1	3.33	3
节约资源	0	0.00	4	0	0.00	2	0	0.00	2	0	0.00	4
珍爱生命	3	20.00	2	0	0.00	2	0	0.00	2	3	10.00	2
天人合一	0	0.00	4	0	0.00	2	0	0.00	2	0	0.00	4
总频率	15	100.00		9	100.00		6	100.00		30	100.00	

社会关爱范畴生态意识维度，总体选文数量和所占比例过小，占总体比重的 4.76%。其中，热爱自然子维度所占比例最大，占 86.67%，远超其他子维度频率之和；珍爱生命子维度居其次，占 10%；维护生态子维度的选文数量和所占的比例则过小，仅占 3.33%；节约资源子维度和天人合一子维度的频率分布均为 0。在呈现方式上，热爱自然子维度，选文数量随年级逐渐下降（↘）；珍爱生命子维度和维护生态子维度，三个年级的选文数量基本呈"↘—"的状态，由大—小，且都在高二、高三年级出现了"零频率"现象。节约资源子维度和天人合一子维度，选文缺失。

表 26 　《高级中学课本 语文》思想道德素质
社会关爱—国际理解价值观内容统计分析表

价值观范畴	高一			高二			高三			高中		
	频率	百分比（%）	排序	频率	百分比（%）	排序	频率	百分比（%）	排序	频率	百分比（%）	排序
了解世界	5	55.56	1	4	80.00	1	2	50.00	1	11	61.11	1
造福人类	2	22.22	2	1	20.00	2	1	25.00	2	4	22.22	2
追求和平	2	22.22	2	0	0.00	3	0	0.00	3	2	11.11	3

续表

价值观范畴	高一			高二			高三			高中		
	频率	百分比（%）	排序	频率	百分比（%）	排序	频率	百分比（%）	排序	频率	百分比（%）	排序
合作共赢	0	0.00	4	0	0.00	3	1	25.00	2	1	5.56	4
总频率	9	100.00		5	100.00		4	100.00		18	100.00	

社会关爱范畴国际理解维度，总体选文数量和所占比例过小，占总体比重的 2.76%。其中，了解世界子维度所占的比例最大，占到了 61.11%，明显超过了其他子维度的比重。造福人类子维度和追求和平子维度居其次，分别占 22.22% 和 11.11%，且追求和平子维度在高二年级出现了"零频率"现象。合作共赢子维度所占的比例最小，仅占 5.56%，且在高一、高二年级出现了"零频率"现象。在呈现方式上，了解世界子维度和追求和平子维度，选文数量随年级逐渐下降（↘）；造福人类子维度，三个年级的选文数量呈现"↘—"，由"大"到"小"；合作共赢子维度，三个年级的选文数量呈现"—↗"的状态，由"小"到"大"。

2. 科学文化素质价值观内容分析

（1）文化视野

①课程要求

"入选的现代作品，思想内容要有助于提高学生的社会主义觉悟、培养无产阶级的情操和共产主义的道德品质，树立无产阶级世界观。选取的古代作品，要体现批判继承的原则。入选的外国作品，要有进步的思想内容。"[1]

②教科书编写安排综述

在文化视野方面力求体现大纲提出的"思想内容好、语言文字好，适合教学"的原则。根据教育的要求和学生的接受能力，精心选取 180 篇课文，力求篇幅短小精悍，内容丰富多样。

---

③列表统计

表27 《高级中学课本 语文》选文时代范围统计分析表

时代	先秦	秦汉	魏晋南北朝	唐宋	元明清	近现代	当代	总计
篇数	14	7	5	24	29	60	54	193
百分比(%)	7.25	3.62	2.59	12.44	15.03	31.09	27.98	100.00

表28 《高级中学课本 语文》选文空间范围统计分析表

地 区	亚 洲	欧 洲			北美洲	总 计
国家	中国	法国	英国	俄罗斯（俄国、苏联）	美国	
篇数	182	3	3	4	1	193
百分比(%)	94.30	1.55	1.55	2.08	0.52	100.00

④评价

在文化视野方面基本达成了大纲中"热爱领袖、热爱党、热爱社会主义祖国和热爱劳动、热爱科学的教育""有助于提高学生的社会主义觉悟，培养共产主义道德品质，树立无产阶级世界观。"等目标和要求，但由于本国少数民族文化和世界上其他国家优秀文化的选文数量过少，大纲中"编选一些具有进步的思想内容的外国作品"等目标未能很好达成。

(2)语文知识

①课程要求

"语文知识，包括语法、逻辑、修辞、写作知识和文学常识等。这些知识力求'精要、好懂、好用'。语法、逻辑、修辞以及词句篇章的有关知识，可以结合的内容要尽可能结合起来教学。要少用术语，紧密结合学生阅读和写作的实际，结合汉语的特点，对语文知识的教学进行研究，使语文知识教学更好地为培养读写能力服务。"①

---

① 课程教材研究所. 20世纪中国中小学课程标准·教学大纲汇编 语文卷[M]. 北京：人民教育出版社，2001：439.

②教科书编写安排综述

语文知识安排，力求体现大纲提出的"精要、好懂、有用"的原则。语法、逻辑、读写知识仍用短文形式，修辞结合课文练习有计划地安排。各种知识短文都按照本身的系统进行安排，力求集中可以自成系统，分散可以同课文配合。

③列表统计

表 29 《高级中学课本 语文》(必修)语文知识安排表

	字词句篇知识	逻辑知识	读写基本知识	附录
第一册		概念的内涵和外延 概念间的关系 简单判断	比较复杂的记叙	
第二册		复合判断 演绎推理 归纳推理	说明文的科学性	文言词的一些用法
第三册		同一律·矛盾 律·排中律	论证的方法	
第四册	怎样学习语言		谈修改文章	文言句法的一些特点

注：高五册、高六册没有编写语文知识短文。

④评价

在语文知识方面，根据语文教学与引用的实际需要，从语法、文体、文学等方面对语文知识进行归类，读写基本知识和逻辑知识方面较好地达成了大纲的要求，也为学生学习语文知识提供了方便，但字词句篇知识方面内容显得不够充分。

(3)语文能力

①课程要求

"高中阶段，学生能够比较熟练地阅读一般的政治、科技读物和文艺读物；能写比较规范的记叙、说明、议论的文章，做到观点鲜明，内容充实，结构完整，中心明确，语句流畅"①。"从初中到高中，学生要学会说普通话，进一步提高口语表达能力"②。

②教科书编写安排综述

编者对各年级的教学要求细化，形成从识字写字、阅读能力、写作能力完整的语文教学体系。具体内容参见下表。

③列表统计

表30 《高级中学课本 语文》(必修)各册读写能力教学要求

第一册	一、着重提高学生比较复杂的记叙能力，学习和掌握一些记事、写人的方法。二、继续提高学生写景、抒情的能力，学习和掌握一些写这类文章的方法。三、继续提高学生议论、说明的能力，学习和掌握一些论证和说明的方法。四、着重让学生学习有关概念、判断等的逻辑知识；继续加强用词造句的基本训练。五、继续提高学生阅读浅易文言文的能力
第二册	一、着重提高学生比较复杂的记叙能力，进一步学习和掌握一些写人、记事、写景和抒情的方法。二、着重提高学生比较复杂的说明能力，进一步学习和掌握一些写说明文的方法。三、继续提高学生议论能力，进一步学习和掌握一些写议论文的方法。四、着重学习有关演绎推理和归纳推理等逻辑知识，继续加强用词造句的练习。五、继续提高学生阅读浅易文言文的能力，着重学习有关文言词语的一些知识。六、继续提高学生文学欣赏能力
第三册	一、着重培养学生比较复杂的议论能力，主要是学习一些论证方法。二、继续提高记叙能力，学习一些比较复杂的记叙方法。三、学习逻辑思维的基本规律，培养运用逻辑、语法、修辞的能力。四、领会文艺批评的标准和马克思主义文风，初步培养修改文章的能力。五、继续提高阅读文言文的能力，着重学习一些常见的文言句式
第四册	一、继续着重培养学生比较复杂的议论能力，学习和掌握一些论证方法。二、继续提高记叙能力，学习和掌握一些比较复杂的记叙方法。三、继续培养运用逻辑、语法、修辞的能力。四、学习一些文学常识，主要了解一些戏剧方面的基本常识。五、继续培养马克思主义文风。六、继续提高阅读文言文的能力。着重学习一些文言句法特点和复习一些文言词法

注：第五册、第六册没有编写语文知识短文。

① 课程教材研究所. 20世纪中国中小学课程标准·教学大纲汇编 语文卷[M]. 北京：人民教育出版社，2001：438.
② 课程教材研究所. 20世纪中国中小学课程标准·教学大纲汇编 语文卷[M]. 北京：人民教育出版社，2001：438.

④评价

在语文能力方面从读、写两个层面对各年级的教学要求做了细化，很好地达成了大纲中的要求，也对学生提高语文学习能力提出了更高目标。

(4)学习发展

①课程要求

"提倡教学联系实际，要联系学生生活、学习、思想和参加社会实践的实际。提倡启发式教学，要针对学生的实际情况，有的放矢启发学生思考问题。要通过多种方法，逐步培养学生独立地分析问题和解决问题的能力。"[①]"要加强课外阅读和写作的指导，平时注意指导学生观察事物，搜集资料；下笔之前，要启发他们清楚为什么写、写什么和怎样写。"[②]

②教科书编写安排综述

编者主要从学会学习、勇于探究、创新发展三方面，对课本中各年级内容做了细化。具体内容参见下表。

③列表说明

表31 《高级中学课本 语文》(必修)学习发展内容安排表

	学会学习	勇于探究	创新发展	备注
第一册	《现代自然科学中的基础学科》			
第二册	《劝学》		《眼睛与仿生学》《农作物抗病品种的培育》	
第三册	《改造我们的学习》《义理、考据和辞章》	《火刑》		
第四册	《讲讲实事求是》《庖丁解牛》	《实践是检验真理的唯一标准》《〈物种起源〉导言》		

---

① 课程教材研究所. 20世纪中国中小学课程标准·教学大纲汇编 语文卷[M]. 北京：人民教育出版社，2001：440-441.

② 课程教材研究所. 20世纪中国中小学课程标准·教学大纲汇编 语文卷[M]. 北京：人民教育出版社，2001：460-461.

续表

	学会学习	勇于探究	创新发展	备注
第五册	《语言的演变》			
第六册	《打开知识宝库的钥匙》	《黑海风暴和天气预报的产生》	《黑海风暴和天气预报的产生》	

④评价

在学习发展方面，总体的选文数量并不多，基本达成了大纲中学会学习和勇于探究方面的要求和目标，但创新发展方面的选文过少，未能很好地达成创新发展方面的要求。

(四)语文教科书价值观内容的思考与讨论

通过对这两套 20 世纪 70 年代末至 80 年代初中学语文教科书价值观内容的研究和分析，引发我们的一些思考。

1.《课纲》的教学目标价值观内容是否全面？

1978 年版《全日制十年制学校中学语文教学大纲(试行草案)》在教学目的部分指出："用马克思主义的立场、观点和方法指导学生学习课文和必要的语文知识，进行严格的读写训练，使学生在思想上受到教育，不断提高社会主义觉悟，增强无产阶级感情，逐步树立无产阶级世界观；在读写能力上得到提高，能够正确地理解和运用祖国的语言文字，选文具有现代文语文的读写能力和阅读浅易文言文的能力，逐步树立马克思主义的文风。"[①]

1980 年版《全日制十年制学校中学语文教学大纲(试行草案)》在教学目的部分指出："中学语文教学必须用马克思主义的观点指导学生学习课文和必要的语文知识，进行严格的读写训练，使学生能够正确理解和运用祖国的语言文字，具有现代语文的阅读能力和写作能力，具有阅读浅易文言文的能力；在读写训练的过程中，要注意提高学生的社会主义觉悟，培养无产阶级的情操和共产主

---

① 课程教材研究所. 20 世纪中国中小学课程标准·教学大纲汇编 语文卷[M]. 北京：人民教育出版社，2001：437-438.

义的道德品质。"①

综合这两份大纲来看，本阶段语文《课纲》教学目标价值观内容是，在思想道德素质方面，十分重视对学生国家、民族政治认同感的培养，对个体人格修养范畴的熏陶；在科学文化素质方面，则特别强调对语文基础知识的训练、语文学习能力的培养，但削弱了对文化视野范畴和学习发展范畴的关注。

2. 所选教科书的价值观内容是否符合该时期政治、经济、文化、教育发展的要求？所选教科书价值观内容是否符合《课纲》、课标中的目标和要求？

1978年后，全国各族人民在党中央领导下，加快经济建设，国民经济得到迅速恢复和发展。进一步巩固安定团结的局面，健全党规党纪，调动一切积极因素为四个现代化努力；农业生产、基础建设、国内外贸易都取得了新的成绩；各类公共文化场馆不断增加，各项公共文化事业迅速发展；科研人员队伍不断壮大，各类重大科学技术研究成果不断增多；各类学校招生人数有所提高，并在经过调整和整顿后，教育质量有所提高。这些改变反映在两套语文教科书中，就体现在思想道德素质与科学文化素质两方面选文上。总体来看，两套教科书都符合本时期政治、经济、文化、教育方面的发展要求，也与当时社会发展需要相一致，对学生的语文知识和语文能力的培养具有积极作用。

从数据上来看，这两套教科书在思想道德素质方面，人格修养范畴下的心理品质价值观内容，家国情怀范畴下的国家情感维度，符合大纲的教学目标和要求；但家国情怀范畴下的家人亲情维度，社会关爱范畴下的社会责任、生态意识、国际理解子维度，要达到新课标的教学目标和要求是不够的。在科学文化素质价值方面，语文知识范畴和语文能力范畴，达到大纲的教学目标和要求；但"文化视野"范畴和"学习发展"范畴，则难以达目标和要求。

中学阶段是对初中阶段和高中阶段的合称。分别对应孩子的少年期（12~15岁）和青年前期（16~18岁），是个体成长的一个关键阶段。考虑这一阶段学生的心理发展水平，结合社会现实需要，这两套教科书在思想品德素质方面的人格修养范畴、家国情怀范畴以及科学文化素质方面的语文知识范畴和语文能力范畴的选文数量及其比重由初一向初三、由高一向高三逐渐递减；思想品德素

① 课程教材研究所. 20世纪中国中小学课程标准·教学大纲汇编 语文卷[M]. 北京：人民教育出版社，2001：458.

质方面的社会关爱范畴和科学文化素质方面的文化视野范畴、学会发展范畴的选文数量及其比重由初一向初三、高一向高三逐渐递增更加适宜。

3. 所选教科书各范畴取向的量与比重是否合理，价值观内容的呈现方式是否合理？

综合国内外课程纲要(大纲)，结合我国社会各阶段发展现实、政治需要和语文课程标准(大纲)的实际要求，语文教科书价值观内容各(子)维度的比重达到 10%～30% 为宜，超过 30% 或少于 10% 是值得商榷的。这两套教科书在价值观内容范畴总体上较全面。其中，思想道德素质方面，家国情怀和社会关爱范畴选文数量和比重合理，人格修养范畴选文数量应当减少至 30% 左右。人格修养范畴下的品德操守维度选文数量应当增加至 10% 为宜，心理品质维度选文的数量应当减少至 20% 左右；家国情怀范畴下国家情感维度选文数量和比重合理，家人亲情维度选文数量应当增加至 10% 为宜；社会关爱范畴下社会责任维度选文数量和比重合理，生态意识、国际理解维度选文数量均应增加至 10%。科学文化素质方面，在强化语文知识、语文能力范畴的同时，应当增强对文化视野和学习发展范畴的重视。

教科书价值观内容的呈现方式应符合实际需要，适合学生的认知心理发展水平。其中，思想道德素质方面的人格修养和家国情怀范畴选文数量宜随年级变高而递减，而社会关爱范畴选文数量随年级变高递增较为合理。同时，语文教科书在选编过程中还要考虑到工具性与人文性的统一。这两套教科书在科学文化素质方面语文知识范畴和语文能力范畴的目标达成较好；而文化视野和学习发展范畴的目标达成和内容的呈现，则未能很好体现大纲要求。

4. 所选教科书价值观内容的主要特点

这两套教科书在思想道德素质范畴方面都十分重视个体、国家和社会层面。首先，这两套教科书都强调对个体的关注，特别是对个体心理品质的反映，尊重个人情感态度子维度的表达，亦强调对追求理想和明理力行子维度的重视；其次，这两套教科书都强化对国家的情感，特别是对国家情感的反映，强化学生对国家情怀、民族精神、革命精神和政治认同子维度方面的关注和理解，帮助学生树立正确的国家观念和民族意识，热爱自己的祖国，热爱自己的民族，热爱中国共产党；最后，这两套教科书都强调对社会的关注，特别是强调对社会追求和社会现象子维度的重视，帮助学生树立正确社会观、价值观和人生观。

在科学文化素质范畴方面，这两套教科书都非常重视语文知识、语文能力方面的培养，构建了系统、完整的语文教学体系和目标，帮助学生更好地学习文字、词汇、语法、文体、文学等丰富的语文知识，以期全面提升学生听说、读、写四方面的能力。

5. 所选教科书价值观内容存在的问题

这两套教科书在思想道德素质范畴方面，首先，在强调个体心理品质维度的同时，削弱了对个体品德操守维度的要求，对孝敬谦恭和诚实守信等中华传统美德的重视不足；其次，在强化国家情感维度的同时，大大削弱了对家人亲情维度的要求，对诸如孝敬父母、善待家人、尊敬长辈和友爱亲友等传统美德的重视不够；最后，在强调对社会责任维度关注的同时，削弱了生态意识和国际理解两个维度，对维护生态、节约资源、珍爱生命、天人合一等子维度的重视不够，合作共赢子维度选文也出现缺失，未能很好地达成大纲的教学目标和要求。

在科学文化素质范畴方面，这两套教科书在重视语文知识、语文能力培养的同时，削弱了文化视野和学会发展方面的提升，关于我国少数民族文化和世界上其他国家优秀文化的选文数量过少，造成了文化视野范畴的削弱，未能很好地达成大纲中"选取的古代作品，要体现批判继承的原则。入选的外国作品，要有进步的思想内容"等方面目标；两套教科书中学习发展范畴选文总体数量的不足，尤其是创新发展方面的选文过少，亦未能很好地体现大纲的目标和要求。

6. 结论

根据文本内容分析和频率数据统计，这两套教科书价值观内容所涵盖的思想道德素质和科学文化素质两个层面均有不同程度的体现。既有相同的地方，也存在不同的特点。为了更好地促进学生思想道德素质和科学文化素质的发展，完善社会主义核心价值观和中华优秀传统文化教育，根据研究过程中发现的问题，提出以下建议，供修订教科书价值观内容时参考。

（1）合理调整教科书价值观内容各维度分布

这两套教科书在选文要求上，符合当时的现实需要和大纲要求。收录了一些政治性较强的选文，以加强学生的思想政治教育。在思想道德素质方面，从总体分布来看，这两套教科书对学生人格修养范畴极为重视，远远超出家国情怀和社会关爱范畴；从频率分布上来看，则显得较少，应适当加强和完善这一部分。就各维度分布而言，人格修养范畴可以适当增加品德操守维度的比重；家国情怀范畴中的家人亲情维度应适当提高比重；社会关爱范畴中的国际理解和生态意识维度应适当增加选文数量和比重。科学文化素质方面，这两套教科书重视对学生语文知识范畴和语文能力范畴目标的养成；但在文化视野范畴的民族文化维度和多元文化维度、学习发展范畴中的创新发展维度目标达成尚有不足。

（2）注重从学生的实际出发编选教科书

教科书在编选过程中要多联系学生的生活实际，考虑到学生的身心发展特点和认知能力。这两套教科书在编选过程中，强调从思想道德素质方面强化学生的思想政治教育；从科学文化素质方面加强学生的语文知识、语文能力训练培养。但一些发生在学生身边、与学生生活相关的内容却并不多见。这类贴近学生生活的选文在语文教学中更容易引起学生共鸣，产生更好的教育效果。同时，语文课不同于思想品德课，如果一味地说教、简单地灌输，可能会降低教育的功效。而把教科书中反映的价值观内容，用一种隐含的方式呈现给学生，让学生在潜移默化中接受教育，才能更好地让学生真正接受，获得改变。

（3）提升教科书价值观内容的多元性

①增加法治理念类选文

党的十二大报告提出："加强宪法和公民权利、公民义务、公民道德的教育，在各行各业加强职业责任、职业道德、职业纪律的教育。建设高度的社会主义民主和法制，保障社会主义建设的顺利进行"等要求。可见法治理念在当时社会阶段的重要性。中学阶段是孩子形成独立世界观、人生观、价值观的关键时期。语文教科书作为传递国家意识形态和价值观内容的载体，在编选过程中适当增加"加强社会主义民主法制建设"方面的选文十分必要，这也是这两套教科书所缺失的地方。

②深化生命教育和死亡教育类选文

这两套教科书关于生命教育和死亡教育的选文内容较为单薄，且大多为严肃正统的革命者形象和精英形象，与学生的实际生活联系并不密切，很难促使学生对生命和死亡深入思考，达不到大纲所要求的教育效果，亦不利于中学生的健康成长和身心发展。

③加强民族文化和多元文化介绍

教科书在编选过程中，不仅要继承和发展我国优秀的传统文化，也要吸收世界各民族有益文化成果，这样才能真正走向世界，立于世界民族之林。这两套教科书在科学文化素质方面的文化视野范畴的选文数量和比例都不够充分。一方面，对于我国少数民族优秀文化的介绍、各民族之间和谐发展的主题近乎没有；另一方面，对于世界优秀文化、多元文化的介绍只寥寥数篇，未能很好地达成大纲中"编选一些具有进步的思想内容的外国作品"等目标和要求。

二、20世纪80年代中期至新课改前语文教科书价值观内容

(一)语文教科书价值观内容概述

1. 背景简介

20世纪80年代中期，全国各族人民在党中央和国务院的正确领导下，深入贯彻治理整顿和深化改革的方针，取得了明显成效。在生产持续发展的基础上，市场繁荣活跃，财政收支平衡，社会供需矛盾有所缓解，整个国民经济持续向好，促进了政治和社会稳定。新闻、广播、电影、电视等文化事业在社会主义精神文明建设中发挥着重要作用。科技队伍继续壮大，专利事业发展迅速，为经济建设作出了新的贡献。教育体制改革促进教育事业持续发展。义务教育普及程度进一步提高，初等教育普及工作得到巩固和发展，中等教育结构得到初步调整，普通高等教育办学规模有所控制，成人教育整顿取得进展。[1][2] 教育部1986年制定的《全日制中学语文教学大纲》和1990年制定的《全日制中学语文教学大纲(修订本)》，是对1978年颁布的《全日制十年制学校中学语文教学大纲(试行草案)》的两次较大幅度的修订。修订的内容主要强调两方面。一是提出加强思想政治教育；二是提出降低难度，减轻负担。《九年义务教育三年制初级中学教科书语文》和《高级中学课本 语文》(必修)这两套教科书就是在此背景下编写的。

2. 研究依据

(1)政治文件类依据

20世纪80年代中期，社会主义文化教育建设得到了进一步的发展。党的

---

① 1985年国民经济和社会发展统计公报[EB/OL]. http://www.cfen.com.cn/sjpd/hg/201601/t20160121_1654278.html. 2016-07-10.

② 1985年国民经济和社会发展统计公报[EB/OL]. http://news.xinhuanet.com/zhengfu/2002-11/14/content_629952.html. 2016-07-10.

十三大报告指出："必须以马克思主义为指导，努力建设精神文明。按照'有理想、有道德、有文化、有纪律'的要求，提高整个民族的思想道德素质和科学文化素质。"①党的十四大报告指出："同经济、政治的改革和发展相适应，以'有理想、有道德、有文化、有纪律'为目标，建设社会主义精神文明。鼓励创作内容健康向上特别是讴歌改革开放和现代化建设的具有艺术魅力的精神产品。在全国各族人民特别是青少年中，进一步加强党的基本路线教育，爱国主义、集体主义和社会主义思想教育，近代史、现代史教育和国情教育，增强民族自尊、自信和自强精神，抵御资本主义和封建主义腐朽思想的侵蚀，树立正确的理想、信念和价值观，培养一代又一代有理想、有道德、有文化、有纪律的新人。"②

这些文件反映了当时社会主流文化价值观念，是我们分析这阶段教科书价值观内容的重要依据。

（2）课程文件类依据

《全日制中学语文教学大纲》（1986年）概述部分指出："语文学科对于提高学生的思想道德素质和科学文化素质，培养有理想、有道德、有文化，有纪律的社会主义公民，具有重要的意义。"教学目的部分指出："在语文教学中，要开拓学生的视野，发展学生的智力，要培养学生的社会主义道德情操、健康高尚的审美观和爱国主义精神。"教科书内容部分指出："课文要选取文质兼美、适合教学的典范文章。入选的作品要符合教学目的中提出的思想教育要求，有助于培养学生从事祖国现代化建设的献身精神，有助于学生树立辩证唯物主义和历史唯物主义世界观。选取古代作品，要体现批判继承的原则。入选的外国作品，要有进步的思想内容。"③

1990年版《全日制中学语文教学大纲（修订本）》概述部分指出："初中部分，根据新的九年义务教育教学大纲的精神，减去过多的内容，降低过高的要求。"教学目的部分指出："在语文教学中，要开拓学生的视野，发展学生的智力，培养学生的社会主义道德情操、健康高尚的审美观和爱国主义精神，提高社会主

---

① 沿着有中国特色的社会主义道路前进——在中国共产党第十三次全国代表大会上的报告［EB/OL］. http://www.chinadaily.com.cn/dfpd/18da/2012-08/28/content_15713593.html. 2016-07-15.

② 江泽民在中国共产党第十四次全国代表大会上的报告. ［EB/OL］. http://news.cy01.com/content/2017-10/11/content_16573931.htm.

③ 课程教材研究所. 20世纪中国中小学课程标准·教学大纲汇编 语文卷［M］. 北京：人民教育出版社，2001：477-478.

义觉悟。强调语文训练必须重视思想政治教育，思想政治教育必须根据语文学科的特点，渗透在教学的过程中，起到潜移默化的作用。"①

《九年义务教育全日制初级中学语文教学大纲（试用）》在教学目的部分指出："在语文教学过程中，要开拓学生的视野，发展学生的智力，激发学生热爱祖国语文的感情，培养健康高尚的审美情趣，培养社会主义思想品质和爱国主义精神。"教学内容部分指出："要重视选取反映新中国成立以来的社会生活和时代精神的现代文，各地可以编选少量乡土内容的课文。"②

1996年版《全日制普通高级中学语文教学大纲（供试验用）》在概述部分指出："语文学科，对于提高思想道德素质、科学文化素质，对于学好其他学科、日后工作和继续学习，对于弘扬民族优秀文化和吸收人类的进步文化，促进国家现代化建设，提高民族素质，都具有重要意义。"教学目的部分指出："在教学过程中，指导学生进一步开拓视野，增长知识，陶冶情操，发展智力，发展个性和特长，培养学生热爱祖国语言文字、热爱中华民族优秀传统文化的感情，培养健康高尚的审美情趣和一定的审美能力，培养社会主义思想品德和爱国主义精神。"③

这些课程文件是分析这阶段教科书价值观内容时的重要依据。

3. 样本介绍

新时期以来，中学语文教科书的编写在1986年以前，基本上是"国定制""统编制"教科书，均由人民教育出版社编纂。1986年以后，除了人民教育出版社编纂的中学语文通用教科书外，人教社、中央教科所以及北京、上海、江苏、浙江等数十个科研单位编制了多种类型、多种体系、多种风格的实验教科书。④其中，尤以人教版实验教科书使用范围最广。基于此，本节选取了《九年义务教育三年制初级中学教科书 语文》和《高级中学课本 语文（必修）》两套人教版初、高中语文实验教科书作为研究样本。

---

① 课程教材研究所. 20世纪中国中小学课程标准·教学大纲汇编 语文卷[M]. 北京：人民教育出版社，2000：502-503.

② 课程教材研究所. 20世纪中国中小学课程标准·教学大纲汇编 语文卷[M]. 北京：人民教育出版社，2001：524-525.

③ 课程教材研究所. 20世纪中国中小学课程标准·教学大纲汇编 语文卷[M]. 北京：人民教育出版社，2001：535.

④ 李良品. 中国语文教材发展史[M]. 重庆：重庆出版社，2006：379.

（1）《九年义务教育三年制初级中学教科书 语文》

本研究所选用的版本情况如下：

第一册，1992 年 10 月第 1 版；

第二册，1993 年 4 月第 1 版；

第三册，1993 年 10 月第 1 版；

第四册，1994 年 4 月第 2 版；

第五册，1994 年 10 月第 1 版；

第六册，1996 年 4 月第 1 版。

这一套教科书在内容编排上主要由插图、说明、目录、正文、附录六部分组成。

插图主要由封面彩图和穿插于课文之前的黑白图片组成。

说明介绍了本套书编写的指导思想，初中各个阶段教学重点和编排方式。

目录位于说明之后、正文之前，主要介绍本册书构成情况。篇目前没有标"＊"的是教读课文，标有"＊"的是自读课文。

正文部分均由八个单元组成，体例上是以主题组元。每单元之前都有一小段单元提示，介绍本单元的选文主题、学习内容、目标和所需掌握的语文知识情况。

表 32　以《九年义务教育三年制初级中学教科书 语文》第一册为例

单元	一	二	三	四	五	六	七	八
选文篇目	《这不是一颗流星》	《从百草园到三味书屋》	《小橘灯》	《老山界》	《春》	《〈咏柳〉赏析》	《大自然的语言》	《皇帝的新装》
	《羚羊木雕》	《最后一课》	《枣核》	《纪念白求恩》	《济南的冬天》	《看戏》	《回声》	《天上的街市》
	《背影》	《为中华之崛起而读书》	《榆钱饭》	《生命的意义》	《松鼠》	《笑的武器》	《影子的故事》	《寓言三则》

续表

单元	一	二	三	四	五	六	七	八
选文篇目	《短文两篇》	《论语六则》	《扁鹊见蔡桓公》《诗词五首》		《桂林山水歌》	《花市》		《盘古开天辟地》
主题	家庭生活	学校生活	社会生活	革命生活	自然景物	经济文化生活	科学世界	想象世界

由于有的课文含有 2 篇及以上的选文，所以选文数量上要超过这个数。每篇课文前面有预习提示，后面有练习，对学生的课前预习、课后复习给予指导。另外，有的课文后还附有一些同类型的选文作为补充；同时，附有一些常见语文知识（语法知识）等。每单元之后有相应的作文训练。

附录更多的是向学生介绍一些常见的语言、文字、语法知识。

（2）《高级中学课本 语文》（必修）

本研究所选用的版本情况如下：

第一册（必修），1990 年 10 月第 1 版；

第二册（必修），1995 年 6 月第 2 版；

第三册（必修），1990 年 11 月第 1 版；

第四册（必修），1995 年 6 月第 2 版；

第五册（必修），1995 年 11 月第 2 版；

第六册（必修），1995 年 6 月第 2 版。

这套教科书在内容上可以分为说明、目录、正文、附录四部分。

说明介绍编写的指导思想，高中各个阶段教学重点和编排方式。

目录，位于说明之后、正文之前，主要介绍本册书的构成情况。篇目前没有标"＊"的是教读课文，标有"＊"的是自读课文。

正文部分第一、二、三、四、五册各 7 个单元，第六册 5 个单元，每个单元有 3～4 篇选文，体例上以文体组元。

表 33　以《高级中学课本 语文》第一册（必修）为例

单元	一	二	三	四	五	六	七
选文篇目	《雨中登泰山》	《纪念刘和珍君》	《在新的历史条件下继承和发扬爱国主义传统》	《景泰蓝的制作》	《绿》《荷塘月色》	《廉颇蔺相如列传》	《游褒禅山记》
	《长江三峡》	《为了六十一个阶级弟兄》	《拿来主义》	《南州六月荔枝丹》	《灯》	《赤壁之战》	《石钟山记》
	《难老泉》	《为了周总理的嘱托……》	《恰到好处》	《一个好树种——泡桐》	《蒲公英》	《邹忌讽齐王纳谏》	《芙蕖》
	《我的空中楼阁》	《火刑》	《作家要铸炼语言》	《蝉》	《故乡的榕树》	《记王忠肃公翱事》	《与朱元思书》
体裁或类型	记叙文	记叙文	议论文	说明文	散文	文言文	文言文

　　每篇课文前有预习提示，后有练习，对学生的课前预习、课后复习给予指导。每单元之后附有本单元相关的基础知识和训练，涉及阅读、写作、听说、文体和语言等方面内容。

　　附录更多的是介绍一些常见语言、文字、语法知识。

　　4. 中学语文教科书价值观内容架构表说明

　　（具体详见第一节）

（二）《九年义务教育三年制初级中学教科书 语文》价值观内容分析

　　1. 思想道德素质价值观内容分析

　　①人格修养

　　▲品德操守

　　Ⅰ. 持正重义

　　持正重义指的是做人坚强正直，坚持真理正义。具体选文：《〈论语〉六则》

《扁鹊见蔡桓公》《生命的意义》《花市》《皇帝的新装》《挺进报》《刘胡兰慷慨就义》《同志的信任》《继续保持艰苦奋斗的作风》《哨子》《最后一次演讲》《鲁提辖拳打镇关西》《得道多助，失道寡助》《自传》《曹刿论战》《出师表》《朝天子·咏喇叭》。

Ⅱ. 孝敬谦恭

孝敬谦恭指的是孝顺父母，尊敬师长。具体选文：《这不是一颗流星》《散步》《小橘灯》《我的老师》《挖荠菜》《木兰诗》《母亲架设的桥》《题教师塑像》。

Ⅲ. 仁爱友善

仁爱友善指的是待人和善，亲近慈爱。具体选文：《羚羊木雕》《从百草园到三味书屋》《〈论语〉六则》《小橘灯》《纪念白求恩》《我的老师》《山的那一边》《一面》《一件珍贵的衬衫》《挖荠菜》《傻二哥》《第二次考试》《分马》《小麻雀》《驿路梨花》《请客记》《醉人的春夜》《福楼拜家的星期天》《科学探险的壮举》《周总理，你在哪里》《藤野先生》《黄生借书说》。

Ⅳ. 诚实守信

诚实守信指的是为人真诚，遵守信约。具体选文：《羚羊木雕》《花市》《皇帝的新装》《鞋》。

▲心理品质

Ⅰ. 自信自爱

自信自爱指的是相信自我，善待自己。具体选文：《哨子》《沁园春·雪》。

Ⅱ. 追求理想

追求理想指的是探索梦想，寻找希望。具体选文：《为中华崛起而读书》《〈论语〉六则》《出塞》《老山界》《生命的意义》《天上的街市》《浓烟和烟囱》《挺进报》《山的那一边》《刘胡兰慷慨就义》《一面》《夜走灵官峡》《荔枝蜜》《小麻雀》《桃花源记》《人民英雄永垂不朽》《雄伟的人民大会堂》《卓越的科学家竺可桢》《谈骨气》《梅岭三章》《回延安》《秋浦歌》《在烈日和暴雨下》《有的人》《读一位共产党员的遗嘱》《壮丽人生的最后闪光》《理想的阶梯》《事业篇》《记一辆纺车》《我的小桃树》《爱莲说》《陋室铭》《论求知》《观沧海》《书湖阴先生壁》《杂交水稻之父——袁隆平》《最后一次演讲》《科学探险的壮举》《沁园春·雪》《愚公移山》《得道多助，失道寡助》《岳阳楼记》《醉翁亭记》《自传》《冰心传略》《陈涉世家》《出师表》《破阵子》。

Ⅲ. 坚韧乐观

坚韧乐观指的是坚定信念，积极向上。具体选文：《小橘灯》《老山界》《生命的意义》《浓烟和烟囱》《挺进报》《刘胡兰慷慨就义》《同志的信任》《傻二哥》《第二次考试》《梅岭三章》《在烈日和暴雨下》《为学》《理想的阶梯》《我的小桃树》《成功的秘诀》《最后一次演讲》《愚公移山》《生于忧患，死于安乐》《水调歌头》。

Ⅳ．善于交往

善于交往指的是善于交际，乐于交友。具体选文：《〈论语〉六则》《同志的信任》《傻二哥》《驿路梨花》《请客记》《福楼拜家的星期天》《〈陈毅市长〉选场》。

Ⅴ．明理力行

明理力行指的是机智善辩，敏思践行。具体选文：《〈论语〉六则》《扁鹊见蔡桓公》《挺进报》《山的那一边》《刘胡兰慷慨就义》《同志的信任》《宋定伯捉鬼》《卓越的科学家竺可桢》《失败是个未知数》《起点之美》《弈喻》《积累资料》《学习办报》《钓胜于鱼》《落棋有声》《有的人》《读一位共产党员的遗嘱》《说虎》《为学》《继续保持艰苦奋斗的作风》《从三到万》《想和做》《哨子》《畏惧错误就是毁灭进步》《理想的阶梯》《说"勤"》《事业篇》《成功的秘诀》《伤仲永》《怀疑与学问》《发问的精神》《论求知》《俭以养德》《驳"实惠"论》《个人与集体》《杂交水稻之父——袁隆平》《最后一次演讲》《理解，应该是双向的》《科学探险的壮举》《我的"长生果"》《鲁提辖拳打镇关西》《愚公移山》《自传》《冰心传略》《治学的秘诀》《求知如采金》《工作的大小》《怎样丢掉学生腔》《曹刿论战》。

Ⅵ．情感态度

情感态度指的是思想感情和生活态度。具体选文：《羚羊木雕》《背影》《金黄的大斗笠》《从百草园到三味书屋》《为中华崛起而读书》《小橘灯》《榆钱饭》《过故人庄》《出塞》《江南逢李龟年》《渔歌子》《卖炭翁》《老山界》《纪念白求恩》《生命的意义》《春》《济南的冬天》《看戏》《花市》《浓烟和烟囱》《我的老师》《挺进报》《山的那一边》《刘胡兰慷慨就义》《一面》《一件珍贵的衬衫》《同志的信任》《挖荠菜》《夜走灵官峡》《傻二哥》《第二次考试》《分马》《社戏》《鞋》《狼》《荔枝蜜》《小麻雀》《海滨仲夏夜》《桃花源记》《驿路梨花》《人民英雄永垂不朽》《雄伟的人民大会堂》《卓越的科学家竺可桢》《谈骨气》《弈喻》《梅岭三章》《回延安》《假使我们不去打仗》《致黄浦江》《木兰诗》《敕勒歌》《石壕吏》《秋浦歌》《晓出净慈寺送林子方》《钱塘湖春行》《中国石拱桥》《北京立交桥》《吴门桥》《母亲架设的桥》《巴黎的桥》《奥运会第一枚金牌为我夺得》《六选手得五枚金牌一枚银牌》《光荣啊，普拉多的枪声》《他们的未来不是梦》《别了，0!》《后生可爱》《题教师塑像》《[盼盼]的微笑》《张志公先生答记者问》《白杨礼赞》《听潮》《送元二使安西》《黄鹤楼送孟浩然之广陵》《故宫博物院》《从甲骨文到图书》《在烈日和暴雨下》《变色龙》《杨修之死》《到五月花烈士公墓去》《〈自然·生活·哲理〉序言》《故乡》《有的人》《论雷峰塔的倒掉》《读一位共产党员的遗嘱》《壮丽人生的最后闪光》《马说》《记一辆纺车》《我的小桃树》《爱莲说》《陋室铭》《"友邦惊诧"论》《读〈孟尝君传〉》《七根火柴》《老杨同志》《观沧海》《春夜喜雨》《书湖阴先生壁》《如梦令》《西江月》《美"挑战者"号航天飞机升空后爆炸》《谁是最可爱的人》《杂交水稻之父——袁隆平》《〈还乡梦〉自序》《最后一次演讲》《我的"长生果"》《孔乙己》《范进中举》《鲁提辖拳打镇关西》《沁园春·雪》《白雪歌送武判官归京》《周总理，你在哪里》《青纱帐－甘蔗林》《海燕》《〈白毛女〉选场》《〈陈毅市长〉选场》《〈打渔杀家〉选场》《愚公移山》《生于忧患，死于安乐》《岳阳楼记》《醉翁亭记》《送杜少府之任蜀州》《水调歌头》《天净沙·秋思》《山坡羊·潼关怀古》《回忆我的母亲》《藤野先生》《中国人民寻求救国真理的道路》《葫芦僧判葫芦案》《竞选州长》《我的叔叔于勒》《卖蟹》《陈涉世家》《出师表》《捕蛇者说》《满井游记》《君子于役》《登楼》《破阵子》《朝天子·咏喇叭》。

②家国情怀

▲家人亲情

Ⅰ.家庭关怀

家庭关怀指的是家人之间的相互关爱之情。具体选文：《这不是一颗流星》《背影》《散步》《金黄的大斗笠》《挖荠菜》《夜走灵官峡》《木兰诗》《母亲架设的桥》《故乡》《为学》《春夜喜雨》《如梦令》《〈还乡梦〉自序》《理解，应该是双向的》《水调歌头》《天净沙·秋思》《回忆我的母亲》《君子于役》。

Ⅱ.亲友互爱

亲友互爱指的是亲友之间的相互关爱之情。具体选文：《羚羊木雕》《过故人庄》《同志的信任》《傻二哥》《分马》《社戏》《晓出净慈寺送林子方》《送元二使安西》《黄鹤楼送孟浩然之广陵》《故乡》《记一辆纺车》《白雪歌送武判官归京》《送杜少府之任蜀州》《藤野先生》。

Ⅲ.家乡情谊

家乡情谊指的是对家乡故土的深情。具体选文：《枣核》《榆钱饭》《社戏》《故乡》《〈还乡梦〉自序》《天净沙·秋思》《冰心传略》。

▲国家情感

Ⅰ.国家情怀

国家情怀指的是对国家的认同，以及民族自豪和爱国情怀。具体选文：《最后一课》《为中华崛起而读书》《枣核》《榆钱饭》《出塞》《生命的意义》《桂林山水歌》《天上的街市》《人民英雄永垂不朽》《雄伟的人民大会堂》《卓越的科学家竺可桢》《谈骨气》《梅岭三章》《回延安》《假使我们不去打仗》《致黄浦江》《木兰诗》《敕勒歌》《中国石拱桥》《北京立交桥》《吴门桥》《谈笑》《奥运会第一枚金牌为我夺得》《六选手得五枚金牌一枚银牌》《光荣啊，普拉多的枪声》《他们的未来不是梦》《别了，0!》《后生可爱》《[盼盼]的微笑》《各国国歌拾趣》《张志公先生答记者问》《江南春》《十一月四日风雨大作》《从甲骨文到图书》《活板》《春夜喜雨》《美"挑战者"号航天飞机升空后爆炸》《〈还乡梦〉自序》《最后一次演讲》《青纱帐－甘蔗林》《〈陈毅市长〉选场》《岳阳楼记》《望天门山》《回忆我的母亲》《冰心传略》《中国人民寻求救国真理的道路》《曹刿论战》《出师表》《登楼》《破阵子》《朝天子·咏喇叭》。

Ⅱ.民族精神

民族精神指的是热爱祖国、爱好和平、勤劳勇敢、自强不息的精神品质。具体选文：《最后一课》《为中华崛起而读书》《枣核》《盘古开天辟地》《山的那一边》《刘胡兰慷慨就义》《夜走灵官峡》《傻二哥》《荔枝蜜》《人民英雄永垂不朽》《雄伟的人民大会堂》《谈骨气》《梅岭三章》《假使我们不去打仗》《致黄浦江》《中国石拱桥》《北京立交桥》《吴门桥》《奥运会第一枚金牌为我夺得》《六选手得五枚金牌一枚银牌》《光荣啊，普拉多的枪声》《他们的未来不是梦》《别了，0!》《后生可爱》《[盼盼]的微笑》《白杨礼赞》《十一月四日风雨大作》《故宫博物院》《苏州园林》《核舟记》《在烈日和暴雨下》《到五月花烈士公墓去》《读一位共产党员的遗嘱》《壮丽人生的最后闪光》《继续保持艰苦奋斗的作风》《说"勤"》《事业篇》《记一辆纺车》《俭以养德》《个人与集体》《七根火柴》《谁是最可爱的人》《杂交水稻之父——袁隆平》《〈还乡梦〉自序》《最后一次演讲》《科学探险的壮举》《青纱帐－甘蔗林》《愚公移山》《回忆我的母亲》《自传》《冰心传略》《中国人民寻求救国真理的道路》《卖蟹》。

Ⅲ.民族互存

民族互存指的是各民族之间相互平等、相互团结，共同发展。具体选文：

《驿路梨花》《敕勒歌》。

Ⅳ. 政治认同

政治认同指的是热爱中国共产党。具体选文：《榆钱饭》《老山界》《看戏》《花市》《挺进报》《一件珍贵的衬衫》《人民英雄永垂不朽》《雄伟的人民大会堂》《回延安》《白杨礼赞》《到五月花烈士公墓去》《读一位共产党员的遗嘱》《壮丽人生的最后闪光》《事业篇》《记一辆纺车》《驳"实惠"论》《七根火柴》《人民解放军百万大军横渡长江》《杂交水稻之父——袁隆平》《周总理，你在哪里》《青纱帐－甘蔗林》《〈陈毅市长〉选场》《回忆我的母亲》《中国人民寻求救国真理的道路》《〈农村调查〉序言》。

Ⅴ. 革命精神

革命精神指的是敢于斗争、勇敢反抗的品质。具体选文：《老山界》《生命的意义》《挺进报》《刘胡兰慷慨就义》《同志的信任》《人民英雄永垂不朽》《梅岭三章》《假使我们不去打仗》《致黄浦江》《白杨礼赞》《到五月花烈士公墓去》《论雷峰塔的倒掉》《继续保持艰苦奋斗的作风》《记一辆纺车》《"友邦惊诧"论》《七根火柴》《人民解放军百万大军横渡长江》《谁是最可爱的人》《最后一次演讲》《青纱帐－甘蔗林》《海燕》《〈白毛女〉选场》《回忆我的母亲》《自传》《中国人民寻求救国真理的道路》《〈农村调查〉序言》。

Ⅵ. 建设发展

建设发展指的是新社会的建设和发展。具体选文：《榆钱饭》《花市》《山的那一边》《夜走灵官峡》《有关拖鞋问题的问题》《荔枝蜜》《北京立交桥》《向沙漠进军》《后生可爱》《继续保持艰苦奋斗的作风》《事业篇》《中华人民共和国义务教育法》。

③社会关爱

▲社会责任

Ⅰ. 社会追求

社会追求指的是对"自由、平等、公正、法治"美好社会的追求。具体选文：《花市》《浓烟和烟囱》《挺进报》《山的那一边》《一件珍贵的衬衫》《夜走灵官峡》《傻二哥》《第二次考试》《分马》《鞋》《荔枝蜜》《小麻雀》《桃花源记》《驿路梨花》《醉人的春夜》《论雷峰塔的倒掉》《读一位共产党员的遗嘱》《壮丽人生的最后闪光》《马说》《畏惧错误就是毁灭进步》《事业篇》《记一辆纺车》《俭以养德》《驳"实惠"论》《个人与集体》《读〈孟尝君传〉》《七根火柴》《中华人民共和国义务教育法》《最后一次演讲》《理解，应该是双向的》《鲁提辖拳打镇关西》《〈打渔杀家〉选场》《卖蟹》《陈涉世家》《黄生借书说》《捕蛇者说》。

Ⅱ. 社会公德

社会公德指的是文明礼貌、乐于助人、爱护环境、遵纪守法等品质。具体选文：《花市》《一面》《一件珍贵的衬衫》《傻二哥》《第二次考试》《分马》《荔枝蜜》《醉人的春夜》《俭以养德》《驳"实惠"论》《鲁提辖拳打镇关西》《卖蟹》。

Ⅲ. 奉献社会

奉献社会指的是对社会的无私奉献。具体选文：《浓烟和烟囱》《夜走灵官峡》《第二次考试》《荔枝蜜》《卓越的科学家竺可桢》《题教师塑像》《到五月花烈士公墓去》《读一位共产党员的遗嘱》《壮丽人生的最后闪光》《事业篇》《记一辆纺车》《驳"实惠"论》《个人与集体》《杂交水稻之父——袁隆平》《周总理，你在哪里》《工作的大小》。

Ⅳ. 社会现象

社会现象指的是反映社会的状态或变化，以及人与人的关系。具体选文：《扁鹊见蔡桓公》《江南逢李龟年》《卖炭翁》《花市》《皇帝的新装》《赫尔墨斯和雕像者》《蚊子与狮子》《浓烟和烟囱》《夜走灵官峡》《傻二哥》《宋定伯捉鬼》《分马》《有关拖鞋问题的问题》《狼》《小麻雀》《弈喻》《石壕吏》《江南春》《在烈日和暴雨下》《变色龙》《故乡》《论雷峰塔的倒掉》《哨子》《伤仲永》《"偃旗息鼓"和"圆满结束"》《"友邦惊诧"论》《驳"实惠"论》《个人与集体》《老杨同志》《理解，应该是双向的》《孔乙己》《范进中举》《鲁提辖拳打镇关西》《〈白毛女〉选场》《〈打渔杀家〉选场》《山坡羊·潼关怀古》《回忆我的母亲》《工作的大小》《〈农村调查〉序言》《葫芦僧判葫芦案》《竞选州长》《我的叔叔于勒》《卖蟹》《陈涉世家》《捕蛇者说》《登楼》《朝天子 咏喇叭》。

▲生态意识

Ⅰ. 热爱自然

热爱自然指的是对自然风光、自然生活的热爱之情。具体选文：《金黄的大斗笠》《从百草园到三味书屋》《渔歌子》《春》《济南的冬天》《松鼠》《桂林山水歌》《大自然的语言》《海滨仲夏夜》《敕勒歌》《晓出净慈寺送林子方》《钱塘湖春行》《吴门桥》《巴黎的桥》《听潮》《江南春》《惠崇〈春江晚景〉》《万紫千红的花》《看云识天气》《苏州园林》《从宜宾到重庆》《〈自然·生活·哲理〉序言》《书湖阴先生壁》《如梦令》《西江月》《沁园春·雪》《醉翁亭记》《望天门山》《满井游记》。

Ⅱ．维护生态

维护生态指的是对自然生态环境的保护。具体选文：《松鼠》《向沙漠进军》《危机四伏的地球》《万紫千红的花》《什么是生态系统》《大自然警号长鸣》《天气陛下》。

Ⅲ．节约资源

节约资源指的是对自然资源和生态资源的节约意识。具体选文：《向沙漠进军》《危机四伏的地球》《大自然警号长鸣》。

Ⅳ．珍爱生命

珍爱生命指的是对生命的热爱、歌颂。具体选文：《为了六十一个阶级弟兄》《蝉》《蒲公英》。

Ⅴ．天人合一

天人合一指的是人与自然的和谐发展。具体选文：《海滨仲夏夜》《惠崇〈春江晚景〉》。

▲国际理解

Ⅰ．了解世界

了解世界指的是对世界的了解和认识。具体选文：《生命的意义》《给乌兰诺娃》《巴黎的桥》《死海不死》《各国国歌拾趣》《日出最早日没最晚的地方》《天文学家发现另一个太阳系》《张志公先生答记者问》《地球是圆的吗》《美"挑战者"号航天飞机升空后爆炸》《谁是最可爱的人》《科学探险的壮举》《冰心传略》《食物从何处来》《天气陛下》《中国人民寻求救国真理的道路》《竞选州长》。

Ⅱ．造福人类

造福人类指的是为人类社会造福。具体选文：《纪念白求恩》《回声》《奇妙的无影灯》《月亮的影子帮助了历史学家》《影子和我们的生活》《影子帮助天文学家》《向沙漠进军》《用音乐促进蔬菜生长》《天文学家发现另一个太阳系》《电子计算机的多种功能》《杂交水稻之父——袁隆平》《防治近视眼常识问答》《科学探险的壮举》《天气陛下》。

Ⅲ．追求和平

追求和平指的是对和平生活的美好追求和向往。具体选文：《纪念白求恩》《人民英雄永垂不朽》《各国国歌拾趣》《谁是最可爱的人》《山坡羊·潼关怀古》。

Ⅳ．合作共赢

合作共赢指的是互相合作，共同发展。具体选文：《福楼拜家的星期天》《科学探险的壮举》《汉堡港的变奏》。

（2）思想道德素质价值观内容频率分析

① 价值观内容范畴总体统计分析

表34　《九年义务教育三年制初级中学教科书 语文》

思想道德素质价值观内容范畴总体统计分析表

价值观范畴	初一			初二			初三			初中		
	频率	百分比（％）	排序	频率	百分比（％）	排序	频率	百分比（％）	排序	频率	百分比（％）	排序
人格修养	137	46.92	1	94	40.87	1	84	43.08	1	315	43.93	1
家国情怀	80	27.40	2	70	30.44	2	58	29.74	2	208	29.01	2
社会关爱	75	25.68	3	66	28.69	3	53	27.18	3	194	27.06	3
总频率	292	100.00		230	100.00		195	100.00		717	100.00	

从上表中不难发现，思想道德素质价值观内容的范畴分布比较全面，每个范畴都占有一定比例。总体分布上，频率分布由高到低依次为人格修养范畴、家国情怀范畴和社会关爱范畴。其中，人格修养范畴所占比例最大，达到43.93％。不论是在总频率还是各年级分布上，都远超其他两个范畴，建议适当减少这部分比重至30％左右较为适宜；家国情怀范畴选文数量和比例相对较适中；而社会关爱范畴选文数量和占比例最小，建议适当增加这部分比重至30％左右。

②价值观内容范畴统计分析

表35　《九年义务教育三年制初级中学教科书 语文》

思想道德素质价值观内容范畴统计分析表

价值观范畴		初一			初二			初三			初中		
		频率	百分比（％）	排序	频率	百分比（％）	排序	频率	百分比（％）	排序	频率	百分比（％）	排序
人格修养	品德操守	33	11.30	4	7	3.04	7	11	5.64	6	51	7.11	4
	心理品质	104	35.62	1	87	37.83	1	73	37.44	1	264	36.82	1

续表

价值观范畴		初一			初二			初三			初中		
		频率	百分比（%）	排序	频率	百分比（%）	排序	频率	百分比（%）	排序	频率	百分比（%）	排序
家国情怀	家人亲情	17	5.82	5	10	4.35	6	12	6.15	5	39	5.44	6
	国家情感	63	21.58	2	60	26.09	2	46	23.59	2	169	23.57	2
社会关爱	社会责任	48	16.44	3	31	13.48	3	32	16.41	3	111	15.48	3
	生态意识	17	5.82	5	22	9.57	4	5	2.56	7	44	6.14	5
	国际理解	10	3.42	7	13	5.64	5	16	8.21	4	39	5.44	6
总频率		292	100.00		230	100.00		195	100.00		717	100.00	

根据本研究对语文教科书价值观内容各维度及其子维度的比重应达到10%～30%为宜的建议，结合上表不难发现，《九年义务教育三年制初级中学教科书语文》思想道德素质层面，家国情怀范畴、社会关爱范畴选文数量和所占比例较合理，但其中的家人亲情维度、生态意识维度和国际理解维度比重过小，远低于10%，应当增加这些维度的选文。人格修养范畴所占的比重则略较大，尤以心理品质维度最大，达到36.82%，应当减少至25%～30%为宜，而品德操守维度的选文比重宜增加至10%。

③价值观内容范畴分类统计分析

表36 《九年义务教育三年制初级中学教科书 语文》
思想道德素质人格修养—品德操守价值观内容统计分析表

价值观范畴	初一			初二			初三			初中		
	频率	百分比（%）	排序	频率	百分比（%）	排序	频率	百分比（%）	排序	频率	百分比（%）	排序
持正重义	8	24.24	2	2	28.57	2	7	63.64	1	17	33.33	2
孝敬谦恭	6	18.18	3	2	28.57	2	0	0.00	3	8	15.69	3
仁爱友善	15	45.45	1	3	42.86	1	4	36.36	2	22	43.14	1
诚实守信	4	12.13	4	0	0.00	4	0	0.00	3	4	7.84	4
总频率	33	100.00		7	100.00		11	100.00		51	100.00	

　　人格修养范畴品德操守维度选文数量和所占比例较小，占 7.11%。其中，仁爱友善子维度和持正重义子维度所占比例较大，分别为 43.14% 和 33.33%；孝敬谦恭子维度居其次，占 15.69%；诚实守信子维度所占比例过小，仅占 7.84%。在呈现方式上，仁爱友善子维度和持正重义子维度，三个年级选文数量呈"↘↗"状态，由"大—小—大"；孝敬谦恭子维度和诚实守信子维度，选文数量随年级逐渐下降（↘），且孝敬谦恭子维度在初三年级出现了"零频率"现象，诚实守信子维度在初二、初三年级出现了"零频率"现象，与其他子维度之间的差异极为显著。

表 37　《九年义务教育三年制初级中学教科书 语文》
思想道德素质人格修养—心理品质价值观内容统计分析表

价值观范畴	初一			初二			初三			初中		
	频率	百分比（%）	排序	频率	百分比（%）	排序	频率	百分比（%）	排序	频率	百分比（%）	排序
自信自爱	0	0.00	6	1	1.15	6	1	1.37	5	2	0.76	6
追求理想	23	22.12	2	12	13.79	3	13	17.81	3	48	18.18	3
坚韧乐观	11	10.58	3	4	4.60	4	4	5.48	4	19	7.20	4
善于交往	4	3.84	5	2	2.30	5	1	1.37	5	7	2.65	5
明理力行	11	10.58	3	24	27.59	2	14	19.18	2	49	18.56	2
情感态度	55	52.88	1	44	50.57	1	40	54.79	1	139	52.65	1
总频率	104	100.00		87	100.00		73	100.00		264	100.00	

　　人格修养范畴心理品质维度选文数量和所占比例较大，占 36.82%。其中，情感态度子维度频率分布上超过 52.65%，也超过其他子维度频率之和。明理力行子维度和追求理想子维度频率分布居其次，分别为 18.56% 和 18.18%。坚韧乐观、善于交往和自信自爱子维度选文数量和所占比例较小，仅占 7.20%、2.65% 和 0.76%，远低于前三者。在呈现方式上，情感态度子维度、坚韧乐观子维度和善于交往子维度，选文数量随年级逐渐下降（↘）；明理力行子维度，三个年级的选文数量呈"↗↘"状态，由"小—大—小"；追求理想子维度，三个年级的选文数量呈"↘↗"状态，由"大—小—大"；自信自爱子维度，选文数量随年级逐渐上升（↗），且在初一年级出现了"零频率"现象。

表38 《九年义务教育三年制初级中学教科书 语文》
思想道德素质家国情怀—家人亲情价值观内容统计分析表

价值观范畴	初一			初二			初三			初中		
	频率	百分比（%）	排序	频率	百分比（%）	排序	频率	百分比（%）	排序	频率	百分比（%）	排序
家庭关怀	7	41.18	1	5	50.00	1	6	50.00	1	18	46.15	1
亲友互爱	7	41.18	1	4	40.00	2	3	25.00	2	14	35.90	2
家乡情谊	3	17.64	3	1	10.00	31	3	25.00	2	7	17.95	3
总频率	17	100.00		10	100.00		12	100.00		39	100.00	

家国情怀范畴家人亲情维度选文数量和所占比例过小，仅占5.44%。其中，家庭关怀子维度和亲友互爱子维度所占比例较大，分别为46.15%和35.90%。家乡情谊子维度居其次，频率分布上占17.95%。在呈现方式上，家庭关怀子维度和家乡情谊子维度，三个年级的选文数量呈"↘↗"的状态，由"大—小—大"。亲友互爱子维度，选文数量随年级升高逐渐下降（↘）。

表39 《九年义务教育三年制初级中学教科书 语文》
思想道德素质家国情怀—国家情感价值观内容统计分析表

价值观范畴	初一			初二			初三			初中		
	频率	百分比（%）	排序	频率	百分比（%）	排序	频率	百分比（%）	排序	频率	百分比（%）	排序
国家情怀	18	28.57	1	18	30.00	2	15	32.61	1	51	30.18	2
民族精神	15	23.81	2	26	43.33	1	12	26.09	2	53	31.36	1
民族互存	2	3.18	6	0	0.00	6	0	0.00	6	2	1.19	6
政治认同	11	17.46	3	6	10.01	3	8	17.39	4	25	14.79	4
革命精神	11	17.46	3	5	8.33	4	10	21.74	3	26	15.38	3
建设发展	6	9.52	5	5	8.33	4	1	2.17	5	12	7.10	5
总频率	63	100.00		60	100.00		46	100.00		169	100.00	

家国情怀范畴国家情感维度选文数量和所占比例较适宜，占23.57%。其中，民族精神子维度和国家情怀子维度所占比例较大，分别占31.36%和30.18%。革命精神子维度和政治认同子维度所占比例其次，分别为15.38%和14.79%。建设

发展和民族互存子维度选文数量和所占比例较小，仅占 7.10％和 1.19％，远低于前四者。在呈现方式上，民族精神子维度，三个年级的选文数量呈"↗↘"状态，由"小—大—小"；国家情怀子维度，三个年级的选文数量呈"—↘"状态，由"大—小"；革命精神子维度和政治认同子维度，三个年级的选文数量呈"↘↗"状态，由"大—小—大"。建设发展子维度和民族互存子维度，选文数量随年级逐渐下降（↘），且民族互存子维度，在初二、初三年级均出现了"零频率"现象。

表 40　《九年义务教育三年制初级中学教科书 语文》
思想道德素质社会关爱—社会责任价值观内容统计分析表

价值观范畴	初一			初二			初三			初中		
	频率	百分比（％）	排序	频率	百分比（％）	排序	频率	百分比（％）	排序	频率	百分比（％）	排序
社会追求	15	31.25	2	12	38.71	1	9	28.13	2	36	32.43	2
社会公德	8	16.67	3	2	6.45	4	2	6.25	4	12	10.82	4
奉献社会	5	10.41	4	8	25.81	3	3	9.37	3	16	14.41	3
社会现象	20	41.67	1	9	29.03	2	18	56.25	1	47	42.34	1
总频率	48	100.00		31	100.00		32	100.00		111	100.00	

社会关爱范畴社会责任维度，总体选文数量和所占比例较适宜，占 15.48％。其中，社会现象子维度和社会追求子维度所占比例较大，分别为 42.34％和 32.43％。奉献社会子维度所占比例居其次，为 14.41％。社会公德子维度所占比例最小，仅占 10.82％。在呈现方式上，社会现象子维度，三个年级的选文数量呈"↘↗"状态，由"大—小—大"；社会追求子维度，选文数量随年级升高逐渐下降（↘）；奉献社会子维度，三个年级的选文数量呈"↗↘"状态，由"小—大—小"；社会公德子维度，三个年级的选文数量呈"↘—"状态，由"大—小"。

表 41　《九年义务教育三年制初级中学教科书 语文》
思想道德素质社会关爱—生态意识价值观内容统计分析表

价值观范畴	初一			初二			初三			初中		
	频率	百分比（％）	排序	频率	百分比（％）	排序	频率	百分比（％）	排序	频率	百分比（％）	排序
热爱自然	12	70.59	1	13	59.09	1	4	80.00	1	29	65.91	1

续表

价值观范畴	初一			初二			初三			初中		
	频率	百分比（%）	排序	频率	百分比（%）	排序	频率	百分比（%）	排序	频率	百分比（%）	排序
维护生态	1	5.88	3	5	22.73	2	1	20.00	2	7	15.91	2
节约资源	0	0.00	5	3	13.64	3	0	0.00	3	3	6.82	3
珍爱生命	3	17.65	2	0	0.00	5	0	0.00	3	3	6.82	3
天人合一	1	5.88	3	1	4.54	4	0	0.00	3	2	4.54	5
总频率	17	100.00		22	100.00		5	100.00		44	100.00	

社会关爱范畴生态意识维度选文数量和所占比例过小，占 6.14%。其中，热爱自然子维度所占比例最大，达 65.91%，远超过其他子维度频率之和。维护生态子维度居其次，占 15.91%。珍爱生命、节约资源和天人合一子维度选文数量和所占比例过小，分别为 6.82%、6.82% 和 4.54%。在呈现方式上，热爱自然和维护生态子维度，三个年级的选文数量呈 "↗↘" 状态，由 "小—大—小"；珍爱生命子维度，选文数量随年级升高逐渐下降（↘），且在初二、初三年级均出现了 "零频率" 现象；节约资源子维度，三个年级的选文数量呈 "↗↘" 状态，由 "小—大—小"，且在初一、初三年级均出现了 "零频率" 现象；天人合一子维度，三个年级的选文数量呈 "—↘" 状态，由 "大—小"，且在初三年级出现了 "零频率" 现象。

表 42　《九年义务教育三年制初级中学教科书 语文》
思想道德素质社会关爱—国际理解价值观内容统计分析表

价值观范畴	初一			初二			初三			初中		
	频率	百分比（%）	排序	频率	百分比（%）	排序	频率	百分比（%）	排序	频率	百分比（%）	排序
了解世界	2	20.00	2	7	53.85	1	8	50.00	1	17	43.59	1
造福人类	6	60.00	1	4	30.77	2	4	25.00	2	14	35.90	2
追求和平	2	20.00	2	1	7.69	3	2	12.25	3	5	12.82	3
合作共赢	0	0.00	4	1	7.69	3	2	12.25	3	3	7.69	4
总频率	10	100.00		13	100.00		16	100.00		39	100.00	

社会关爱范畴国际理解维度选文数量和所占比例过小,占 5.44%。其中,了解世界子维度所占比例最大,占 43.59%。造福人类子维度和追求和平子维度居其次。合作共赢子维度的比重最小,仅占 7.69%。在呈现方式上,了解世界子维度选文数量随年级升高逐渐上升(↗);造福人类子维度,三个年级的选文数量呈现"↘—"状态,由"大—小";追求和平子维度,三个年级的选文数量呈现"↘↗"状态,由"大—小—大";"合作共赢"子维度,选文数量随年级升高逐渐上升(↗),且在初一年级出现"零频率"现象。

2. 科学文化素质价值观内容分析

(1)文化视野

①课程要求

"语文学科必须全面贯彻教育方针,面向现代文,面向世界,面向未来。选取的古代作品,要体现批判继承的原则。入选的外国作品,要有进步的思想内容。"①"要重视选取反映新中国成立以来的社会生活和时代精神的现代文,各地可以编选少量乡土内容的课文。"②

②教科书编写安排综述

"为求多样化并显示阶级性,初中的学习过程分为三个阶段。第一阶段(第一学期),认识学习语文与生活的关系,课文按照其反映的生活内容分类编排。第二阶段(第二、三、四学期),联系生活,课文按照表达方式编排。第三阶段(第五、六学期),着重培养学生在生活中运用语文的能力,课文按照文体分类编排。"③

③列表统计

表 43 　《九年义务教育三年制初级中学教科书 语文》选文时代范围统计分析表

时代	先秦	秦汉	魏晋南北朝	唐宋	元明清	近现代	当代	总计
篇数	7	2	6	33	19	46	133	246
百分比(%)	2.85	0.81	2.43	13.41	7.73	18.70	54.07	100.00

①　课程教材研究所. 20 世纪中国中小学课程标准·教学大纲汇编 语文卷[M]. 北京:人民教育出版社,2001:477-478.

②　课程教材研究所. 20 世纪中国中小学课程标准·教学大纲汇编 语文卷[M]. 北京:人民教育出版社,2001:525.

③　人民教育出版社语文一室. 九年义务教育三年制初级中学教科书 语文 第一册[M]. 北京:人民教育出版社,1992:1.

表44　《九年义务教育三年制初级中学教科书 语文》选文空间范围统计分析表

地 区	亚 洲		欧 洲						北美洲	总计
国家	中国	日本	法国	英国	奥地利	丹麦	俄罗斯（俄国、苏联）	希腊	美国	
篇数	228	1	4	2	1	1	4	2	3	246
百分比(%)	92.68	0.41	1.63	0.81	0.41	0.41	1.63	0.81	1.21	100.00

④评价

这套教科书在文化视野方面，基本达成了大纲"面向现代文，面向世界，面向未来。"等目标和要求，但由于本国民族文化选文比重过高，世界上其他国家优秀文化选文数量过少，大纲中"入选的外国作品，要有进步的思想内容"方面等目标未能很好达成。

(2)语文知识

①课程要求

"中学阶段，要学习必要的语文基础知识，包括读写知识、语文修辞知识、文学知识等。"①"读写知识按记叙、说明、议论等表达方式的顺序，选择若干要点，配合有关单元教学。语法知识选择切合实用的若干知识点，安排在初中教学。修辞知识结合练习介绍。文学知识主要通过课文注释对有关作家作品进行简要介绍。文言知识通过注释、练习、短文作简要介绍。"②

②教科书编写安排综述

这套课本在语文知识安排上，"涉及文字、词汇、语法、文体、文学等丰富的知识内容，在教学中应根据语文运用的实际需要，从所遇到的具体语言实例出发进行指导和点拨。"各种知识短文都按照本身的系统进行安排，力求集中可自成系统，分散可同课文配合。

---

① 课程教材研究所. 20世纪中国中小学课程标准·教学大纲汇编 语文卷[M]. 北京：人民教育出版社，2001：478.

② 课程教材研究所. 20世纪中国中小学课程标准·教学大纲汇编 语文卷[M]. 北京：人民教育出版社，2001：504.

③列表统计

表 45 《九年义务教育三年制初级中学教科书 语文》语文知识安排表

	字词句篇知识	逻辑知识	读写基本知识	附录
第一册	形声字、同音字、形近字、多音多义字 多义词、同义词、反义词 词语的感情色彩 名词、动词、形容词、数量词、代词、副词、连词、介词、主词、叹词、拟声词		说自己想说的话 说话要真实，要实在 说话要有条理 用恰当的表达方式反映生活 细致观察才能写得具体 说话要态度大方，口齿清楚 要说得清楚简洁 展开想象，拓宽思路	文章的阅读 汉语拼音方案 语法简表（之一）
第二册	并列词语、偏正短语 动宾短语 主谓短语		写人记事要交代清楚记叙要素 写人记事要注意记叙顺序 围绕中心选择材料 要根据中心确定详略 叙述结合描写 说话要有中心，有条理 在记叙中穿插议论 说话要连贯、严密	记叙文的阅读 怎样读诗 课外练笔 应用文（一） 语法简表（二）
第三册	句子和句子成分 句子的主干 陈述句和疑问句 祈使句和感叹句 句子成分的搭配 主动句和被动句 肯定句和否定句		说话要看对象 合理安排说明顺序 说明语言的多样性和灵活性 说话要讲究方式 应用性的说明文	谈谈说明文 谈谈小说 语法简表（三） 应用文（二）

续表

	字词句篇知识	逻辑知识	读写基本知识	附录
第四册	复句	复句与分句的关系（并列、递进、选择、转折、因果、假设、条件）	说话要注意语调和语态 说话要注意语言美 一事一议 让事实说话 写读后感 要有点分析 要以理服人 写短评	议论文的阅读 谈谈散文 应用文（三） 语法简表（四）
第五册			简明、连贯、得体 新闻报道 广播稿和书信 开辩论会或讲演会 写小小说或读后感 写诗或其他 编课本剧或其他 作文修改	文艺作品的鉴赏 谈谈戏剧文学 语法复习（一） 应用文（四）
第六册			综合练习 小传 事理说明文 短评 调查报告 读后感 总结 作文修改	语法复习（二） 应用文（五）

④评价

这套教科书在语文知识方面，根据语文教学与引用的实际需要从文字、词汇、语法、文体、文学等方面进行归类，很好地达成了大纲要求，也为学生学习语文知识提供了方便，但逻辑知识方面内容显得不是很充分。

（3）语文能力

①课程要求

"初中阶段，在小学的基础上，继续培养听说读写的良好习惯，扩大识字量和词汇量，进一步提高运用现代语文的能力。阅读一般政治、科技读物和文艺读物，能理解思想内容，分清层次，领会词句的含义，具有一定的语言感受能力。了解基本的写作方法。熟读、背诵基本课文的一些篇或段。能写简单的记叙文、说明文、议论文和一般的应用文，做到思想感情健康，内容具体，中心明确，条理清楚，语句通顺，书写清晰，格式正确，不写错别字，正确使用标点符号。会使用常用的字典和词典。能用普通话发言和交谈。"①

②教科书编写安排综述

编者对各年级的教学要求做了细化，"第一阶段（第一册），认识学习语文与生活的关系，着重培养一般的语文能力。第二阶段（第二、三、四册），联系生活，着重培养记叙、说明、议论的能力。第三阶段（第五、六册），注重培养在生活中运用语文的能力，同时培养文学欣赏的能力。"②具体内容参见下表。

③列表说明

表 46　《九年义务教育三年制初级中学教科书 语文》读写能力教学要求

第一册	一、阅读记叙文，能理解文章的思想内容和记叙的特点；能用普通话朗读课文；养成勤查字典的习惯，积累和掌握常用词语。二、能写五六百字的记事、写人的文章，做到内容具体，中心明确；保持良好的书写习惯。学习做读书摘记。三、能说普通话；听人说话，听新闻广播能集中注意力。能介绍课文和内容简单的读物
第二、三、四册	一、开始读一些说明文，了解说明对象的特征、说明顺序和说明方法；继续培养阅读记叙文的能力，读一些议论文；继续掌握和积累常用词语；阅读文言课文，能了解基本内容。二、能写五六百字的说明文，做到表达准确，条理清楚；写记叙文，有详有略；学习修改文章，注意用词准确，语句通顺；掌握书信格式和要求，会写一般书信，学习写简单的通讯。三、听人说话能准确理解意思；跟别人交谈，注意用语恰当；能借助资料清楚地介绍事物

---

① 课程教材研究所. 20世纪中国中小学课程标准·教学大纲汇编 语文卷[M]. 北京：人民教育出版社，2001：503.

② 人民教育出版社语文一室. 九年义务教育三年制初级中学教科书 语文 第一册[M]. 北京：人民教育出版社，1992：1.

续表

| | 一、阅读议论文，能理解文章的思想内容，把握文章阐述的观点，了解议论文写作方法，领会语言的严密性；继续培养阅读记叙文、说明文的能力。继续积累和掌握常用词语；能顺畅地朗读文言课文，理解基本内容。二、能写五六百字的简单议论文，对周围发生的事情能发表自己的看法，观点正确，有理有据，有点分析。写记叙文能适当运用说明、议论等表达方式；学习修改同学的作文，能抓住主要优缺点。学习做读书笔记，能写一般的应用文。三、听一般的报告，能简述内容，归纳要点，参加讨论；能做简短的即席发言，有中心、有条理，态度自然；讨论问题，能发表自己的看法，做到观点明确，有条有理 |
|第五、六册||

④评价

这套教科书在语文能力方面，从听、说、读、写层面对各年级的教学要求做了细化，很好达成了大纲要求，也为学生提高语文学习能力提出更高目标。

(4)学习发展

①课程要求

"要注意指导学生课外经常练笔，把所见、所闻、所思、所感随时写下来，以提高写作能力。""激发学生学习语文的兴趣，通过多种方法，引导学生积极思考，鼓励他们进行创造性思维活动，让他们自己动脑、动口、动手，在学习语文的实践中，自觉地获取知识，提高能力，发展智力。""开展语文课外活动，要从实际出发采取多种形式。"①

②教科书编写安排综述

编者主要从学会学习、勇于探究、创新发展三方面，对课本中各年级内容做了细化。具体内容参见下表。

③列表说明

表 47 《九年义务教育三年制初级中学教科书 语文》学习发展内容安排表

	学会学习	勇于探究	创新发展	备注
第一册		《〈论语〉六则》	《影子帮助天文学家》	

---

① 课程教材研究所. 20 世纪中国中小学课程标准·教学大纲汇编 语文卷[M]. 北京：人民教育出版社，2001：479-480.

续表

	学会学习	勇于探究	创新发展	备注
第二册	《和青年同志们谈写信》《起点之美》	《失败是个未知数》	《有关拖鞋问题的问题》	
第三册	《统筹方法》《读报常识》《积累资料》《学习办报》	《钓胜于鱼》		
第四册	《从三到万》《说"勤"》《成功的秘诀》《伤仲永》《论"基本属实"》	《想和做》《畏惧错误就是毁灭进步》《理想的阶梯》《怀疑与学问》《发问的精神》《论求知》		
第五册	《我的"长生果"》《自学的好帮手》			
第六册	《"深"和"浅"》《治学的秘诀》《黄生借书说》	《求知如采金》		

④评价

这套教科书在学习发展方面，总体选文数量不多，基本达成了大纲学会学习和勇于探究方面的要求和目标，但创新发展方面的选文过少，未能很好地达成创新发展方面的要求。

(三)《高级中学课本 语文》(必修)价值观内容分析

1.思想道德素质价值观内容分析

①人格修养

▲品德操守

Ⅰ.持正重义

持正重义指的是做人坚强正直，坚持真理正义。具体选文：《记念刘和珍君》《火刑》《廉颇蔺相如列传》《记王忠肃公翱事》《芙蕖》《琐忆》《荷花淀》《依依惜别的深情》《在马克思墓前的讲话》《鸿门宴》《五人墓碑记》《谭嗣同》《与妻书》《别了，司徒雷登》《讲讲实事求是》《为了忘却的纪念》《梅花岭记》《鱼我所欲也》《屈原》《窦娥冤》《林教头风雪山神庙》《〈指南录〉后序》《左忠毅公逸事》《涉江》《殽之战》《中国人失掉自信力了吗》《荆轲刺秦王》《屈原列传》。

Ⅱ. 孝敬谦恭

孝敬谦恭指的是孝顺父母，尊敬师长。具体选文：《幼学纪事》《师说》《大堰河——我的保姆》《项脊轩志》。

Ⅲ. 仁爱友善

仁爱友善指的是待人和善，亲近慈爱。具体选文：《为了六十一个阶级弟兄》《廉颇蔺相如列传》《记王忠肃公翱事》《琐忆》《幼学纪事》《大堰河——我的保姆》《信陵君窃符救赵》《左忠毅公逸事》。

Ⅳ. 诚实守信

诚实守信指的是为人真诚，遵守信约。具体选文：《谭嗣同》《荆轲刺秦王》。

▲心理品质

Ⅰ. 自信自爱

自信自爱指的是相信自我，善待自己。具体选文：《邹忌讽齐王纳谏》《沁园春·长沙》《毛遂自荐》《屈原列传》。

Ⅱ. 追求理想

追求理想指的是探索梦想，寻找希望。具体选文：《为了周总理的嘱托……》《火刑》《绿》《荷塘月色》《蒲公英》《荷花淀》《依依惜别的深情》《在马克思墓前的讲话》《崇高的理想》《〈呐喊〉自序》《病梅馆记》《五人墓碑记》《谭嗣同》《与妻书》《为了忘却的纪念》《雄关赋》《母亲》《夜》《鱼我所欲也》《庄暴见孟子》《五蠹》《沁园春·长沙》《致恰达耶夫》《送东阳马生序》《过秦论》《涉江》《归园田居》《饮酒》《〈黄花岗七十二烈士事略〉序》《梦游天姥吟留别》《茅屋为秋风所破歌》《琵琶行》《永遇乐·京口北固亭怀古》《屈原列传》。

Ⅲ. 坚韧乐观

坚韧乐观指的是坚定信念、积极向上。具体选文：《灯》《猎户》《时钟》《劝学》《问说》《鸿门宴》《夜》《一碗阳春面》《庖丁解牛》《林教头风雪山神庙》《左忠毅公逸事》《送东阳马生序》。

Ⅳ．善于交往

善于交往指的是善于交际，乐于交友。具体选文：《依依惜别的深情》《内蒙访古》《信陵君窃符救赵》。

Ⅴ．明理力行

明理力行指的是机智善辩，敏思践行。具体选文：《为了周总理的嘱托……》《火刑》《恰到好处》《作家要铸炼语言》《廉颇蔺相如列传》《邹忌讽齐王纳谏》《记王忠肃公翱事》《游褒禅山记》《石钟山记》《琐忆》《猎户》《幼学纪事》《崇高的理想》《时钟》《劝学》《师说》《问说》《五人墓碑记》《谭嗣同》《与妻书》《纳谏和止谤》《讲讲实事求是》《当说必说》《为了忘却的纪念》《察今》《训俭示康》《季氏将伐颛臾》《荷蓧丈人》《庖丁解牛》《改造我们的学习》《个人和集体》《论"费厄泼赖"应该缓行》《反对党八股》《屈原》《左忠毅公逸事》《送东阳马生序》《人的正确思想是从哪里来的》《党员登记表》《〈黄花岗七十二烈士事略〉序》《毛遂自荐》《不要秘诀的秘诀》《欢迎"杂家"》《不求甚解》《学问不可穿凿》《汉堡港的变奏》。

Ⅵ．情感态度

情感态度指的是思想感情和生活态度。具体选文：《雨中登泰山》《长江三峡》《难老泉》《我的空中楼阁》《记念刘和珍君》《为了六十一个阶级弟兄》《为了周总理的嘱托……》《火刑》《在新的历史条件下继承和发扬爱国主义传统》《拿来主义》《绿》《荷塘月色》《灯》《蒲公英》《故乡的榕树》《廉颇蔺相如列传》《赤壁之战》《邹忌讽齐王纳谏》《记王忠肃公翱事》《游褒禅山记》《石钟山记》《芙蕖》《与朱元思书》《包身工》《琐忆》《荷花淀》《依依惜别的深情》《猎户》《土地》《黄山记》《幼学纪事》《在马克思墓前的讲话》《崇高的理想》《〈呐喊〉自序》《风景谈》《故都的秋》《时钟》《师说》《病梅馆记》《鸿门宴》《五人墓碑记》《谭嗣同》《与妻书》《别了，司徒雷登》《为了忘却的纪念》《内蒙访古》《雄关赋》《祝福》《守财奴》《装在套子里的人》《母亲》《药》《项链》《夜》《一碗阳春面》《梅花岭记》《季氏将伐颛臾》《荷蓧丈人》《论"费厄泼赖"应该缓行》《雷雨》《屈原》《窦娥冤》《茶馆》《水调歌头·游泳》《大堰河——我的保姆》《就是那一只蟋蟀》《致橡树》《致恰达耶夫》《啊，船长，我的船长！》《林黛玉进贾府》《林教头风雪山神庙》《灌园叟晚逢仙女》《〈指南录〉后序》《信陵君窃符救赵》《左忠毅公逸事》《过秦论》《六国论》《伶官传序》《伐檀》《硕鼠》《涉江》《孔雀东南飞(并序)》《归园田居》《饮酒》《阿Q正传》《群英会蒋干中计》《警察和赞美诗》《党员登记表》《促织》《〈黄花岗七十二烈士事略〉序》《柳敬亭传》《毛遂自荐》《殽之战》《阿房宫赋》《项脊轩志》《中国人失掉自信力了吗》《娘子关前》《汉堡港的变奏》《梦游天姥吟留别》《茅屋为秋风所破歌》《琵琶行》《念奴娇·赤壁怀古》《永遇乐·京口北固亭怀古》《雨霖铃》《扬州慢》《[般涉调]哨遍》《荆轲刺秦王》《屈原列传》《张衡传》《祭妹文》。

②家国情怀

▲家人亲情

Ⅰ.家庭关怀

家庭关怀指的是家人之间的相互关爱之情。具体选文：《蒲公英》《故乡的榕树》《荷花淀》《与妻书》《母亲》《训俭示康》《雷雨》《窦娥冤》《大堰河——我的保姆》《林黛玉进贾府》《项脊轩志》《祭妹文》。

Ⅱ.亲友互爱

亲友互爱指的是亲友之间的相互关爱之情。具体选文：《荷花淀》《内蒙访古》。

Ⅲ.家乡情谊

家乡情谊指的是对家乡故土的深情。具体选文：《故乡的榕树》《就是那一只蟋蟀》。

▲国家情感

Ⅰ.国家情怀

国家情怀指的是对国家的认同，以及民族自豪感和爱国情怀。具体选文：《雨中登泰山》《长江三峡》《在新的历史条件下继承和发扬爱国主义传统》《拿来主义》《灯》《廉颇蔺相如列传》《荷花淀》《猎户》《土地》《黄山记》《崇高的理想》《〈呐喊〉自序》《天山景物记》《故都的秋》《谭嗣同》《与妻书》《别了，司徒雷登》《为了忘却的纪念》《内蒙访古》《雄关赋》《梅花岭记》《个人和集体》《论"费厄泼赖"应该缓行》《屈原》《沁园春·长沙》《水调歌头·游泳》《就是那一只蟋蟀》《致恰达耶夫》《〈指南录〉后序》《左忠毅公逸事》《论积贮疏》《我国古代小说的发展及其规律》《涉江》《〈黄花岗七十二烈士事略〉序》《中国人失掉自信力了吗》《娘子关前》《汉堡港的变奏》《茅屋为秋风所破歌》《永遇乐·京口北固亭怀古》《扬州慢》《屈原列传》。

Ⅱ.民族精神

民族精神指的是热爱祖国、爱好和平、勤劳勇敢、自强不息的精神品质。具体选文：《长江三峡》《记念刘和珍君》《为了六十一个阶级弟兄》《为了周总理的嘱托……》《在新的历史条件下继承和发扬爱国主义传统》《拿来主义》《荷花淀》《猎户》《土地》《〈呐喊〉自序》《故都的秋》《谭嗣同》《与妻书》《别了，司徒雷登》《为了忘却的纪念》《雄关赋》《夜》《梅花岭记》《屈原》《沁园春·长沙》《就是那一只蟋蟀》《〈指南录〉后序》《〈黄花岗七十二烈士事略〉序》《中国人失掉自信力了吗》《娘子关前》。

Ⅲ．民族互存

民族互存指的是各民族之间相互平等、相互团结，共同发展。具体选文：《天山景物记》《内蒙访古》。

Ⅳ．政治认同

政治认同指的是热爱中国共产党。具体选文：《为了六十一个阶级弟兄》《荷花淀》《崇高的理想》《人类的出现》《风景谈》《讲讲实事求是》《〈农村调查〉序言》《个人和集体》《党员登记表》《娘子关前》。

Ⅴ．革命精神

革命精神指的是敢于斗争、勇敢反抗的品质。具体选文：《记念刘和珍君》《灯》《琐忆》《荷花淀》《土地》《〈呐喊〉自序》《与妻书》《〈农村调查〉序言》《当说必说》《为了忘却的纪念》《雄关赋》《母亲》《药》《夜》《论"费厄泼赖"应该缓行》《反对党八股》《屈原》《沁园春·长沙》《水调歌头·游泳》《党员登记表》《〈黄花岗七十二烈士事略〉序》《文学和出汗》。

Ⅵ．建设发展

建设发展指的是新社会的建设和发展。具体选文：《南州六月荔枝丹》《一个好树种——泡桐》《猎户》《土地》《崇高的理想》《水调歌头·游泳》《治平篇》。

③社会关爱

▲社会责任

Ⅰ．社会追求

社会追求指的是对"自由、平等、公正、法治"社会的追求。具体选文：《为了六十一个阶级弟兄》《崇高的理想》《病梅馆记》《与妻书》《纳谏和止谤》《讲讲实事求是》《当说必说》《祝福》《一碗阳春面》《庄暴见孟子》《个人和集体》《〈黄花岗七十二烈士事略〉序》。

Ⅱ．社会公德

社会公德指的是文明礼貌、乐于助人、爱护环境、遵纪守法等品质。具体选文：《幼学纪事》《师说》《训俭示康》。

Ⅲ. 奉献社会

奉献社会指的是对社会的无私奉献。具体选文：《崇高的理想》《个人和集体》。

Ⅳ. 社会现象

社会现象指的是反映社会的状态或变化，以及人与人的关系。具体选文：《为了六十一个阶级弟兄》《火刑》《灯》《包身工》《病梅馆记》《五人墓碑记》《谭嗣同》《纳谏和止谤》《〈农村调查〉序言》《当说必说》《为了忘却的纪念》《祝福》《守财奴》《装在套子里的人》《药》《项链》《夜》《季氏将伐颛臾》《荷蓧丈人》《五蠹》《雷雨》《屈原》《窦娥冤》《茶馆》《林教头风雪山神庙》《明湖居听书》《灌园叟晚逢仙女》《六国论》《伶官传序》《论积贮疏》《伐檀》《硕鼠》《孔雀东南飞（并序）》《阿Q正传》《警察和赞美诗》《促织》《治平篇》《阿房宫赋》《中国人失掉自信力了吗》《梦游天姥吟留别》《琵琶行》《扬州慢》《〔般涉调〕哨遍》《屈原列传》《祭妹文》。

▲生态意识

Ⅰ. 热爱自然

热爱自然指的是对自然风光、自然生活的热爱之情。具体选文：《雨中登泰山》《长江三峡》《难老泉》《我的空中楼阁》《绿》《荷塘月色》《游褒禅山记》《石钟山记》《芙蕖》《与朱元思书》《黄山记》《风景谈》《天山景物记》《故都的秋》《采草药》《雁荡山》《归园田居》《饮酒》《威尼斯》《娘子关前》《梦游天姥吟留别》。

Ⅱ. 维护生态

维护生态指的是对自然生态环境的保护。具体选文：《一次大型的泥石流》。

▲国际理解

Ⅰ. 了解世界

了解世界指的是对世界的了解和认识。具体选文：《火刑》《拿来主义》《依依惜别的深情》《在马克思墓前的讲话》《人类的出现》《母亲》《一碗阳春面》《改造我们的学习》《威尼斯》。

Ⅱ. 造福人类

造福人类指的是为人类社会造福。具体选文：《火刑》《眼睛与仿生学》。

Ⅲ. 追求和平

追求和平指的是对和平生活的追求和向往。具体选文：《蒲公英》《依依惜别的深情》《猎户》。

(2)思想道德素质价值观内容频率分析

①价值观内容范畴总体统计分析

表 48 《高级中学课本 语文》(必修)

思想道德素质价值观内容范畴总体统计分析表

价值观范畴	高一			高二			高三			高中		
	频率	百分比(%)	排序	频率	百分比(%)	排序	频率	百分比(%)	排序	频率	百分比(%)	排序
人格修养	106	53.54	1	85	49.71	1	59	57.84	1	250	53.08	1
家国情怀	53	26.77	2	49	28.65	2	21	20.59	3	123	26.11	2
社会关爱	39	19.69	3	37	21.64	3	22	21.57	2	98	20.81	3
总频率	198	100.00		171	100.00		102	100.00		471	100.00	

从上表中不难发现,思想道德素质价值观内容的范畴分布比较全面,每个范畴都占有一定比例。总体分布上,频率分布由高到低依次为人格修养范畴、家国情怀范畴和社会关爱范畴。其中,人格修养范畴所占比例最大,达到53.08%。不论是在总频率还是各年级分布上都远远超过其他两个范畴,建议适当减少这部分比重至30%左右;家国情怀范畴选文数量和比例相对较适中;而社会关爱价值范畴选文数量和所占比例最小,建议适当增加这部分比重至30%左右。

②价值观内容范畴统计分析

表 49 《高级中学课本 语文》(必修)

思想道德素质价值观内容范畴统计分析表

价值观范畴		高一			高二			高三			高中		
		频率	百分比(%)	排序	频率	百分比(%)	排序	频率	百分比(%)	排序	频率	百分比(%)	排序
人格修养	品德操守	21	10.61	3	14	8.19	4	7	6.86	4	42	8.92	4
	心理品质	85	42.93	1	71	41.52	1	52	50.98	1	208	44.16	1

续表

价值观范畴		高一			高二			高三			高中		
		频率	百分比（%）	排序	频率	百分比（%）	排序	频率	百分比（%）	排序	频率	百分比（%）	排序
家国情怀	家人亲情	6	3.03	7	8	4.67	5	2	1.96	6	16	3.39	6
	国家情感	47	23.74	2	41	23.98	2	19	18.63	2	107	22.72	2
社会关爱	社会责任	14	7.07	5	32	18.72	3	16	15.69	3	62	13.16	3
	生态意识	15	7.57	4	2	1.17	7	5	4.90	5	22	4.67	5
	国际理解	10	5.05	6	3	1.75	6	1	0.98	7	14	2.98	7
总频率		198	100.00		171	100.00		102	100.00		471	100.00	

　　根据本研究对语文教科书价值观内容各维度及其子维度比重应达到10%～30%为宜的建议，结合上表不难发现，《高级中学课本　语文》(必修)教科书思想道德素质层面，家国情怀范畴和社会关爱范畴选文数量和所占比例较合理，但其中家人亲情维度、生态意识维度和国际理解维度比重过小，远远低于10%，应当增加这些维度选文的比重。人格修养范畴所占比重略大，尤以心理品质维度最大，达到44.16%，应当减少至25%～30%，而品德操守维度的选文比重应增加至10%。

　　③价值观内容范畴分类统计分析

表50　《高级中学课本　语文》(必修)思想道德素质
"人格修养—品德操守"价值观内容统计分析表

价值观范畴	高一			高二			高三			高中		
	频率	百分比（%）	排序	频率	百分比（%）	排序	频率	百分比（%）	排序	频率	百分比（%）	排序
持正重义	13	61.90	1	10	71.43	1	5	71.42	1	28	66.67	1
孝敬谦恭	2	9.52	3	1	7.14	3	1	14.29	2	4	9.52	3
仁爱友善	5	23.81	2	3	21.43	2	0	0.00	4	8	19.05	2
诚实守信	1	4.77	4	0	0.00	4	1	14.29	2	2	4.76	4
总频率	21	100.00		14	100.00		7	100.00		42	100.00	

人格修养范畴品德操守维度选文数量和所占比例较小，占 8.92%。其中，持正重义子维度所占比例较大，占 66.67%；仁爱友善子维度居其次，占 19.05%；孝敬谦恭子维度和诚实守信子维度所占比例过小，分别占 9.52% 和 4.76%。在呈现方式上，持正重义子维度和仁爱友善子维度选文数量随年级升高逐渐下降（↘），且仁爱友善子维度在高三年级出现了"零频率"的现象；孝敬谦恭子维度，三个年级选文数量呈"↘—"的状态，由"大—小"；诚实守信子维度，三个年级选文数量呈"↘↗"的状态，由"大—小—大"，且在初二年级出现了"零频率"现象。

表 51　《高级中学课本 语文》（必修）思想道德素质
"人格修养—心理品质"价值观内容统计分析表

价值观范畴	高一			高二			高三			高中		
	频率	百分比（%）	排序	频率	百分比（%）	排序	频率	百分比（%）	排序	频率	百分比（%）	排序
自信自爱	1	1.18	5	1	1.41	6	2	3.84	4	4	1.92	5
追求理想	14	16.47	3	11	15.49	3	9	17.31	2	34	16.35	3
坚韧乐观	6	7.05	4	6	8.45	4	0	0.00	5	12	5.77	4
善于交往	1	1.18	5	2	2.81	5	0	0.00	5	3	1.45	6
明理力行	20	23.53	2	16	22.54	2	9	17.31	3	45	21.63	2
情感态度	43	50.59	1	35	49.30	1	32	61.54	1	110	52.88	1
总频率	85	100.00		71	100.00		52	100.00		208	100.00	

人格修养范畴心理品质维度选文数量和所占比例较大，占 44.16%。其中，情感态度子维度频率分布超过 52.88%，也超过其他子维度频率之和。明理力行子维度和追求理想子维度频率分布居其次，分别为 21.63% 和 16.35%。坚韧乐观、自信自爱和善于交往子维度选文数量和所占的比例较小，仅占 5.77%、1.92% 和 1.45%，远低于前三者。在呈现方式上，情感态度子维度、明理力行子维度和追求理想子维度，选文数量随年级逐渐下降（↘）；坚韧乐观子维度，三个年级选文数量呈"↘—"状态，由"大—小"，且在高三年级出现"零频率"现象；自信自爱子维度，三个年级选文数量呈"—↗"状态，由"小—大"；善于交往子维度，三个年级选文数量呈"↗↘"状态，由"小—大—小"，且在初三年级出现"零频率"现象。

表 52　《高级中学课本 语文》(必修)思想道德素质

家国情怀—家人亲情价值观内容统计分析表

价值观范畴	高一			高二			高三			高中		
	频率	百分比（%）	排序	频率	百分比（%）	排序	频率	百分比（%）	排序	频率	百分比（%）	排序
家庭关怀	4	66.66	1	6	75.00	1	2	100.00	1	12	75.00	1
亲友互爱	1	16.67	2	1	12.50	2	0	0.00	2	2	12.25	2
家乡情谊	1	16.67	2	1	12.50	2	0	0.00	2	2	12.25	2
总频率	6	100.00		8	100.00		2	100.00		16	100.00	

家国情怀范畴家人亲情维度选文数量和所占比例过小，仅占 3.39%。其中，家庭关怀子维度所占比例较大，占 75.00%；亲友互爱子维度和家乡情谊子维度居其次，都占 12.25%。在呈现方式上，家庭关怀子维度，三个年级的选文数量呈"↗↘"状态，由"小—大—小"家乡情谊子维度和亲友互爱子维度，三个年级的选文数量呈"—↘"状态，由"大—小"，且家乡情谊子维度和亲友互爱子维度在高三年级都出现了"零频率"现象。

表 53　《高级中学课本 语文(必修)》思想道德素质

家国情怀—国家情感价值观内容统计分析表

价值观范畴	高一			高二			高三			高中		
	频率	百分比（%）	排序	频率	百分比（%）	排序	频率	百分比（%）	排序	频率	百分比（%）	排序
国家情怀	16	34.04	1	15	36.59	1	10	52.63	1	41	38.32	1
民族精神	13	27.66	2	9	21.95	3	3	15.79	3	25	23.36	2
民族互存	1	2.13	6	1	2.44	5	0	0.00	6	2	1.87	6
政治认同	5	10.64	4	3	7.31	4	2	10.53	3	10	9.35	4
革命精神	7	14.89	3	12	29.27	2	3	15.79	2	22	20.56	3
建设发展	5	10.64	4	1	2.44	5	1	5.26	5	7	6.54	5
总频率	47	100.00		41	100.00		19	100.00		107	100.00	

家国情怀范畴国家情感维度选文数量和所占比例较适宜，占 22.72％。其中，国家情怀子维度和民族精神子维度所占比例较大，分别占 38.32％ 和 23.36％。革命精神子维度所占比例居其次，占 20.56％。政治认同、建设发展和民族互存子维度选文数量和所占比例较小，仅占 9.35％、6.54％ 和 1.87％，远低于前三者。在呈现方式上，国家情怀子维度、民族精神子维度和政治认同子维度选文数量随年级升高逐渐下降（↘）；革命精神子维度，三个年级的选文数量呈 "↗↘" 状态，由 "小—大—小"；建设发展子维度，三个年级的选文数量呈 "↘—" 状态，由 "大—小"。民族互存子维度，三个年级的选文数量呈 "—↘" 状态，由 "大—小"，且在初三年级出现了 "零频率" 现象。

表 54 《高级中学课本 语文（必修）》思想道德素质
社会关爱—社会责任价值观内容统计分析表

价值观范畴	高一			高二			高三			高中		
	频率	百分比（％）	排序	频率	百分比（％）	排序	频率	百分比（％）	排序	频率	百分比（％）	排序
社会追求	4	28.57	2	7	21.88	2	1	6.25	2	12	19.35	2
社会公德	2	14.29	3	1	3.12	3	0	0.00	3	3	4.84	3
奉献社会	1	7.14	4	1	3.12	3	0	0.00	3	2	3.23	4
社会现象	7	50.00	1	23	71.88	1	15	93.75	1	45	72.58	1
总频率	14	100.00		32	100.00		16	100.00		62	100.00	

社会关爱范畴社会责任维度选文数量和所占比例较适宜，占 13.16％。其中，社会现象子维度所占比例较大，占 72.58％；社会追求子维度所占比例居其次，为 14.41％；社会公德子维度和奉献社会子维度所占比例最小，仅占 4.84％ 和 3.23％。在呈现方式上，社会现象子维度和社会追求子维度，三个年级的选文数量呈 "↗↘" 状态，由 "小—大—小"；社会公德子维度选文数量随年级升高逐渐下降（↘），且在高三年级出现 "零频率" 现象；奉献社会子维度，三个年级的选文数量呈 "—↘" 状态，由 "大—小"，且在高三年级出现 "零频率" 现象。

表 55 《高级中学课本 语文》(必修)思想道德素质

社会关爱—生态意识价值观内容统计分析表

价值观范畴	高一			高二			高三			高中		
	频率	百分比（%）	排序	频率	百分比（%）	排序	频率	百分比（%）	排序	频率	百分比（%）	排序
热爱自然	14	93.33	1	2	100.00	1	5	100.00	1	21	95.45	1
维护生态	1	6.67	2	0	0.00	2	0	0.00	2	1	4.55	2
节约资源	0	0.00	3	0	0.00	2	0	0.00	2	0	0.00	3
珍爱生命	0	0.00	3	0	0.00	2	0	0.00	2	0	0.00	3
天人合一	0	0.00	3	0	0.00	2	0	0.00	2	0	0.00	3
总频率	15	100.00		2	100.00		5	100.00		22	100.00	

社会关爱范畴生态意识"维度选文数量和所占比例过小，占 4.67%。其中，热爱自然子维度所占比例最大，占 95.45%，远超过其他子维度频率之和。维护生态子维度居其次，仅占 4.55%。珍爱生命、节约资源和天人合一子维度选文频率分布为 0。在呈现方式上，热爱自然子维度，三个年级的选文数量呈"↘—"状态，由"大—小"，且高二、高三年级出现"零频率"现象。珍爱生命、节约资源和天人合一子维度选文缺失。

表 56 《高级中学课本 语文(必修)》思想道德素质

社会关爱—国际理解价值观内容统计分析表

价值观范畴	高一			高二			高三			高中		
	频率	百分比（%）	排序	频率	百分比（%）	排序	频率	百分比（%）	排序	频率	百分比（%）	排序
了解世界	5	50.00	1	3	100.00	1	1	100.00	1	9	64.29	1
造福人类	2	20.00	3	0	0.00	2	0	0.00	2	2	14.29	3
追求和平	3	30.00	2	0	0.00	2	0	0.00	2	3	21.42	2
合作共赢	0	0.00	4	0	0.00	2	0	0.00	2	0	0.00	4
总频率	10	100.00		3	100.00		1	100.00		14	100.00	

社会关爱范畴国际理解维度选文数量和所占比例过小，占 2.98%。其中，

了解世界子维度所占的比例最大，占 64.29%。追求和平子维度和造福人类子维度居其次。合作共赢子维度选文频率分布为 0。在呈现方式上，了解世界子维度、追求和平子维度和造福人类子维度，选文数量随年级升高逐渐下降（↘），且追求和平子维度和造福人类子维度，在高二、高三年级出现了"零频率"现象；合作共赢子维度选文缺失。

2. 科学文化素质价值观内容分析

（1）文化视野

①课程要求

"语文学科必须全面贯彻教育方针，面向现代化，面向世界，面向未来。要重视选取反映新中国成立以来的社会生活和时代精神的现代文，各地可以编选少量乡土内容的课文。"[①]"在教学过程中，指导学生热爱祖国语言文字、热爱中华民族优秀传统文化的感情，培养健康高尚的审美情趣和一定的审美能力，培养社会主义思想道德和爱国主义精神。""题材、体裁、风格应该丰富多样，以中国现代作品为主，兼顾中国古代和外国的作品，难易适度。"[②]

②教科书编写安排综述

这套课本在文化视野安排上，"以大纲规定的高中学段的 70 篇基本课文为基础，尽量采用 1987 年版课本中原有课文，同时酌情调换部分课文，特别是增添反映当代社会生活和时代精神的新课文。"[③]

③列表统计

表 57　《高级中学课本 语文（必修）》选文时代范围统计分析表

时代	先秦	秦汉	魏晋南北朝	唐宋	元明清	近现代	当代	总计
篇数	12	8	5	18	21	42	53	159
百分比（%）	7.54	5.04	3.14	11.32	13.21	26.42	33.33	100.00

----

　　① 课程教材研究所. 20 世纪中国中小学课程标准·教学大纲汇编 语文卷[M]. 北京：人民教育出版社，2001：524-525.

　　② 课程教材研究所. 20 世纪中国中小学课程标准·教学大纲汇编 语文卷[M]. 北京：人民教育出版社，2001：535-539.

　　③ 人民教育出版社语文二室. 高级中学课本 语文 第一册[M]. 北京：人民教育出版社，1990：2.

表58 《高级中学课本 语文（必修）》选文空间范围统计分析表

地 区	亚 洲		欧 洲			北美洲	总 计
国家	中国	日本	法国	英国	俄罗斯（俄国）	美国	
篇数	148	2	3	1	4	1	159
百分比（%）	93.09	1.25	1.89	0.63	2.51	0.63	100.00

④评价

这套教科书在文化视野方面，基本达成了大纲"面向现代化，面向世界，面向未来"等目标和要求，但由于本国少数民族文化和世界上其他国家优秀文化的选文数量过少，大纲中"题材、体裁、风格应该丰富多样，以中国现代作品为主，兼顾中国古代和外国的作品，难易适度"目标未能很好达成。

（2）语文知识

①课程要求

"语文基础知识要力求做到精要、好懂、有用。要和课文结合起来教学，紧密联系学生听说读写实际，着重于运用，不宜讲得太多，不要用名词术语来考学生。读写知识按记叙、说明、议论等表达方式的顺序，选择若干要点，配合有关单元教学。语法知识选择切合实用的若干知识点，修辞知识结合练习介绍。文学知识主要通过课文注释对有关作家作品进行简要介绍，高中简略介绍我国的文学史知识。文言知识通过注释、练习、短文作简要介绍。"①

②教科书编写安排综述

这套课本在语文知识安排上，"涉及文字、词语、语法、文体、文学、文化等丰富的知识内容，在教学中应根据语文运用的实际需要，从所遇到的具体语言实例出发进行指导和点拨。"各类知识内容都按照本身的系统进行安排，做到既可以自成系统，亦可以同课文配合。

---

① 课程教材研究所. 20世纪中国中小学课程标准·教学大纲汇编 语文卷[M]. 北京：人民教育出版社，2001：504.

③列表统计

表 59 《高级中学课本 语文 (必修)》语文知识安排表

	字词句篇知识	逻辑知识	读写基本知识	附录
第一册	怎样学习文言文 掌握和使用工具书		写景状物的一般要求 观察和认识 复述 写人记事的一般要求 根据材料提炼中心 中心的深化 把握观点和材料的关系 精读和略读 抓住特征说明事物 朗读的要领	现代汉语词语表 文言常用实词表 简化字总表
第二册	理解文章的句子 散文的形和神 文言实词 文言虚词		记叙文的材料 联想和想象 材料的选择和剪裁 记叙文的构思 安排好结构 采访和答问 围绕中心论点展开论述 讨论 按说明顺序说明事物 速读	现代汉语词语表 文言常用实词表
第三册	小说的人物形象、环境 小说的情节和主题 词的活用 文言虚词 断句 文言句式		论证的结构和方法 结构的调整 演讲 夹叙夹议 把握文章的思路 安排好段内层次 比较阅读	现代汉语词语表 文言常用实词表

续表

	字词句篇知识	逻辑知识	读写基本知识	附录
第四册	议论文的语言 戏剧冲突和戏剧语言 中国古代小说特点 文言虚词 文言文的翻译 省略和倒装		辩证的分析 修饰词句 段内层次的调整 辩论 研究性阅读 现代诗歌鉴赏	现代汉语词语表 文言常用实词表
第五册	文学评论的特点 古代诗歌的优秀传统 语言和语境 文言虚词		专题阅读 综合运用表达方法 小说的欣赏 词句的推敲 学点古代文化常识	现代汉语词语表 文言常用实词表 应用文例文
第六册	杂文的特点 文言文阅读综合训练		议论文阅读、写作综合训练 即席发言 记叙文阅读、写作综合训练 综合修改 古代诗歌的鉴赏	我国的现代文学 我国的古代文学 现代汉语词语表 文言常用实词表

④评价

这套教科书在语文知识方面，根据语文教学与运用的实际需要从文字、词汇、语法、文体、文学等方面对语文知识进行归类，很好达成了大纲要求，为学生全面学习语文知识提供了方便。

(3)语文能力

①课程要求

"高中阶段，在初中的基础上，进一步提高现代语文的阅读能力、写作能力和说话能力。能比较熟练地阅读一般政治、科技读物和文艺读物，初步具有鉴别欣赏文学作品的能力。能写作比较一般的记叙文、说明文、议论文和常用的应用文，做到思想感情健康，内容充实，中心突出，结构完整。能借助工具书阅读简易文言文。"①

　　②教科书编写安排综述

　　编者对各年级的教学要求进行细化，形成从阅读能力、写作能力和说话能力完整的语文教学体系。具体内容参见下表。

　　③列表统计

表 60　《高级中学课本 语文（必修）》各册读写能力教学要求

高一年级	一、在初中基础上，继续重视字词句的学习，能准确地理解其含义和在文章中的表达作用。继续培养自学能力，能在阅读中提出问题。阅读比较复杂的记叙文、说明文，能理清层次，理解文章的内容。熟悉一定数量的文言实词，了解常见文言虚词的一般用法。注意阅读方法，能写文章摘要。二、继续培养观察认识事物的能力，养成练笔的习惯；写一般的记叙文、说明文；练习写一般通讯报道、调查报告。三、能按照自拟提纲，用普通话有条理地叙述事件、说明事物、阐述观点，语言清晰，仪态大方。在课内作即席发言，能比较完整地表达自己的思想
高二年级	一、逐步提高自学能力，能独立思考，提出自己的见解；阅读比较复杂的议论文，能理清层次，把握中心论点；阅读文学作品，能理清情节线索，分析人物形象，把握作品主题思想；继续熟悉常见文言词的一般用法，了解文言句式的一般特点。二、作文要讲求构思，条理明晰，语句通畅；写一般的议论文，论点明确，论据充分；继续培养写记叙文的能力；练习写一般书评、影视评、剧评和计划、总结等。三、能就某一个问题进行辩论，观点鲜明，思路清楚
高三年级	一、能比较熟练地阅读一般政治、科技读物和文艺读物，具有一定的质疑、释疑和评析的能力；初步具备对文学作品的鉴别欣赏能力；复习常见的文言实词、虚词和句式；能把文言句子翻译成现代汉语。二、能比较熟练地运用记叙、说明、议论各种表达方式，写一般的记叙、说明、议论的文章；能写常用的应用文。三、能作有准备的演讲；能在一定的会议上作即席发言

　　④评价

　　这套教科书在语文能力方面，通过阅读、写作和说话全面提高学生听、说、读、写四个层面的语文能力，很好达成了大纲要求，对学生提高语文学习能力提出了更高目标。

---

　　①　课程教材研究所. 20 世纪中国中小学课程标准・教学大纲汇编 语文卷[M]. 北京：人民教育出版社，2001：503.

（4）学习发展

①课程要求

"教师要善于指导学生的语文学习，激发学生的学习主动性，使学生自觉学习语文，在各种语文实践活动中提高自学能力。""认真地进行课内教学，鼓励学生把课内学习所得运用于课外，积极指导课外学习，发展学生的特长，使课内教学和课外学习相互为用，提高教学质量"①。

②教科书编写安排综述

编者主要从学会学习、勇于探究、创新发展三方面，对课本中各年级内容做了细化。具体内容参见下表。

③列表说明

表 61　《高级中学课本 语文（必修）》学习发展内容安排表

	学会学习	勇于探究	创新发展	备注
第一册	《恰到好处》《作家要铸炼语言》			
第二册	《幼学纪事》《现代自然科学中的基础学科》《劝学》	《问说》	《眼睛与仿生学》	
第三册	《庖丁解牛》	《当说必说》		
第四册	《好的语言和坏的语言》			
第五册	《谈〈水浒〉的人物和结构》《我国古代小说的发展及其规律》《谈白居易和辛弃疾的词四首》			

①　课程教材研究所. 20 世纪中国中小学课程标准·教学大纲汇编 语文卷[M]. 北京：人民教育出版社，2001：536.

续表

	学会学习	勇于探究	创新发展	备注
第六册	《不要秘诀的秘诀》 《不求甚解》 《打开知识宝库 的钥匙－书目》			

④评价

这套教科书在学习发展方面的选文数量不多，基本达成了大纲学会学习方面的要求和目标，但勇于探究和创新发展方面的选文过少，未能很好地达成创新发展方面的要求。

(四)语文教科书价值观内容的思考与讨论

通过对这两套 20 世纪 80 年代中期中学语文教科书价值观内容的研究和分析，引发我们的一些思考。

1.《课纲》(《课标》)的教学目标价值观内容是否全面？

《全日制中学语文教学大纲》(1986 年)在教学目的部分指出："中学语文教学必须以马克思主义为指导，教学生学好课文和必要的语文基础知识，进而有严格的语文基本训练，使学生热爱祖国语言，能够正确理解和运用祖国的语言文字，具有现代语文的阅读能力、写作能力和听说能力，具有阅读浅易文言文的能力。"①

1990 年版《全日制中学语文教学大纲(修订本)》在教学目的部分指出："在教学过程中，要开拓学生的视野，发展学生的智力，培养学生的社会主义道德情操、健康高尚的审美观和爱国主义精神，提高社会主义觉悟。语文训练和思想政治教育二者是统一的，相辅相成的。语文训练必须重视思想政治教育；思想政治教育必须根据语文学科的特点，渗透在教学过程中，起到潜移默化的

---

① 课程教材研究所. 20 世纪中国中小学课程标准·教学大纲汇编 语文卷[M]. 北京：人民教育出版社，2001：477.

作用。"①

《九年义务教育全日制初级中学语文教学大纲》(试用 1992 年)在教学目的部分指出："在语文教学过程中，开拓学生的视野，发展学生的智力，激发学生热爱祖国语文的感情，培养健康高尚的审美情趣，培养社会主义思想品质和爱国主义精神。"②

1996 年版《全日制普通高级中学语文教学大纲(供试验用)》在教学目的部分指出："在教学过程中，指导学生进一步开拓视野，增长知识，陶冶情操，发展智力，发展个性和特长，培养学生热爱祖国语言文字、热爱中华民族优秀传统文化的感情，培养健康高尚的审美情趣和一定的审美能力，培养社会主义思想品德和爱国主义精神。"③

综上所述不难发现，本阶段语文《课纲》教学目标价值观内容是，在思想道德素质方面十分重视对学生人格修养和家国情怀范畴的熏陶；在科学文化素质方面，特别强调对语文基础知识的训练、对语文学习能力的培养，但对文化视野范畴和学习发展范畴的重视程度尚有不足。

2. 所选教科书的价值观内容是否符合该时期政治、经济、文化、教育发展的要求？所选教科书价值观内容是否符合《课纲》《课标》中的目标和要求？是否符合学生的要求？

20 世纪 80 年代中期，在党中央和国务院的正确领导下，我国进一步实行治理整顿和深化改革的方针，并取得了可喜成就。生产持续发展、市场逐渐活跃，财政收支日益平衡，整个国民经济继续朝着好的方向发展；新闻、广播和电影、电视等文化事业的发展，推动了社会主义精神文明建设；教育体制改革促进教育事业持续发展，义务教育普及程度进一步提高、初等教育普及工作得到巩固和发展、中等教育结构得到初步调整。这些变化反映在两套语文教科书中，就是体现在思想道德素质与科学文化素质两方面选文中。总体来看，两套教科书都符合本时期政治、经济、文化、教育方面的发展要求，与当时社会发

① 课程教材研究所. 20 世纪中国中小学课程标准·教学大纲汇编 语文卷[M]. 北京：人民教育出版社，2001：503.

② 课程教材研究所. 20 世纪中国中小学课程标准·教学大纲汇编 语文卷[M]. 北京：人民教育出版社，2001：524.

③ 课程教材研究所. 20 世纪中国中小学课程标准·教学大纲汇编 语文卷[M]. 北京：人民教育出版社，2001：535.

展需要相一致，对学生的语文知识和语文能力的培养具有积极作用。

从数据来看，这两套教科书在是否符合《课纲》《课标》目标要求、是否符合学生要求方面、与 20 世纪 70 年代末语文教科书的分析一致，因此略去。

3. 所选教科书的价值观内容的主要特点

这两套教科书在选文要求上符合当时的实际需要和大纲要求，讲究政治性与文学性并重；在符合政治需要的同时，加强对学生的思想政治教育。在思想道德素质范畴、科学文化素质范畴方面，与 20 世纪 70 年代末语文教科书类似，这里不再赘述。

4. 结论

(1)深化关注生命和珍爱生命的主题

这两套教科书关于学生生命教育和死亡教育的选文内容较为单薄，与学生的生活联系不够密切，很难促使学生形成对生命和死亡的正确认识和深入思考，达不到大纲所要求的教育效果，亦不利于中学生的健康成长和身心发展。

(2)加强文体内容的多样化

这两套教科书在文体内容方面，依然局限于记叙文、说明文、议论文、应用文和文学作品的传统思路上，且文学作品往往集中在诗歌、散文、小说、戏剧等文体，整体不够灵活多样。日记、神话、游记、演讲稿和书信等文体较少，历史感和文化责任感不强……这些都是在今后教科书编选中需要注意的。

三、21 世纪初新课程改革以来语文教科书价值观内容

(一)语文教科书价值观内容研究概述

1. 背景简介

21 世纪初，中国社会发生了翻天覆地的变化。政治上，提倡改革，发展民主；强调法治建设，完善民主监督制度，维护国家安定团结。经济上，进一步解放和发展社会生产力，经济增长速度不断加快；物价水平止降转稳；就业形势逐渐变好；外汇储备持续增加，综合国力不断增强。文化上，文化馆、博物馆、图书馆等各类公共文化场馆不断增多，文化事业发展迅速；科学技术不断更新，人才队伍建设稳步发展，创新能力不断提高。教育上，加

快教育事业改革、管理体制创新；扩大高校办学规模，高等教育快速发展；大力推进素质教育，加速教育事业发展。[①] 与此同时，教育部提出了新一轮基础教育课程改革方案，初步构建符合我国国情、符合时代要求的基础教育课程新体系。2001 年，教育部制订了《全日制义务教育语文课程标准（实验稿）》，2003 年，制订了《普通高中语文课程标准（实验稿）》。人民教育出版社的《义务教育课程标准实验教科书 语文》和《普通高中课程标准实验教科书 语文》就是在新课改背景下编写的。

2. 研究依据

（1）政治文件类依据

在改革开放大环境下，加速社会主义文化教育建设显得十分迫切。《公民道德建设实施纲要》（2001 年）提出："坚持继承优良传统与弘扬时代精神相结合。要继承中华民族几千年形成的传统美德，积极借鉴世界各国道德建设的成功经验和先进文明成果，在全社会大力宣传和弘扬解放思想、实事求是，与时俱进、勇于创新，知难而进、一往无前，艰苦奋斗、务求实效，淡泊名利、无私奉献的时代精神。"[②]

党的十六大报告指出："面对世界范围各种思想文化的相互激荡，必须把弘扬和培育民族精神作为文化建设极为重要的任务，纳入国民教育全过程。弘扬爱国主义精神，以为人民服务为核心，以集体主义为原则，以诚实守信为重点，加强社会公德、职业道德和家庭美德教育，特别要加强青少年的思想道德建设。"[③]

党的十八大报告指出："要扎实推进社会主义文化强国建设。一是要加强社会主义核心价值体系建设。二是要全面提高公民道德素质。三是要丰富人民精神文化生活。四是要增强文化整体实力和竞争力。科学发展观是党必须长期坚持的指导思想，必须把科学发展观贯彻到我国现代化建设全过程，体现到党的

---

① 2000 年中国国民经济和社会发展统计公报［EB/OL］. http://www. gov. cn/gongbao/content/2001/content_60684. html. 2015-10-15.

② 公民道德建设实施纲要［EB/OL］. http://cpc. people. com. cn/GB/134999/135000/8105933. html. 2015-10-20.

③ 江泽民在中国共产党第十六次全国代表大会上的报告［EB/OL］. http://cpc. people. com. cn/GB/64162/64168/64569/65444/4429125. html. 2015-10-20.

建设各方面。"①"倡导富强、民主、文明、和谐，倡导自由、平等、公正、法治，倡导爱国、敬业、诚信、友善，积极培育和践行社会主义核心价值观。富强、民主、文明、和谐是国家层面的价值目标，自由、平等、公正、法治是社会层面的价值观内容，爱国、敬业、诚信、友善是公民个人层面的价值准则。这 24 个字是社会主义核心价值观的基本内容。"②

中共十八届三中全会审议通过了《中共中央关于全面深化改革若干重大问题的决定》。习近平就《决定（讨论稿）》向全会所作的说明指出："紧紧围绕建设社会主义核心价值体系，建设社会主义文化强国，增强国家文化软实力，坚持社会主义先进文化前进方向，坚持中国特色社会主义文化发展道路，坚持以人民为中心的工作导向，进一步深化文化体制改革。发展社会主义民主政治，必须以保证人民当家做主为根本，更加注重健全民主制度、丰富民主形式，充分发挥我国社会主义政治制度优越性。建设法治中国，必须深化司法体制改革，加快建设公正高效权威的社会主义司法制度，维护人民权益。"③

教育部《完善中华优秀传统文化教育指导纲要》（2014 年）指出："坚持中华优秀传统文化教育与培育和践行社会主义核心价值观相结合。坚持中华优秀传统文化教育与时代精神教育和革命传统教育相结合。坚持弘扬中华优秀传统文化与学习借鉴国外优秀文化成果相结合。开展以天下兴亡、匹夫有责为重点的家国情怀教育。开展以仁爱共济、立己达人为重点的社会关爱教育。开展以正心笃志、崇德弘毅为重点的人格修养教育。"④

这些政策文件反映了新时期社会主流文化价值观，是分析当下教科书价值观内容的重要依据。

（2）课程文件类依据

《全日制义务教育语文课程标准（实验稿）》课程目标部分指出："在语文学习

---

① 胡锦涛在中国共产党第十八次全国代表大会上的报告［EB/OL］. http://news. xinhuanet. com/18cpcnc/2012-11/17/c_113711665. html. 2015-12-08.

② 中共中央办公厅印发. 关于培育和践行社会主义核心价值观的意见［EB/OL］. http://www.wenming. cn/11-pd/shzyhxjztx/201312/t20131223_1654835. shtml.

③ 中共中央关于全面深化改革若干重大问题的决定［EB/OL］. http://news. 12371. cn/2013/11/12/ARTI1384248603347445. shtml. 2015-12-08.

④ 教育部印发. 完善中华优秀传统文化教育指导纲要［EB/OL］. http://www. gov. cn/xinwen/2014-04/01/content_2651154. html. 2015-11-05.

过程中，培养爱国主义感情、社会主义道德品质，逐步形成积极的人生态度和正确的价值观，提高文化品位和审美情趣。认识中华文化的丰厚博大，吸收民族文化智慧。关心当代文化生活，尊重多样文化，吸取人类优秀文化的营养。在发展语言能力的同时，发展思维能力，激发想象力和创造潜能。逐步养成实事求是、崇尚真知的科学态度，初步掌握科学的思想方法。"①教科书编写建议部分指出："教科书编写要以马克思主义为指导，坚持面向现代化，面向世界，面向未来。教科书应体现时代特点和现代意识，关注人类，关注自然，理解和尊重多样文化，有助于学生树立正确的世界观、人生观、价值观。教科书要注重继承与弘扬中华民族优秀文化，有助于增强学生的民族意识和爱国主义感情。"②

2011年版《义务教育语文课程标准》课程基本理念部分指出："注意课程内容的价值取向，要继承和发扬中华优秀文化传统和革命传统，体现社会主义核心价值体系的引领作用，突出中国特色社会主义共同理想，弘扬以爱国主义为核心的民族精神和以改革创新为核心的时代精神，树立社会主义荣辱观，培养良好思想道德风尚，也要尊重学生在语文学习过程中的独特体验。"③课程目标部分指出："在语文学习过程中，培养爱国主义、集体主义、社会主义思想品德和健康的审美情趣，发展个性，培养创新精神和合作精神，逐步形成积极的人生态度和正确的世界观、价值观。"④教科书编写建议部分指出："教科书应符合学生的身心发展特点，适应学生的认知水平，激发学生的学习兴趣和创新精神。"⑤

《普通高中语文课程标准（实验稿）》基本理念部分指出："高中语文课程必须充分发挥自身的优势，弘扬和培育民族精神，使学生受到优秀文化的熏陶，

---

① 中华人民共和国教育部制定. 全日制义务教育语文课程标准（实验稿）[M]. 北京：北京师范大学出版社，2001：3.

② 中华人民共和国教育部制定. 全日制义务教育语文课程标准（实验稿）[M]. 北京：北京师范大学出版社，2001：31.

③ 中华人民共和国教育部制定. 义务教育语文课程标准（2011年版）[M]. 北京：北京师范大学出版社，2011：3.

④ 中华人民共和国教育部制定. 义务教育语文课程标准（2011年版）[M]. 北京：北京师范大学出版社，2011：6.

⑤ 中华人民共和国教育部制定. 义务教育语文课程标准（2011年版）[M]. 北京：北京师范大学出版社，2011：32.

塑造热爱祖国和中华文明、献身人类进步事业的精神品格，形成健康美好的情感和奋发向上的人生态度。应增进课程内容与学生成长的联系，引导学生积极参与实践活动，学习认识自然、认识社会、认识自我、规划人生，实现本课程在促进人的全面发展方面的价值追求。"教科书编写建议部分指出："教科书编写应以科学的教育理论为指导，充分体现时代特点和现代意识，要重视继承和弘扬中华民族优秀文化，理解和尊重多元文化，要有助于增强学生的民族自尊心和爱国主义情感，有助于树立正确的世界观、人生观和价值观。"①

除了国家发布的课程标准之外，地方上也有一些相关的课程文件。比如，2005 年《上海市中小学生命教育指导纲要（试行）》指出："语文课是要通过文学作品中的典型人物或典型事件，联系现实生活，让学生认识自我，学会调适，感悟人与他人、人与社会、人与自然和谐相处的重要性，陶冶学生心灵。"②

这些课程文件是分析教科书价值观内容时的重点依据。

3. 样本介绍

新课改之后，"一纲多本"的局面正式形成，但其中使用范围最广、影响力最大的还是人教版。从某种程度上说，人教版更具有权威性；加之其本身在继承传统的基础上又能及时贯彻新课改精神，积极在选文和体例上加以创新，得到了大范围使用。基于此，本节选择《义务教育课程标准实验教科书 语文》和《普通高中课程标准实验教科书 语文（必修）》两套新课改后的人教版初、高中语文教科书作为研究样本。

（1）《义务教育课程标准实验教科书 语文》

这套教科书由课程教科书研究所、中学语文课程教科书研究开发中心合编，经全国中小学教科书审定委员会审定通过，人民教育出版社出版，是目前正在使用的版本。

本研究所选用的版本情况如下：

第一册，2001 年初审通过，2013 年 5 月第 3 版；

① 中华人民共和国教育部制定. 普通高中语文课程标准（实验稿）[M]. 北京：人民教育出版社，2003：25-26.

② 上海市教育委员会. 上海市中小学生命教育指导纲要（试行）[EB/OL]. http://max.book118.com/html/2019/0509/8010135121002022.shtm.

第二册，2001年初审通过，2008年7月第3版；

第三册，2001年初审通过，2007年3月第2版；

第四册，2001年初审通过，2008年7月第3版；

第五册，2001年初审通过，2003年6月第1版；

第六册，2001年初审通过，2006年12月第2版。

这套教科书在内容编排上主要由插图、写在前面、目录、正文、附录、后记六部分组成。

插图，主要由封面彩图和穿插于课文之前的黑白图片两部分组成。

写在前面采用的是书信体形式，用一篇简短的书信向学生介绍本册书的主要内容、今后的学习方向以及对学生学习生活的寄语等。

目录位于写在前面之后、正文之前，主要介绍本册书的构成情况。篇目前没有标"＊"的是精读课文，标有"＊"的是略读课文。

正文部分由六个单元组成，体例上以人文性的主题组元。每单元之前都有一小段导语，介绍本单元的选文主题、学习内容、目标、重点等。（见表62）

表62（以《义务教育课程标准实验教科书 语文》七年级上册第一单元为例）

单元	一	二	三	四	五	六
选文篇目	《散步》	《我的老师》	《春》	《紫藤萝瀑布》	《化石吟》	《小圣施威降大圣》
	《秋天的怀念》	《再塑生命的人》	《济南的冬天》	《走一步，再走一步》	《看云识天气》	《皇帝的新装》
	《羚羊木雕》	《我的早年生活》	《风雨》	《短文两篇》	《绿色蝈蝈》	《女娲造人》
	《散文诗两首》	《王几何》	《秋天》	《在山的那一边》	《月亮上的足迹》	《盲孩子和他的影子》
	《〈世说新语〉两则》	《〈论语〉十二章》	《古诗歌四首》	《虽有佳肴》	《河中石兽》	《寓言四则》
单元主题	亲情	青少年学习生活	人与自然	美好的人生	科学精神	想象的世界

前四册每册 30 篇课文，后两册每册 24 篇课文。由于有的课文含有 2 篇及以上的选文，所以选文数量上要超过这个数。每篇课文之后配有"研讨与练习"，对学生的课前预习、课后复习给予指导。为配合新课改，每个单元之后设置了写作、口语交际、综合性学习等单元活动，这些学习活动与课文一样紧扣单元主题。此外，正文部分之后还有课外古诗词背诵和名著导读两部分内容，前者向学生介绍 10 首课外古诗词，后者通过节选名著中的经典段落，向学生推荐和介绍两三部名著，以引发学生的阅读兴趣。

附录更多的是向学生介绍一些常见的语言、文字、语法知识。

后记，介绍了教科书编订人员。

(2)《普通高中课程标准实验教科书 语文（必修）》

这套教科书由教育部课程教材研究所、中学语文课程教科书研究开发中心、北京大学中文系语文教育研究所共同编著，经全国中小学教科书审定委员会审定通过，人民教育出版社出版，是正在使用的版本。与《义务教育课程标准实验教科书 语文》一样，这套教科书仍在作进一步的修订，每册出版情况不同。但由于是同一版本，故不会影响研究结果。

本研究所选用的版本情况如下：

必修一，2004 年初审通过，2007 年 3 月第 2 版；

必修二，2004 年初审通过，2006 年 11 月第 2 版；

必修三，2004 年初审通过，2007 年 3 月第 2 版；

必修四，2004 年初审通过，2006 年 11 月第 2 版；

必修五，2001 年初审通过，2006 年 11 月第 2 版。

这套教科书在内容上可以分为致同学们、阅读鉴赏、表达交流、梳理探究、名著导读、后记六部分。

致同学们是总体介绍每册书的主要内容和构成，并对学生的学习生活提出寄语和期望。

阅读鉴赏是这套教科书的主要部分。每册书由 4 个单元组成，有 12～14 篇课文，以名家名篇为主，也有反映时代特色的作品。在单元编排上兼顾文体和主题（见表 63）。

表 63　《普通高中课程标准实验教科书 语文（必修一）》第一单元

单元	一	二	三	四
篇目	《沁园春·长沙》	《烛之武退秦师》	《纪念刘和珍君》	《短新闻两篇》
	《诗两首》	《荆轲刺秦王》	《小狗包弟》	《包身工》
	《大堰河——我的保姆》	《鸿门宴》	《记梁任公先生的一次演讲》	《飞向太空的航程》
体裁	新诗	古代记叙散文	写人记事的散文	报告文学

　　单元之前依然附有单元导语，介绍本单元学习的主要内容、学习重点及期望学生达到的目标。不同的文体和主题，学习的重点各不相同。有侧重用充满韵律和节奏、高度凝练的语言反映时代生活的诗歌单元；有侧重以刻画人物形象为中心，通过环境描写反映社会生活的小说单元；有侧重用灵活精练的语言引导学生体会作家真情实感的散文单元；还有侧重以通过曲词体会人物情感变化，欣赏曲词之美的戏剧单元。同样，每篇课文之后附有研讨与练习，帮助学生更好地完成学习任务。

　　表达交流部分包括写作和口语交际两部分。写作部分共有 20 个专题，每册4 个专题，每个专题都有一个明确主题，并配上一定的指导和练习。同时，每册的口语交际围绕一个重点进行设计。

　　梳理探究部分每册有 3 个专题，共有 15 个专题。和《义务教育课程标准实验教科书 语文》的附录部分相似，主要是对所学的语言、文字、文学、文化等方面知识进行一定的梳理和整合。

　　名著导读部分每册设置两部中外名著，一共 10 部，分为背景介绍、作品导读、思考与探究三个部分，旨在培养学生积极自主地进行阅读活动。

　　后记介绍教科书编订人员。

　　4. 中学语文教科书价值观内容架构表说明

　　在总结相关价值理论基础上，依据社会主义核心价值观、学生核心素养等，充分考虑本阶段语文教育现实和语文课程标准的相关要求，从思想道德素质和科学文化素质两方面对语文教科书价值观内容研究的架构表进行设计。

(二)《义务教育课程标准实验教科书 语文》价值观内容分析

1. 思想道德素质价值观内容分析

①人格修养

▲品德操守

Ⅰ. 持正重义

持正重义指的是做人坚强正直，坚持真理正义。具体选文：《陈太丘与友期行》《〈论语〉十二章》《皇帝的新装》《邓稼先》《闻一多先生的说和做》《音乐巨人贝多芬》《就英法联军远征中国给巴特勒上尉的信》《信客》《石壕吏》《列夫·托尔斯泰》《雷电颂》《泥人张》《五柳先生传》《过零丁洋》《敬业与乐业》《纪念伏尔泰逝世一周年的演说》《中国人失掉自信力了吗》《智取生辰纲》《唐雎不辱使命》《出师表》《蒲柳人家》《威尼斯商人》《公输》《得道多助，失道寡助》《鱼我所欲也》《曹刿论战》。

Ⅱ. 孝敬谦恭

孝敬谦恭指的是孝顺父母，尊敬师长。具体选文：《散步》《荷叶 母亲》《陈太丘与友期行》《我的老师》《再塑生命的人》《王几何》《〈论语〉十二章》《爸爸的花儿落了》《木兰诗》《阿长与山海经》《背影》《台阶》《藤野先生》《我的母亲》《孤独之旅》《心声》《蒲柳人家》《变脸》《枣儿》。

Ⅲ. 仁爱友善

仁爱友善指的是待人和善，亲近慈爱。具体选文：《羚羊木雕》《再塑生命的人》《王几何》《〈论语〉十二章》《盲孩子和他的影子》《从百草园到三味书屋》《邓稼先》《福楼拜家的星期天》《蜡烛》《老王》《信客》《渡荆门送别》《藤野先生》《我的第一本书》《隆中对》《蒲柳人家》《变脸》《音乐之声》。

Ⅳ. 诚实守信

诚实守信指的是为人真诚，遵守信约。具体选文：《羚羊木雕》《〈论语〉十二章》《皇帝的新装》《邓稼先》《信客》《敬业与乐业》《威尼斯商人》。

▲心理品质

Ⅰ. 自信自爱

自信自爱指的是相信自我，善待自己。具体选文：《咏雪》《〈论语〉十二章》《走一步，再走一步》《盲孩子和他的影子》《丑小鸭》《沁园春·雪》《隆中对》《江城子·密州出猎》《音乐之声》《邹忌讽齐王纳谏》。

Ⅱ. 追求理想

追求理想指的是探索梦想，寻找希望。具体选文：《我的早年生活》《〈论语〉十二章》《观沧海》《贝壳》《在山的那一边》《丑小鸭》《邓稼先》《音乐巨人贝多芬》《伟大的悲剧》《在沙漠中心》《登上地球之巅》《真正的英雄》《夸父逐日》《共工怒触不周山》《桃花源记》《陋室铭》《爱莲说》《大道之行也》《望岳》《归园田居》《使至塞上》《五柳先生传》《送东阳马生序》《酬乐天扬州初逢席上见赠》《岳阳楼记》《醉翁亭记》《饮酒(其五)》《行路难》《茅屋为秋风所破歌》《沁园春·雪》《雨说》《星星变奏曲》《孤独之旅》《事物的正确答案不止一个》《陈涉世家》《隆中对》《出师表》《江城子·密州出猎》《破阵子·为陈同甫赋壮词以寄之》《人生》《公输》《得道多助，失道寡助》《鱼我所欲也》《惠子相梁》《庄子与惠子游于濠梁》《愚公移山》。

Ⅲ. 坚韧乐观

坚韧乐观指的是坚定信念、积极向上。具体选文：《我的早年生活》《〈论语〉十二章》《紫藤萝瀑布》《走一步，再走一步》《蝉》《在山的那一边》《虽有佳肴》《绿色蝈蝈》《假如生活欺骗了你》《邓稼先》《闻一多先生的说和做》《音乐巨人贝多芬》《安塞腰鼓》《信客》《列夫·托尔斯泰》《我的童年》《送东阳马生序》《酬乐天扬州初逢席上见赠》《纪念伏尔泰逝世一百周年的演说》《孤独之旅》《事物的正确答案不止一个》《应有格物致知的精神》《香菱学诗》《蒲柳人家》《热爱生命》《人生》《生于忧患，死于安乐》《得道多助，失道寡助》《愚公移山》。

Ⅳ. 善于交往

善于交往指的是善于交际，乐于交友。具体选文：《王几何》《〈论语〉十二章》《福楼拜家的星期天》《孙权劝学》《隆中对》。

Ⅴ. 明理力行

明理力行指的是机智善辩，敏思践行。具体选文：《陈太丘与友期行》《我的早年生活》《蝉》《虽有佳肴》《河中石兽》《未选择的路》《伤仲永》《孙权劝学》《送东阳马生序》《敬业与乐业》《事物的正确答案不止一个》《应有格物致知的精神》《谈读书》《不求甚解》《香菱学诗》《人生》《公输》《曹刿论战》《邹忌讽齐王纳谏》《愚公移山》。

Ⅵ. 情感态度

情感态度指的是思想感情和生活态度。具体选文：《羚羊木雕》《我的老师》

《再塑生命的人》《王几何》《春》《济南的冬天》《风雨》《秋天》《观沧海》《次北固山下》《钱塘湖春行》《天净沙·秋思》《紫藤萝瀑布》《贝壳》《塞翁失马》《从百草园到三味书屋》《音乐巨人贝多芬》《社戏》《竹影》《观舞记》《猫》《斑羚飞渡》《华南虎》《马》《狼》《蜡烛》《就英法联军远征中国给巴特勒上尉的信》《亲爱的爸爸妈妈》《背影》《老王》《桥之美》《苏州园林》《故宫博物院》《桃花源记》《陋室铭》《爱莲说》《望岳》《春望》《石壕吏》《记承天寺夜游》《观潮》《湖心亭看雪》《渡荆门送别》《登岳阳楼（其一）》《藤野先生》《我的童年》《雪》《雷电颂》《月》《海》《浪之歌》《雨之歌》《端午的鸭蛋》《春酒》《泥人张》《好嘴杨巴》《与朱元思书》《五柳先生传》《马说》《赤壁》《过零丁洋》《水调歌头》《潼关怀古》《小石潭记》《岳阳楼记》《醉翁亭记》《满井游记》《饮酒（其五）》《行路难》《茅屋为秋风所破歌》《白雪歌送武判官归京》《己亥杂诗》《沁园春·雪》《雨说》《星星变奏曲》《蝈蝈与蛐蛐》《夜》《纪念伏尔泰逝世一百周年的演说》《傅雷家书两则》《致女儿的信》《故乡》《我的叔叔于勒》《中国人失掉自信力了吗》《杨修之死》《范进中举》《陈涉世家》《唐雎不辱使命》《出师表》《望江南》《渔家傲》《江城子·密州出猎》《武陵春》《破阵子》《我爱这土地》《乡愁》《我用残损的手掌》《祖国啊，我亲爱的祖国》《祖国》《黑人谈河流》《孔乙己》《变色龙》《热爱生命》《谈生命》《那树》《地下森林断想》《威尼斯商人》《变脸》《音乐之声》《生于忧患，死于安乐》《惠子相梁》《庄子与惠子游于濠梁》《邹忌讽齐王纳谏》《愚公移山》《关雎》《蒹葭》。

②家国情怀

▲家人亲情

Ⅰ.家庭关怀

家庭关怀指的是家人之间的相互关爱之情。具体选文：《散步》《秋天的怀念》《金色花》《荷叶 母亲》《陈太丘与友期行》《次北固山下》《天净沙·秋思》《爸爸的花儿落了》《木兰诗》《竹影》《阿长与山海经》《背影》《台阶》《春望》《我的母亲》《我的第一本书》《水调歌头》《傅雷家书两则》《致女儿的信》《故乡》《孤独之旅》《心声》《望江南》《武陵春》《变脸》《枣儿》《关雎》《蒹葭》。

Ⅱ.亲友互爱

亲友互爱指的是亲友之间的相互关爱之情。具体选文：《羚羊木雕》《老王》《我的第一本书》《白雪歌送武判官归京》《威尼斯商人》。

Ⅲ．家乡情谊

家乡情谊指的是对家乡故土的深情。具体选文：《次北固山下》《天净沙·秋思》《社戏》《信客》《渡荆门送别》《我的童年》《端午的鸭蛋》《吆喝》《春酒》《故乡》《乡愁》。

▲国家情感

Ⅰ．国家情怀

国家情怀指的是对国家的认同，以及民族自豪感和爱国情怀。具体选文：《黄河颂》《最后一课》《艰难的国运与雄健的国民》《土地的誓言》《木兰诗》《邓稼先》《闻一多先生的说和做》《登上地球之巅》《真正的英雄》《芦花荡》《春望》《使至塞上》《过零丁洋》《岳阳楼记》《茅屋为秋风所破歌》《己亥杂诗》《中国人失掉自信力了吗》《唐雎不辱使命》《出师表》《渔家傲·秋思》《江城子·密州出猎》《破阵子·为陈同甫赋壮词以寄之》《我爱这土地》《我用残损的手掌》《祖国啊，我亲爱的祖国》《祖国》《曹刿论战》。

Ⅱ．民族精神

民族精神指的是热爱祖国、爱好和平、勤劳勇敢、自强不息的精神品质。具体选文：《黄河颂》《最后一课》《艰难的国运与雄健的国民》《土地的誓言》《邓稼先》《闻一多先生的说和做》《安塞腰鼓》《登上地球之巅》《夸父逐日》《共工怒触不周山》《芦花荡》《中国石拱桥》《桥之美》《苏州园林》《故宫博物院》《说"屏"》《核舟记》《日》《月》《过零丁洋》《中国人失掉自信力了吗》《我用残损的手掌》《蒲柳人家》《愚公移山》。

Ⅲ．民族互存

民族互存指的是各民族之间相互平等、相互团结，共同发展。具体选文：《云南的歌会》《黑人谈河流》。

Ⅳ．政治认同

政治认同指的是热爱中国共产党。具体选文：《人民解放军百万大军横渡长江》《中原我军解放南阳》《芦花荡》。

Ⅴ．革命精神

革命精神指的是敢于斗争、勇敢反抗的品质。具体选文：《人民解放军百万大军横渡长江》《中原我军解放南阳》《芦花荡》《雪》《雷电颂》《日》《海燕》《纪念伏尔泰逝世一百周年的演说》。

③社会关爱

▲社会责任

Ⅰ.社会追求

社会追求指的是对"自由、平等、公正、法治"美好社会的追求。具体选文：《桃花源记》《大道之行也》《归园田居(其三)》《马说》《雨说》《星星变奏曲》《陈涉世家》。

Ⅱ.社会公德

社会公德指的是文明礼貌、乐于助人、爱护环境，遵纪守法等品质。具体选文：《盲孩子和他的影子》。

Ⅲ.奉献社会

奉献社会指的是对社会的无私奉献。具体选文：《盲孩子和他的影子》《信客》《敬业与乐业》。

Ⅳ.社会现象

社会现象指的是反映社会的状态或变化，以及人与人的关系。具体选文：《皇帝的新装》《赫尔墨斯和雕像者》《蚊子与狮子》《智子疑邻》《伤仲永》《石壕吏》《潼关怀古》《泥人张》《故乡》《我的叔叔于勒》《心声》《中国人失掉自信力了吗》《智取生辰纲》《范进中举》《陈涉世家》《孔乙己》《蒲柳人家》《变色龙》《威尼斯商人》《变脸》《枣儿》。

▲生态意识

Ⅰ.热爱自然

热爱自然指的是对自然风光、自然生活的热爱之情。具体选文：《春》《济南的冬天》《风雨》《〈秋天〉钱塘湖春行》《化石吟》《看云识天气》《绿色蝈蝈》《从百草园到三味书屋》《大自然的语言》《落日的幻觉》《三峡》《答谢中书书》《记承天寺夜游》《湖心亭看雪》《大雁归来》《与朱元思书》《小石潭记》《醉翁亭记》《满井游记》《饮酒(其五)》《沁园春·雪》《蝈蝈与蛐蛐》《夜》《那树》《地下森林断想》。

Ⅱ.维护生态

维护生态指的是对自然生态环境的保护。具体选文：《生物入侵者》《敬畏自然》《罗布泊，消逝的仙湖》《旅鼠之谜》《大雁归来》《喂，出来》《那树》《地下森林断想》。

Ⅲ.节约资源

节约资源指的是对自然资源和生态资源的节约意识。具体选文：《罗布泊，消逝的仙湖》《旅鼠之谜》《喂，出来》。

Ⅳ．珍爱生命

珍爱生命指的是对生命的热爱、歌颂。具体选文：《蝉》《猫》《斑羚飞渡》《华南虎》《马》《蜡烛》《亲爱的爸爸妈妈》《热爱生命》《谈生命》《地下森林断想》。

Ⅴ．天人合一

天人合一指的是人与自然的和谐发展。具体选文：《秋天》。

▲国际理解

Ⅰ．了解世界

了解世界指的是对世界的了解和认识。具体选文：《月亮上的足迹》《观舞记》《伟大的悲剧》《在沙漠中心》《真正的英雄》《恐龙无处不在》《被压扁的沙子》《列夫·托尔斯泰》《黑人谈河流》《人生》。

Ⅱ．造福人类

造福人类指的是为人类社会造福。具体选文：《奇妙的克隆》。

Ⅲ．追求和平

追求和平指的是对和平生活的美好追求和向往。具体选文：《蜡烛》《就英法联军远征中国给巴特勒上尉的信》《亲爱的爸爸妈妈》《公输》。

Ⅳ．合作共赢

合作共赢指的是互相合作，共同发展。具体选文：《福楼拜家的星期天》。

（2）思想道德素质价值观内容频率分析

①价值观内容范畴总体统计分析

表64 《义务教育课程标准实验教科书 语文》
思想道德素质价值观内容总体统计分析表

价值观范畴	七年级			八年级			九年级			初中		
	频率	百分比（%）	排序	频率	百分比（%）	排序	频率	百分比（%）	排序	频率	百分比（%）	排序
人格修养	96	61.54	1	88	51.77	1	111	64.53	1	295	59.24	1
家国情怀	33	21.15	2	44	25.88	2	31	18.02	2	108	21.69	2
社会关爱	27	17.31	3	38	22.35	3	30	17.45	3	95	19.07	3
总频率	156	100.00		170	100.00		172	100.00		498	100.00	

　　从表中不难发现，思想道德素质价值观内容分布比较全面，每个范畴都占有一定的比例。频率分布由高到低依次为人格修养范畴、家国情怀范畴和社会关爱范畴。其中，人格修养范畴所占比例最大，在总数和各年级分布上，都远超过其他范畴，建议适当减少这部分比重至30％左右；家国情怀范畴和社会关爱范畴选文数量和比例相对较适中，建议可以适当增加这两部分比重至30％左右。

　　②价值观内容范畴统计分析

表 65　《义务教育课程标准实验教科书 语文》

思想道德素质价值观内容统计分析表

价值观范畴		七年级			八年级			九年级			初中		
		频率	百分比（％）	排序	频率	百分比（％）	排序	频率	百分比（％）	排序	频率	百分比（％）	排序
人格修养	品德操守	27	17.31	2	20	11.77	4	23	13.37	2	70	14.06	2
	心理品质	69	44.23	1	68	40.00	1	88	51.16	1	225	45.18	1
家国情怀	家人亲情	14	8.97	4	16	9.41	5	14	8.14	5	44	8.84	5
	国家情感	19	12.18	3	28	16.47	2	17	9.88	3	64	12.85	3
社会关爱	社会责任	7	4.49	6	8	4.71	6	17	9.88	3	32	6.43	6
	生态意识	14	8.97	4	23	13.52	3	10	5.82	6	47	9.43	4
	国际理解	6	3.85	7	7	4.12	7	3	1.75	7	16	3.21	7
总频率		156	100.00		170	100.00		172	100.00		498	100.00	

　　根据本研究对语文教科书价值观内容各维度及其子维度的比重应达到10％～30％为宜的建议，结合上表不难发现，这套教科书思想道德素质方面，家国情怀范畴和社会关爱范畴选文数量和所占比例较合理，但其中家人亲情维度、社会责任维度、生态意识维度和国际理解维度比重过小，远低于10％，建议适当增加这些维度的选文。人格修养范畴所占比重较大，尤以心理品质维度最大，达到45.18％，建议适当减少至25％～30％。

③价值观内容范畴分类统计分析

表66 《义务教育课程标准实验教科书 语文》思想道德素质
人格修养—品德操守价值观内容统计分析表

价值观范畴	七年级			八年级			九年级			初中		
	频率	百分比（%）	排序	频率	百分比（%）	排序	频率	百分比（%）	排序	频率	百分比（%）	排序
持正重义	6	22.22	3	8	40.00	1	12	52.17	1	26	37.15	1
孝敬谦恭	9	33.33	1	5	25.00	3	5	21.74	2	19	27.14	2
仁爱友善	8	29.63	2	6	30.00	2	4	17.39	3	18	25.71	3
诚实守信	4	14.82	4	1	5.00	4	2	8.70	4	7	10.00	4
总频率	27	100.00		20	100.00		23	100.00		70	100.00	

　　人格修养范畴品德操守维度选文数量和所占比例较小，占14.06%。其中，持正重义子维度所占的比例较大，达到37.15%，超过其他子维度的频率；孝敬谦恭子维度和仁爱友善子维度所占比例居其次；诚实守信子维度所占比例较小，占10%。在呈现方式上，持正重义子维度选文数量随年级升高逐渐上升（↗）；孝敬谦恭子维度三个年级选文数量基本呈"↘—"状态，由"大—小"；仁爱友善子维度选文数量随年级升高逐渐下降（↘），由"小—大"；诚实守信子维度三个年级的选文数量呈"↘↗"状态，由"大—小—大"。

表67 《义务教育课程标准实验教科书 语文》思想道德素质
人格修养—心理品质价值观内容统计分析表

价值观范畴	七年级			八年级			九年级			初中		
	频率	百分比（%）	排序	频率	百分比（%）	排序	频率	百分比（%）	排序	频率	百分比（%）	排序
自信自爱	5	7.25	5	0	0.00	5	5	5.68	5	10	4.44	5
追求理想	14	20.29	2	15	22.06	2	17	19.32	2	46	20.44	2
坚韧乐观	13	18.84	3	5	7.35	3	11	12.50	3	29	12.89	3
善于交往	4	5.80	6	0	0.00	5	1	1.14	6	5	2.22	6

续表

价值观范畴	七年级			八年级			九年级			初中		
	频率	百分比（%）	排序	频率	百分比（%）	排序	频率	百分比（%）	排序	频率	百分比（%）	排序
明理力行	8	11.59	4	1	1.48	4	11	12.50	3	20	8.90	4
情感态度	25	36.23	1	47	69.11	1	43	48.86	1	115	51.11	1
总频率	69	100.00		68	100.00		88	100.00		225	100.00	

　　人格修养范畴心理品质维度选文数量和所占比例较大，占 45.18%。其中，情感态度子维度频率分布超过 50%，也超过其他子维度频率之和。追求理想子维度和坚韧乐观子维度频率分布居其次，分别为 20.44% 和 12.89%。明理力行、自信自爱和善于交往子维度选文数量和所占比例较小，仅占 8.90%、4.44% 和 2.22%，远低于前三者。在呈现方式上，情感态度子维度选文数量随年级升高呈"↗↘"，由"小—大—小"；追求理想子维度选文数量随年级逐渐上升（↗）；坚韧乐观子维度和明理力行子维度三个年级的选文数量呈"↘↗"状态，由"大—小—大"。自信自爱子维度和善于交往子维度三个年级的选文数量呈"↘↗"状态，由"大—小—大"，且在八年级均出现了"零频率"现象。

表 68　《义务教育课程标准实验教科书 语文》思想道德素质
家国情怀—家人亲情价值观内容统计分析表

价值观范畴	七年级			八年级			九年级			初中		
	频率	百分比（%）	排序	频率	百分比（%）	排序	频率	百分比（%）	排序	频率	百分比（%）	排序
家庭关怀	10	71.43	1	7	43.75	1	11	78.57	1	28	63.64	1
亲友互爱	1	7.14	3	3	18.75	3	1	7.14	3	5	11.36	3
家乡情谊	3	21.43	2	6	37.50	2	2	14.29	2	11	25.00	2
总频率	14	100.00		16	100.00		14	100.00		44	100.00	

　　家国情怀范畴家人亲情维度，选文数量和所占比例较小，占 8.84%。其中，家庭关怀子维度所占的比例最大，达 63.64%，远超其他两范畴之和；家乡情谊子维度居其次，频率分布占 25.00%；亲友互爱子维度所占比例最小，

占 11.36％。在呈现方式上，家庭关怀子维度三个年级的选文数量呈"↘↗"状态，由"大—小—大"；家乡情谊子维度和亲友互爱子维度三个年级的选文数量呈"↗↘"状态，由"小—大—小"。

表 69 《义务教育课程标准实验教科书 语文》思想道德素质
家国情怀—国家情感价值观内容统计分析表

价值观范畴	七年级			八年级			九年级			初中		
	频率	百分比（％）	排序	频率	百分比（％）	排序	频率	百分比（％）	排序	频率	百分比（％）	排序
国家情怀	9	47.37	2	7	25.00	2	11	64.71	1	27	42.18	1
民族精神	10	52.63	1	10	35.71	1	4	23.53	2	24	37.50	2
民族互存	0	0.00	3	1	3.57	5	1	5.88	3	2	3.13	5
政治认同	0	0.00	3	3	10.72	4	0	0.00	5	3	4.69	4
革命精神	0	0.00	3	7	25.00	3	1	5.88	3	8	12.50	3
建设发展	0	0.00	3	0	0.00	6	0	0.00	5	0	0.00	6
总频率	19	100.00		28	100.00		17	100.00		64	100.00	

家国情怀范畴国家情感维度选文数量和所占比例较适宜，占 12.85％。其中，国家情怀子维度和民族精神子维度所占比例较大，分别达到 42.18％和 37.50％。革命精神子维度居其次，占 12.50％。政治认同子维度和民族互存子维度选文数量和所占的比例最小，仅占 4.69％和 3.13％。建设发展子维度频率分布为 0。在呈现方式上，国家情怀子维度三个年级的选文数量呈"↘↗"状态，由"大—小—大"；民族精神子维度三个年级的选文数量呈"—↘"状态，由"大—小"；革命精神子维度、政治认同子维度和民族互存子维度三个年级的选文数量呈"↗↘"状态，由"小—大—小"，且革命精神子维度在七年级，政治认同子维度在七、九年级，民族互存子维度在七年级，均出现了"零频率"现象；建设发展子维度选文缺失。

表 70 《义务教育课程标准实验教科书 语文》思想道德素质

社会关爱—社会责任价值观内容统计分析表

价值观范畴	七年级			八年级			九年级			初中		
	频率	百分比（％）	排序	频率	百分比（％）	排序	频率	百分比（％）	排序	频率	百分比（％）	排序
社会追求	0	0.00	4	4	50.00	1	3	17.65	2	7	21.87	2
社会公德	1	14.29	2	0	0.00	4	0	0.00	4	1	3.13	4
奉献社会	1	14.29	2	1	12.50	3	1	5.88	3	3	9.38	3
社会现象	5	71.42	1	3	37.50	2	13	76.47	1	21	65.62	1
总频率	7	100.00		8	100.00		17	100.00		32	100.00	

　　社会关爱范畴社会责任维度选文数量和所占比例过小，仅占 6.43％。其中，社会现象子维度所占比例最大，达到 65.62％，远超过其他子维度频率之和；社会追求子维度居其次，占 21.87％；奉献社会子维度和社会公德子维度所占的比例最小，仅占 9.38％ 和 3.13％。在呈现方式上，社会现象子维度三个年级的选文数量呈"↘↗"状态，由"大—小—大"；社会追求子维度三个年级的选文数量呈"↗↘"状态，由"小—大—小"，且在七年级出现"零频率"现象；奉献社会子维度三个年级的选文数量基本呈"—"状态；社会公德子维度选文数量随年级升高逐渐下降(↘)，且在八、九年级出现"零频率"现象。

表 71 《义务教育课程标准实验教科书 语文》思想道德素质

社会关爱—生态意识价值观内容统计分析表

价值观范畴	七年级			八年级			九年级			初中		
	频率	百分比（％）	排序	频率	百分比（％）	排序	频率	百分比（％）	排序	频率	百分比（％）	排序
热爱自然	8	57.14	1	12	52.17	1	5	50.00	1	25	53.20	1
维护生态	0	0.00	4	6	26.09	2	2	20.00	3	8	17.02	3
节约资源	0	0.00	4	3	13.04	3	0	0.00	4	3	6.38	4
珍爱生命	5	35.72	2	2	8.70	4	3	30.00	2	10	21.28	2
天人合一	1	7.14	3	0	0.00	5	0	0.00	4	1	2.12	5

续表

价值观范畴	七年级			八年级			九年级			初中		
	频率	百分比（%）	排序	频率	百分比（%）	排序	频率	百分比（%）	排序	频率	百分比（%）	排序
总频率	14	100.00		23	100.00		10	100.00		47	100.00	

社会关爱范畴生态意识维度选文数量和所占比例较小，占 9.43%。其中，热爱自然子维度所占比例最大，占 53.20%，超过其他子维度频率之和；珍爱生命子维度和维护生态子维度居其次，分别为 21.18% 和 17.02%；节约资源子维度和天人合一子维度选文数量和所占比例过小，仅占 6.38% 和 2.12%。在呈现方式上，热爱自然子维度和维护生态子维度三个年级的选文数量呈"↗↘"状态，由"小—大—小"，且"维护生态"子维度在七年级出现"零频率"现象；珍爱生命子维度三个年级的选文数量呈"↘↗"状态，由"大—小—大"；节约资源子维度三个年级的选文数量呈"↗↘"状态，由"小—大—小"，且在七、九年级出现"零频率"现象。天人合一子维度，选文数量随年级升高逐渐下降（↘），且在八、九年级出现"零频率"现象。

表 72 《义务教育课程标准实验教科书 语文》思想道德素质
社会关爱—国际理解价值观内容统计分析表

价值观范畴	七年级			八年级			九年级			初中		
	频率	百分比（%）	排序	频率	百分比（%）	排序	频率	百分比（%）	排序	频率	百分比（%）	排序
了解世界	5	83.33	1	3	42.86	1	2	66.67	1	10	62.50	1
造福人类	0	0.00	3	1	14.28	3	0	0.00	3	1	6.25	3
追求和平	0	0.00	3	3	42.86	1	1	33.33	2	4	25.00	2
合作共赢	1	16.67	2	0	0.00	4	0	0.00	3	1	6.25	3
总频率	6	100.00		7	100.00		3	100.00		16	100.00	

社会关爱范畴国际理解维度选文数量和所占比例过小，占 3.21%。其中，了解世界子维度所占的比例最大，占 62.50%，明显超过其他子维度比重。追求和平子维度居其次，占 25.00%；造福人类子维度和合作共赢子维度所占比例最小，

仅占 6.25%。在呈现方式上，了解世界子维度，选文数量随年级升高逐渐下降（↘）；追求和平子维度三个年级的选文数量呈"↗↘"状态，由"小—大—小"，且在七年级出现"零频率"现象；造福人类子维度三个年级的选文数量呈"↗↘"状态，由"小—大—小"，且在七、九年级出现"零频率"现象；合作共赢子维度选文数量随年级升高逐渐下降（↘），且在八、九年级出现"零频率"现象。

2. 科学文化素质价值观内容分析

(1) 文化视野

①课程要求

"语文课程对继承和弘扬中华民族优秀文化传统和革命传统，增强民族文化认同感，增强民族凝聚力和创造力，具有不可替代的优势。"①"认识中华文化的丰厚博大，汲取民族文化智慧。关心当代文化生活，尊重多样文化，吸收人类优秀文化的营养，提高文化品位。"②

②教科书编写安排综述

"新编教科书按人与自我、人与自然、人与社会三大板块组织单元，符合语文反映生活的规律。在这三大板块的基础上，教科书分成若干个单元专题来编排，选编一组题材相似而体裁、写法、语言、风格各异的文章"③。其中，七年级分为亲情、成长、自然、人生、科学、想象、祖国、名人、艺术、探险、动物等主题；八年级分为战争、爱、建筑古迹、科学、山水、人生、自然、民俗等主题；九年级分为自然、自由、正义、亲情、爱情、成长、求知、爱国、思乡等主题。

③列表统计

表 73　《义务教育课程标准实验教科书 语文》选文时代范围统计分析表

时代	先秦	秦汉	魏晋南北朝	唐宋	元明清	近现代	当代	总计
篇数	20	3	13	28	20	59	68	211
百分比(%)	9.48	1.42	6.16	13.27	9.48	27.96	32.23	100.00

①　中华人民共和国教育部制定. 全日制义务教育语文课程标准(实验稿)[M]. 北京：北京师范大学出版社，2001：1.

②　中华人民共和国教育部制定. 全日制义务教育语文课程标准(实验稿)[M]. 北京：北京师范大学出版社，2001：6

③　温立三. 人教版义务教育课程标准试验教科书《语文》(七—九年级)介绍[J]. 中小学教材教学，2003(2)：7.

表 74 《义务教育课程标准实验教科书 语文》选文空间范围统计分析表

地 区	亚 洲				欧 洲							北美洲	总计
国家	中国	印度	日本	黎巴嫩	法国	德国	英国	奥地利	丹麦	俄罗斯（俄国、苏联）	希腊	美国	
篇数	167	1	1	2	8	1	4	2	3	6	2	14	211
百分比（%）	79.15	0.47	0.47	0.95	3.79	0.47	1.90	0.95	1.42	2.84	0.95	6.64	100.00

④评价

这套教科书在文化视野方面，基本达成新课标中"继承和弘扬中华民族优秀文化传统""关心当代文化生活"等目标和要求，但由于本国少数民族文化和世界其他国家优秀文化的选文过少，课标中"尊重多样文化""汲取民族文化智慧"方面等目标未能很好达成。

（2）语文知识

①课程要求

"认识 3500 个左右常用汉字，背诵优秀诗文 240 篇（段）。"[1]"在阅读中了解叙述、描写、说明、议论、抒情等表达方式。了解诗歌、散文、小说、戏剧等文学样式。"[2]"随文学习基本的词汇、语法知识，用来帮助理解课文中的语言难点，了解课文涉及的重要作家作品知识和文化常识。"[3]

②教科书编写安排综述

这套课本在语文知识安排上，"涉及语音、文字、词汇、语法、修辞、文体、文学等丰富的知识内容，在教学中应根据语文运用的实际需要，从所遇到的具体语言实例出发进行指导和点拨。"各种知识短文都按照本身的系统进行安排，力求集中可以自成系统，分散可以同课文配合。

---

[1]　中华人民共和国教育部制定. 全日制义务教育语文课程标准（实验稿）[M]. 北京：北京师范大学出版社，2001：7.

[2]　中华人民共和国教育部制定. 全日制义务教育语文课程标准（实验稿）[M]. 北京：北京师范大学出版社，2001：15.

[3]　中华人民共和国教育部制定. 全日制义务教育语文课程标准（实验稿）[M]. 北京：北京师范大学出版社，2001：17.

③列表统计

表 75　《义务教育课程标准实验教科书 语文》语文知识安排表

	字词句篇知识	逻辑知识	读写基本知识	附录
七年级上册	词义和语境；词语的感情色彩	比喻；比拟；夸张	从生活中学习写作；说真话抒真情；文从字顺、突出中心、条理清楚；发挥联想和想象	写好硬笔行楷字
七年级下册		表达自己的看法	朗读的好处；叙事要完整；要读出感情；适当的抒情方式；写人要抓住特点；朗读要注意重音；学习快读；勤于修改；描写要生动	临摹、欣赏颜体书法；汉语词类表（实词）
八年级上册		说话要连贯；养成良好的听话态度和习惯	学习猜读；学习阅读记叙文、说明文；学习写消息；关注记叙中的议论和抒情；叙事要详略得当；注意说明文的科学性；说明要抓住特征；使用恰当的说明方法；学习扩写、缩写、改写、续写；学习浏览、扩展阅读	欣赏王羲之书法；汉语词类表（虚词）

续表

	字词句篇知识	逻辑知识	读写基本知识	附录
八年级下册	主谓句和非主谓句； 句子成分； 句子的主干； 长短句的分析； 学会复述	说话要简洁； 说话要讲究方式	记叙的线索； 借物抒情； 合理安排说明的顺序； 怎样精读； 记叙中的描写和抒情； 学会写书信、游记	对联知识； 欣赏唐人草书； 短语结构类型表； 句子成分简表； 标点符号用法
九年级上册	因果类复句； 非因果类复句； 分析多重复句； 关联词语		写诗歌、演讲稿、故事、读后感； 议论文的阅读； 扩写和缩写； 续写和改写	怎样读诗； 谈谈小说； 复句常用关联词语一览表； 常用修辞格简表
九年级下册	句子结构； 句子成分搭配； 语序要合理； 句式要单一	表达要合事理		谈谈散文； 谈谈戏剧文学

④评价

这套教科书在语文知识方面，根据语文教学与运用中的实际需要，从语音、文字、词汇、语法、修辞、文体、文学等方面进行归类，很好达成了新课标的要求，为学生学习语文知识提供了方便。

(3)语文能力

①课程要求

"能熟练使用字典、词典独立识字，会用多种检字方法。""学写规范、通行的行楷字，提高书写的速度。临摹名家书法，体会书法的审美价值。""能用普通话正确、流利、有感情地朗读。养成默读习惯，有一定速度，阅读一般的现代文每分钟不少于500字。""在阅读中了解叙述、描写、说明、议论、抒情等表达方式。了解诗歌、散文、小说、戏剧等文学样式。阅读简单的议论文，区分观点与资料，发现观点与材料之间的联系。诵读古代诗词，阅读浅易文言文，能够借助注释和工具书理解基本内容"。"注重写作过程中的收集素材、构思立意、列纲起草、修改加工等环节。能从文章中提取主要信息，进行缩写；能根据文章的内在联系和自己的合理想象，进行扩写、续写；能变换文章的文体或表达方式等，进行改写。""能根据对方的话语、表情、手势等，理解对方的观点和意图。能自信、负责地表达自己的观点，做到清楚、连贯、不偏离话题。在交流过程中，注意根据需要调整自己的表达内容和方式，不断提高应对能力。"①

②教科书编写安排综述

编者对各年级的教学要求做了细化，形成从识字与写字、阅读能力、写作能力、口语交际能力、综合性学习能力的完整语文教学体系。具体内容参见下表。

③列表说明

表 76　《义务教育课程标准实验教科书 语文》各册读写能力教学要求

七年级上册	一、在使用硬笔熟练地书写正楷字的基础上，学会规范、通行的行楷字，提高书写的速度。二、正确流畅地朗读课文，学会默读、快速阅读的方法。初步了解记叙、说明、议论等常用的表达方式，主要领会记叙的性质和要素；揣摩和品味富有特色的语言。接触到比喻、比拟、夸张等修辞手法。开始学习文言文。了解一些文言实词、虚词。三、着重培养记叙能力。学会从生活中发现写作素材，要说真话、抒真情，做到文从字顺、突出中心、条理清楚，发挥联想和想象作用
七年级下册	一、临摹、欣赏颜体书法，练习毛笔字。二、整体把握课文内容，继续练习快速阅读的方法。体味文中的情感；揣摩精彩段落和关键词句，学习语言运用的技巧；继续学习文言文，学习文言实词、虚词和文言句式。三、继续着重培养记叙能力，写记叙文要用适当的抒情方式，叙事要完整，描写要生动，写人要抓住特点
八年级上册	一、欣赏王羲之书法，练习毛笔字。二、熟读课文，了解叙述、描写等表达方式。学会猜读，学习浏览、扩展阅读。了解常用的说明方法，体会说明文准确、周密的语言。注意说明的顺序和方法；学会默读，有一定的速度。积累一些常用的文言词语，初步理解古今词义的变化；能借助注释和工具书，整体感知古代诗文的内容大意。三、继续培养记叙能力，开始培养说明能力；学习写消息，学习扩写、缩写、改写、续写
八年级下册	一、欣赏唐人草书，练习毛笔字。二、继续了解叙事性作品的文体特征，加强朗读，注意课文中的联想与想象。了解古人写景、叙事、议论的艺术，体会语言的妙用；积累常见的文言词语，品味古诗文名句的思想感情，初步理解古今词义的变化。三、要求掌握说明事物的要点和方法。合理安排说明的顺序，掌握记叙中的描写和抒情，学会写书信、游记。四、继续了解一些语法、修辞、逻辑知识

①　中华人民共和国教育部制定. 全日制义务教育语文课程标准（实验稿）[M]. 北京：北京师范大学出版社，2001：14-17.

续表

九年级上册	一、继续临摹名家书法和正楷字练习，提高书写速度。二、在反复诵读基础上，感受诗歌中的自然美景，品味含蓄、精练、优美的诗歌语言。积累文言词语，培养良好的文言语感；进一步丰富词汇，提高用词造句的能力，进一步了解一些语法、修辞、逻辑知识。三、继续培养记叙能力，学习和掌握在记叙中运用议论、抒情的方法和写人、写景、布局谋篇的一些方法。学会写诗歌、演讲稿、故事、读后感；学会扩写和缩写、续写和改写。四、体会口语和书面语的差异，品味不同场合、不同背景下口语运用的技巧
九年级下册	一、积累认识常用字 3500 个左右，体会书法的审美价值。二、反复朗读课文，体会诗人表达的思想感情，欣赏凝练的诗歌语言；学会欣赏人物形象，把握人物的性格特点；学会欣赏散文，主要通过反复朗读，认真品味其中的情思和意蕴；注意戏剧冲突中的不同人物性格；联系学过的文言诗文，对一些常用的文言词语的意义和用法进行梳理和区分。继续学习和掌握一些文言实词和虚词，初步掌握一些文言句式的特点，学习使用工具书了解一些文言词义。三、继续培养记叙能力，进一步学习和掌握写人、记事、写景、抒情的一些方法。要求表达要合事理。四、进一步丰富词汇，提高用词造句能力，进一步了解一些语法、修辞、逻辑知识

④评价

这套教科书在语文能力方面，从听、说、读、写、用五个层面对各年级的教学要求做了细化，很好达成了新课标的要求，对学生全面提高语文学习能力提出了更高、更可行的目标。

(4)学习发展

①课程要求

"体会书法的审美价值。""对课文的内容和表达有自己的心得，能提出自己的看法，并能运用合作的方式，共同探讨、分析、解决疑难问题。""欣赏文学作品，有自己的情感体验，初步领悟作品的内涵，从中获得对自然、社会、人生的有益启示。对作品中感人的情境和形象，能说出自己的体验；品味作品中富于表现力的语言。""能与他人交流写作心得，互相评改作文，以分享感受，沟通见解。""能听出谈论的焦点，并能有针对性地发表意见。"①

②教科书编写安排综述

编者主要从学会学习、勇于探究、创新发展三方面，对课本中各年级内容

① 中华人民共和国教育部制定. 全日制义务教育语文课程标准(实验稿)[M]. 北京：北京师范大学出版社，2001：14-17.

做了细化。具体内容参见下表。

③列表说明

表77　《义务教育课程标准实验教科书 语文》学习发展内容安排表

	学会学习	勇于探究	创新发展	备注
七年级上册	《王几何》《〈论语〉十二章》《河中石兽》	《〈论语〉十二章》《走一步，再走一步》	《咏雪》	
七年级下册	《伤仲永》	《竹影》		
八年级上册		《大自然的语言》		
八年级下册	《送东阳马生序》			
九年级上册	《应有格物致知精神》《谈读书》《不求甚解》	《事物的正确答案不止一个》《应有格物致知精神》《不求甚解》	《事物的正确答案不止一个》	
九年级下册				

④评价

这套教科书在学习发展方面的选文数量不多，基本达成了新课标中学会学习和勇于探究方面的要求和目标，但未能很好达成创新发展方面的要求。建议适当提高学习发展尤其是创新发展方面的选文数量和比例，多增加符合本阶段学生学习发展心理、适应时代发展的文本内容。

(三)《普通高中课程标准实验教科书 语文(必修)》价值观内容分析

1. 思想道德素质价值观内容分析

①人格修养

▲品德操守

Ⅰ. 持正重义

持正重义指的是做人坚强正直，坚持真理正义。具体选文：《烛之武退秦师》《荆轲刺秦王》《鸿门宴》《记念刘和珍君》《奥斯维辛没有什么新闻》《就任北京大学校长之演说》《我有一个梦想》《在马克思墓前的讲话》《老人与海》《窦娥冤》

《哈姆莱特》《廉颇蔺相如列传》《苏武传》《张衡传》《林教头风雪山神庙》。

Ⅱ．孝敬谦恭

孝敬谦恭指的是孝顺父母，尊敬师长。具体选文：《大堰河——我的保姆》《孔雀东南飞》《师说》《陈情表》。

Ⅲ．仁爱友善

仁爱友善指的是待人和善，亲近慈爱。具体选文：《大堰河——我的保姆》《廉颇蔺相如列传》《边城》。

Ⅳ．诚实守信

诚实守信指的是为人真诚，遵守信约。具体选文：《就任北京大学校长之演说》。

▲心理品质

Ⅰ．自信自爱

自信自爱指的是相信自我，善待自己。具体选文：《沁园春·长沙》《雨巷》。

Ⅱ．追求理想

追求理想指的是探索梦想，寻找希望。具体选文：《沁园春·长沙》《飞向太空的航程》《离骚》《短歌行》《归园田居（其一）》《兰亭集序》《赤壁赋》《就任北京大学校长之演说》《我有一个梦想》《在马克思墓前的讲话》《老人与海》《蜀道难》《咏怀古迹（其三）》《登高》《琵琶行》《锦瑟》《寡人之于国也》《过秦论》《一名物理学家的教育历程》《望海潮》《念奴娇》《定风波》《水龙吟·登建康赏心亭》《永遇乐·京口北固亭怀古》《人是一根能思想的苇草》《张衡传》《归去来兮辞》《滕王阁序》《逍遥游》。

Ⅲ．坚韧乐观

坚韧乐观指的是坚定信念、积极向上。具体选文：《鸿门宴》《老人与海》《劝学》《一名物理学家的教育历程》《廉颇蔺相如列传》《苏武传》《林教头风雪山神庙》。

Ⅳ．明理力行

明理力行指的是机智善辩，敏思践行。具体选文：《烛之武退秦师》《记梁任公先生的一次演讲》《游褒禅山记》《就任北京大学校长之演说》《我有一个梦想》《劝学》《师说》《热爱自由》《人是一根能思想的苇草》《信条》《咬文嚼字》。

Ⅴ．情感态度

情感态度指的是思想感情和生活态度。具体选文：《雨巷》《再别康桥》《大堰河——我的保姆》《荆轲刺秦王》《鸿门宴》《记念刘和珍君》《小狗包弟》《记梁任公先生的一次演讲》《别了，不列颠利亚》《奥斯维辛没有什么新闻》《包身工》《飞向太空的航程》《荷塘月色》《故都的秋》《囚绿记》《氓》《采薇》《离骚》《孔雀东南飞》《涉江采芙蓉》《短歌行》《归园田居（其一）》《兰亭集序》《赤壁赋》《游褒禅山记》《在马克思墓前的讲话》《林黛玉进贾府》《祝福》《老人与海》《蜀道难》《秋兴八首（其一）》《咏怀古迹（其三）》《登高》《琵琶行》《锦瑟》《马嵬（其二）》《过秦论》《师说》《窦娥冤》《雷雨》《哈姆莱特》《望海潮》《雨霖铃》《念奴娇·赤壁怀古》《定风波》《水龙吟·登建康赏心亭》《永遇乐·京口北固亭怀古》《醉花阴》《声声慢》《拿来主义》《父母与孩子之间的爱》《廉颇蔺相如列传》《苏武传》《张衡传》《林教头风雪山神庙》《装在套子里的人》《边城》《归去来兮辞》《滕王阁序》《逍遥游》《陈情表》《谈中国诗》《中国建筑的特征》。

②家国情怀

▲家人亲情

Ⅰ. 家庭关怀

家庭关怀指的是家人之间的相互关爱之情。具体选文：《大堰河——我的保姆》《氓》《孔雀东南飞》《林黛玉进贾府》《锦瑟》《马嵬》《窦娥冤》《雷雨》《哈姆莱特》《醉花阴》《声声慢》《父母与孩子之间的爱》《边城》《陈情表》。

Ⅱ. 亲友互爱

亲友互爱指的是亲友之间的相互关爱之情。具体选文：《兰亭集序》《蜀道难》《边城》。

Ⅲ. 家乡情谊

家乡情谊指的是对家乡故土的深情。具体选文：《采薇》《涉江采芙蓉》《秋兴八首（其一）》。

▲国家情感

Ⅰ. 国家情怀

国家情怀指的是对国家的认同，以及民族自豪感和爱国情怀。具体选文：《沁园春·长沙》《荆轲刺秦王》《别了，不列颠利亚》《飞向太空的航程》《故都的秋》《囚绿记》《采薇》《离骚》《短歌行》《水龙吟》《永遇乐·京口北固亭怀古》《醉花阴》《声声慢》《拿来主义》《廉颇蔺相如列传》《苏武传》《谈中国诗》。

Ⅱ. 民族精神

民族精神指的是热爱祖国、爱好和平、勤劳勇敢、自强不息的精神品质。

具体选文：《沁园春·长沙》《记念刘和珍君》《别了，不列颠利亚》《飞向太空的航程》《囚绿记》《拿来主义》《陈情表》。

Ⅲ．民族互存

民族互存指的是各民族之间相互平等、相互团结，共同发展。具体选文：《我有一个梦想》。

Ⅳ．政治认同

政治认同指的是热爱中国共产党。具体选文：《别了，不列颠利亚》。

Ⅴ．革命精神

革命精神指的是敢于斗争、勇敢反抗的品质。具体选文：《沁园春·长沙》《记念刘和珍君》。

Ⅵ．建设发展

建设发展指的是新社会的建设和发展。具体选文：《飞向太空的航程》《寡人之于国也》。

③社会关爱

▲社会责任

Ⅰ．社会追求

社会追求指的是对"自由、平等、公正、法治"社会的追求。具体选文：《我有一个梦想》《祝福》《寡人之于国也》《热爱自由》《信条》《边城》。

Ⅱ．社会公德

社会公德指的是文明礼貌、乐于助人、爱护环境、遵纪守法等品质。具体选文：《师说》。

Ⅳ．社会现象

社会现象指的是反映社会的状态或变化，以及人与人的关系。具体选文：《小狗包弟》《包身工》《氓》《孔雀东南飞》《祝福》《琵琶行》《窦娥冤》《雷雨》《哈姆莱特》《林教头风雪山神庙》《装在套子里的人》《边城》。

▲生态意识

Ⅰ．热爱自然

热爱自然指的是对自然风光、自然生活的热爱之情。具体选文：《荷塘月色》《故都的秋》《囚绿记》《归园田居（其一）》《兰亭集序》《赤壁赋》《游褒禅山记》《动物游戏之谜》《滕王阁序》。

Ⅱ．珍爱生命

珍爱生命指的是对生命的热爱、歌颂。具体选文：《小狗包弟》《奥斯维辛没有什么新闻》。

Ⅲ．天人合一

天人合一指的是人与自然的和谐发展。具体选文：《逍遥游》。

▲国际理解

Ⅰ．了解世界

了解世界指的是对世界的了解和认识。具体选文：《我有一个梦想》《在马克思墓前的讲话》《动物游戏之谜》《宇宙的边疆》《拿来主义》《作为生物的社会》《宇宙的未来》。

Ⅱ．造福人类

造福人类指的是为人类社会造福。具体选文：《宇宙的边疆》。

Ⅲ．追求和平

追求和平指的是对和平生活的美好追求和向往。具体选文：《奥斯维辛没有什么新闻》《采薇》。

(2)思想道德素质价值观内容频率分析

①价值观内容范畴总体统计分析

表78　《普通高中课程标准实验教科书 语文(必修)》
思想道德素质价值观内容范畴总体统计分析表

价值观范畴	必修一			必修二			必修三			必修四			必修五			高中		
	频率	百分比(%)	排序	频率	百分比(%)	排序	频率	百分比(%)	排序	频率	百分比(%)	排序	频率	百分比(%)	排序	频率	百分比(%)	排序
人格修养	26	59.09	1	30	54.55	1	28	65.12	1	34	62.96	1	17	56.67	1	135	59.73	1
家国情怀	13	29.56	2	12	21.82	2	6	13.95	3	14	25.93	2	5	16.66	3	50	22.13	2
社会关爱	5	11.35	3	13	23.63	3	9	20.93	2	6	11.11	3	8	26.67	2	41	18.14	3
总频率	44	100.00		55	100.00		43	100.00		54	100.00		30	100.00		226	100.00	

从表中不难发现，思想道德素质价值观内容的范畴分布比较全面，每个范畴都占有一定比例。总体分布上，频率分布由高到低依次为人格修养范畴、家国情怀范畴和社会关爱范畴。其中，人格修养范畴所占比例最大，不论是在总数上还是在各年级分布上都远超过其他范畴，建议适当减少这一部分比重至30％左右；家国情怀范畴和社会关爱范畴选文数量和比例相对较适中，建议可以适当增加这两部分比重至30％左右。

②价值观内容范畴统计分析

表 79 《普通高中课程标准实验教科书 语文(必修)》
思想道德素质价值观内容范畴统计分析表

价值观范畴		必修一			必修二			必修三			必修四			必修五			高中		
		频率	百分比(％)	排序	频率	百分比(％)	排序	频率	百分比(％)	排序	频率	百分比(％)	排序	频率	百分比(％)	排序	频率	百分比(％)	排序
人格修养	品德操守	7	15.91	3	5	9.10	4	2	4.65	5	6	11.11	3	3	10.00	3	23	10.18	3
	心理品质	19	43.18	1	25	45.44	1	26	60.47	1	28	51.85	1	14	46.66	1	112	49.56	1
家国情怀	家人亲情	1	2.27	6	5	9.10	4	5	11.63	2	6	11.11	3	3	10.00	3	20	8.85	4
	国家情感	12	27.27	2	7	12.73	2	1	2.32	6	8	14.81	2	2	6.67	5	30	13.27	2
社会关爱	社会责任	2	4.55	4	3	5.45	5	5	11.63	2	5	9.26	5	4	13.33	2	19	8.41	5
	生态意识	2	4.55	4	7	12.73	2	1	2.32	6	0	0.00	7	2	6.67	5	12	5.31	6
	国际理解	1	2.27	6	3	5.45	6	3	6.98	4	1	1.86	6	2	6.67	5	10	4.42	7
总频率		44	100.00		55	100.00		43	100.00		54	100.00		30	100.00		226	100.00	

根据语文教科书内容价值观内容各维度及其子维度的比重应达到10％～

30％为宜的建议，结合上表不难发现，这套教科书思想道德素质层面，家国情怀范畴和社会关爱范畴选文数量和所占比例较合理，但其中家人亲情维度、社会责任维度、生态意识维度和国际理解维度的比重过小，远低于10％，宜增加这些维度的选文。人格修养范畴所占比重略高，尤以心理品质维度最大，达49.56％，宜减少至25％～30％。

③价值观内容范畴分类统计分析

表80　《普通高中课程标准实验教科书 语文（必修）》
思想道德素质人格修养—品德操守价值观内容统计分析表

价值观范畴	必修一			必修二			必修三			必修四			必修五			高中		
	频率	百分比（％）	排序	频率	百分比（％）	排序	频率	百分比（％）	排序	频率	百分比（％）	排序	频率	百分比（％）	排序	频率	百分比（％）	排序
持正重义	5	71.42	1	3	60.00	1	1	50.00	1	5	83.33	1	1	33.33	1	15	65.22	1
孝敬谦恭	1	14.29	2	1	20.00	2	1	50.00	1	0	0.00	3	1	33.33	1	4	17.39	2
仁爱友善	1	14.29	2	0	0.00	4	0	0.00	3	1	16.67	2	1	33.33	1	3	13.04	3
诚实守信	0	0.00	4	1	20.00	2	0	0.00	3	0	0.00	3	0	0.00	0	1	4.35	4
总频率	7	100.00		5	100.00		2	100.00		6	100.00		3	100.00		23	100.00	

人格修养范畴品德操守维度选文数量和所占比例较小，占10.18％。其中，持正重义子维度所占比例较大，达65.22％，远超过其他子维度频率之和；孝敬谦恭子维度和仁爱友善子维度所占比例居其次；诚实守信子维度所占比例较小，仅占4.35％。在呈现方式上，持正重义子维度，频率分布呈"↘↗↘"状态，由"大—小—大—小"；孝敬谦恭子维度频率分布呈"—"状态；仁爱友善子维度选文频率分布呈"↘—↗—"状态，由"大—小—大"，且在必修二和必修三中出现"零频率"现象；诚实守信子维度频率分布呈"↗↘"状态，由"小—大—小"，且在必修一、必修三、必修四和必修五中出现了"零频率"现象。

表 81 《普通高中课程标准实验教科书 语文(必修)》
思想道德素质人格修养—心理品质价值观内容统计分析表

价值观范畴	必修一			必修二			必修三			必修四			必修五			高中		
	频率	百分比(%)	排序	频率	百分比(%)	排序	频率	百分比(%)	排序	频率	百分比(%)	排序	频率	百分比(%)	排序	频率	百分比(%)	排序
自信自爱	2	10.53	2	0	0.00	4	0	0.00	5	0	0.00	5	0	0.00	5	2	1.78	5
追求理想	2	10.53	2	8	32.00	2	9	34.62	2	7	25.00	2	3	21.43	2	29	25.90	2
坚韧乐观	1	5.26	5	0	0.00	4	3	11.54	3	2	7.14	4	1	7.14	3	7	6.25	4
善于交往	0	0.00	6	0	0.00	4	0	0.00	5	0	0.00	5	0	0.00	5	0	0.00	6
明理力行	2	10.53	2	3	12.00	3	2	7.69	4	3	10.71	3	1	7.14	3	11	9.82	3
情感态度	12	63.15	1	14	56.00	1	12	46.15	1	16	57.15	1	9	64.29	1	63	56.25	1
总频率	19	100.00		25	100.00		26	100.00		28	100.00		14	100.00		112	100.00	

人格修养范畴心理品质维度选文数量和所占比例较大，占 49.56％。其中，情感态度子维度频率分布超过 50％，也超过其他子维度频率之和。追求理想子维度居其次，占 25.90％；明理力行、坚韧乐观和自信自爱子维度选文数量和所占比例较小，仅占 9.82％、6.25％和 1.78％，远低于前二者；善于交往子维度频率分布为 0。在呈现方式上，情感态度子维度频率分布呈"↗↘↗↘"状态，由"小—大—小—大—小"；追求理想子维度频率分布呈"↗↘"状态，由"小—大—小"；明理力行子维度频率分布呈"↗↘↗↘"状态，由"小—大—小—大—小"；坚韧乐观子维度频率分布上呈"↘↗↘"状态，由"大—小—大—小"；且在必修二中出现"零频率"现象；自信自爱子维度频率分布呈(↘)状态，且在必修二、必修三、必修四和必修五中出现"零频率"现象；善于交往子维度选文缺失。

表 82 《普通高中课程标准实验教科书 语文(必修)》

思想道德素质家国情怀—家人亲情价值观内容统计分析表

价值观范畴	必修一			必修二			必修三			必修四			必修五			高中		
	频率	百分比(%)	排序	频率	百分比(%)	排序	频率	百分比(%)	排序	频率	百分比(%)	排序	频率	百分比(%)	排序	频率	百分比(%)	排序
家庭关怀	1	100.00	1	2	40.00	1	3	60.00	1	6	100.00	1	2	66.67	1	14	70.00	1
亲友互爱	0	0.00	2	1	20.00	3	1	20.00	2	0	0.00	2	1	33.33	2	3	15.00	2
家乡情谊	0	0.00	2	2	40.00	1	1	20.00	2	0	0.00	2	0	0.00	3	3	15.00	2
总频率	1	100.00		5	100.00		5	100.00		6	100.00		3	100.00		20	100.00	

　　家国情怀范畴家人亲情维度选文数量和所占比例较小,占8.85%。其中,家庭关怀子维度所占的比例最大,达70.00%,远超其他两范畴之和;家乡情谊子维度和亲友互爱子维度,所占比例均占15.00%。在呈现方式上,家庭关怀子维度频率分布呈"↗↘"状态,由"小—大—小";家乡情谊子维度频率分布呈"↗↘"状态,由"小—大—小",且在必修一、必修四和必修五中出现"零频率"现象;亲友互爱子维度频率分布呈"↗—↘↗"状态,由"小—大—小—大",且在必修一、必修四中出现"零频率"现象。

表 83 《普通高中课程标准实验教科书 语文(必修)》

思想道德素质家国情怀—国家情感价值观内容统计分析表

价值观范畴	必修一			必修二			必修三			必修四			必修五			高中		
	频率	百分比(%)	排序	频率	百分比(%)	排序	频率	百分比(%)	排序	频率	百分比(%)	排序	频率	百分比(%)	排序	频率	百分比(%)	排序
国家情怀	4	33.33	1	5	71.44	1	0	0.00	2	7	87.50	1	1	50.00	1	17	56.67	1

续表

价值观范畴	必修一			必修二			必修三			必修四			必修五			高中		
	频率	百分比（%）	排序	频率	百分比（%）	排序	频率	百分比（%）	排序	频率	百分比（%）	排序	频率	百分比（%）	排序	频率	百分比（%）	排序
民族精神	4	33.33	1	1	14.28	2	0	0.00	2	1	12.50	2	1	50.00	1	7	23.33	2
民族互存	0	0.00	6	1	14.28	2	0	0.00	2	0	0.00	3	0	0.00	3	1	3.33	5
政治认同	1	8.33	4	0	0.00	4	0	0.00	2	0	0.00	3	0	0.00	3	1	3.33	5
革命精神	2	16.68	3	0	0.00	4	0	0.00	2	0	0.00	3	0	0.00	3	2	6.67	3
建设发展	1	8.33	4	0	0.00	4	1	100.00	1	0	0.00	3	0	0.00	3	2	6.67	3
总频率	12	100.00		7	100.00		1	100.00		8	100.00		2	100.00		30	100.00	

家国情怀范畴国家情感维度选文数量和所占比例较适宜，占 13.27%。其中，国家情怀子维度所占比例最大，达 56.67%，超过其他范畴频率之和；民族精神子维度居其次，占 23.33%；革命精神、建设发展、政治认同和民族互存子维度选文数量和所占比例最小，仅占 6.67%、6.67%、3.33% 和 3.33%，低于 10%。在呈现方式上，国家情怀子维度频率分布呈"↗↘↗↘"状态，由"小—大—小—大—小"，且在必修三中出现"零频率"现象；民族精神子维度频率分布呈"↘↗—"状态，由"大—小—大"，且在必修三中出现"零频率"现象；革命精神子维度频率分布呈"↘"状态，且在必修二、必修三、必修四和必修五中出现"零频率"现象；建设发展子维度频率分布呈"↘↗↘"状态，由"大—小—大—小"，且在必修二、必修四和必修五中出现"零频率"现象；政治认同子维度频率分布呈"↘"状态，且在必修二、必修三、必修四和必修五中出现"零频率"现象；民族互存子维度频度分布呈"↗↘"状态，由"小—大—小"，且在必修一、必修三、必修四和必修五中出现"零频率"现象。

表 84　《普通高中课程标准实验教科书 语文(必修)》

思想道德素质社会关爱—社会责任价值观内容统计分析表

价值观范畴	必修一			必修二			必修三			必修四			必修五			高中		
	频率	百分比(%)	排序	频率	百分比(%)	排序	频率	百分比(%)	排序	频率	百分比(%)	排序	频率	百分比(%)	排序	频率	百分比(%)	排序
社会追求	0	0.00	2	1	33.33	2	2	40.00	1	2	40.00	2	1	25.00	2	6	31.58	2
社会公德	0	0.00	2	0	0.00	3	1	20.00	3	0	0.00	3	0	0.00	3	1	5.26	3
奉献社会	0	0.00		0	0.00	3	0	0.00	4	0	0.00	3	0	0.00	3	0	0.00	4
社会现象	2	100.00	1	2	66.67	1	2	40.00	1	3	60.00	1	3	75.00	1	12	63.16	1
总频率	2	100.00		3	100.00		5	100.00		5	100.00		4	100.00		19	100.00	

社会关爱范畴社会责任维度选文数量和所占比例过小，仅占 8.41%。其中，社会现象子维度所占比例最大，达 65.18%，远超过其他子维度频率之和；社会追求子维度居其次，占 31.58%；社会公德子维度所占比例最小，仅占 5.26%；奉献社会子维度频率分布为 0。在呈现方式上，社会现象子维度频率分布呈"—↗—↘"状态，由"小—大—小"；社会追求子维度频率分布呈"↗—↘"状态，由"小—大—小"，且在必修一中出现"零频率"现象；社会公德子维度频度分布呈"↗—↘"状态，由"小—大—小"，且在必修一、必修二、必修四和必修五中出现"零频率"现象；奉献社会子维度选文缺失。

表 85　《普通高中课程标准实验教科书 语文》(必修)

思想道德素质社会关爱—生态意识价值观内容统计分析表

价值观范畴	必修一			必修二			必修三			必修四			必修五			高中		
	频率	百分比(%)	排序	频率	百分比(%)	排序	频率	百分比(%)	排序	频率	百分比(%)	排序	频率	百分比(%)	排序	频率	百分比(%)	排序
热爱自然	0	0.00	2	7	100.00	1	1	100.00	1	0	0.00	—	1	50.00	1	9	75.00	1

续表

价值观范畴	必修一			必修二			必修三			必修四			必修五			高中		
	频率	百分比（%）	排序	频率	百分比（%）	排序	频率	百分比（%）	排序	频率	百分比（%）	排序	频率	百分比（%）	排序	频率	百分比（%）	排序
维护生态	0	0.00	2	0	0.00	2	0	0.00	2	0	0.00	—	0	0.00	3	0	0.00	4
节约资源	0	0.00	2	0	0.00	2	0	0.00	2	0	0.00	—	0	0.00	3	0	0.00	4
珍爱生命	2	100.00	1	0	0.00	2	0	0.00	2	0	0.00	—	0	0.00	3	2	16.67	2
天人合一	0	0.00	2	0	0.00	2	0	0.00	2	0	0.00	—	1	50.00	1	1	8.33	3
总频率	2	100.00		7	100.00		1	100.00		0	0.00		2	100.00		12	100.00	

社会关爱范畴生态意识维度选文数量和所占比例较小，占5.31%。其中，热爱自然子维度所占比例最大，占75.00%，超过其他子维度频率之和；珍爱生命子维度居其次，占16.67%；天人合一子维度选文数量和所占比例过小，仅占8.33%；维护生态和节约资源子维度频率分布均为0。在呈现方式上，热爱自然子维度频率分布呈"↗↘↗"状态，由"小—大—小—大"，且在必修一和必修四中出现"零频率"现象；珍爱生命子维度频率分布呈"↘"状态，且在必修二、必修三、必修四和必修五中出现"零频率"现象；天人合一子维度频率分布呈"↗"状态，且在必修一、必修二、必修三和必修四中出现"零频率"现象；维护生态子维度和节约资源子维度选文缺失。

表86 《普通高中课程标准实验教科书 语文》(必修)
思想道德素质社会关爱—国际理解价值观内容统计分析表

价值观范畴	必修一			必修二			必修三			必修四			必修五			高中		
	频率	百分比（%）	排序	频率	百分比（%）	排序	频率	百分比（%）	排序	频率	百分比（%）	排序	频率	百分比（%）	排序	频率	百分比（%）	排序
了解世界	0	0.00	2	2	66.67	1	2	66.67	1	1	100.00	1	2	100.00	1	7	70.00	1

续表

价值观范畴	必修一			必修二			必修三			必修四			必修五			高中		
	频率	百分比（%）	排序	频率	百分比（%）	排序	频率	百分比（%）	排序	频率	百分比（%）	排序	频率	百分比（%）	排序	频率	百分比（%）	排序
造福人类	0	0.00	2	0	0.00	3	1	33.33	2	0	0.00	2	0	0.00	2	1	10.00	3
追求和平	1	100.00	1	1	33.33	2	0	0.00	3	0	0.00	2	0	0.00	2	2	20.00	2
合作共赢	0	0.00	2	0	0.00	3	0	0.00	3	0	0.00	2	0	0.00	2	0	0.00	4
总频率	1	100.00		3	100.00		3	100.00		1	100.00		2	100.00		10	100.00	

社会关爱范畴国际理解维度选文数量和所占比例过小，占 4.42%。其中，了解世界子维度所占比例最大，占 7%，明显超过其他子维度比重之和。追求和平子维度居其次，占 20.00%；造福人类子维度所占比例仅为 10.00%；合作共赢子维度频率分布为 0。在呈现方式上，了解世界子维度频率分布呈"↗—↘↗"状态，由"小—大—小—大"，且在必修一中出现"零频率"现象；追求和平子维度频率分布呈"—↘"状态，由"大—小"，且在必修三、必修四和必修五中出现"零频率"现象；造福人类子维度频率分布呈"↗↗↘"状态，由"小—大—小"，且在必修一、必修二、必修四和必修五中出现"零频数"想象；"合作共赢"子维度选文缺失。

2. 科学文化素质价值观内容分析

（1）文化视野

①课程要求

"通过阅读和鉴赏，深化热爱祖国的感情，体会中华文化的博大精深、源远流长，陶冶性情，追求高尚情趣，提高道德修养。"①"增强文化意识，重视优秀文化遗产的继承，尊重和理解多元文化，关注当代文化生活，学习对文化现象的剖析，积极参与先进文化的传播和交流。"②"选读古今中外文化论著，拓宽文

① 中华人民共和国教育部制定. 普通高中语文课程标准(实验)[M]. 北京：人民教育出版社，2003：6.
② 中华人民共和国教育部制定. 普通高中语文课程标准(实验)[M]. 北京：人民教育出版社，2003：7.

化视野和思维空间，培养科学精神，提高文化修养。以发展的眼光和开放的心态看待传统文化和外来文化，关注当代文化生活，能通过多种途径，开展文化专题研讨。"①"教科书编写要重视继承和弘扬中华民族优秀文化，理解和尊重多元文化，要有助于学生增强民族自尊心和爱国情感，有助于梳理正确的世界观、人生观和价值观。"②

②教科书编写安排综述

这套课本在文化视野安排上，主要从人与自然的关系、人与社会的关系、人与自我的关系三大板块组织单元，符合生活与文化之间的规律。在新课标的指导下，选文内容更加贴近学生的现实生活，更加体现时代文化、民族文化和多元文化，为学生的发展奠定全面基础。

③列表统计

表87 《普通高中课程标准实验教科书 语文(必修)》选文时代范围统计分析表

时代	先秦	秦汉	魏晋南北朝	唐宋	元明清	近现代	当代	总计
篇数	8	5	7	19	6	20	13	78
百分比(%)	10.26	6.41	8.97	24.36	7.69	25.64	16.67	100.00

表88 《普通高中课程标准实验教科书 语文(必修)》选文空间范围统计分析表

地区	亚洲	欧洲			北美洲	
国家	中国	法国	英国	俄罗斯(俄国)	美国	
篇数	65	2	1	1	9	78
百分比(%)	83.33	2.56	1.29	1.29	11.54	100

④评价

这套教科书在文化视野方面，基本达成了新课标"体会中华文化的博大精深、源远流长，陶冶性情，追求高尚情趣，提高道德修养""关注当代文化生活，学习对文化现象的剖析"等目标和要求，但本国少数民族文化和世界上其他国家优秀文化的选文数量过少，课标中"尊重和理解多元文化"、"以发展的眼光和开放的心态看待外来文化"方面等目标未能很好达成。

---

① 中华人民共和国教育部制定. 普通高中语文课程标准(实验)[M]. 北京：人民教育出版社，2003：12.
② 中华人民共和国教育部制定. 普通高中语文课程标准(实验)[M]. 北京：人民教育出版社，2003：26.

(2)语文知识

①课程要求

"在阅读鉴赏中，了解诗歌、散文、小说、戏剧等文学体裁的基本特征及主要表现手法。了解作品所涉及的有关背景材料，用于分析和理解作品。"①"了解并梳理常见的文言实词、文言虚词、文言句式的意义或用法，注重在阅读实践中举一反三。诵读古代诗词和文言文，背诵一定数量的名篇。"②"学习古代诗词格律基础知识，了解相关的中国古代文化常识，丰富传统文化积累。学习鉴赏诗歌、散文的基本方法，初步把握中外诗歌、散文各自的艺术特性；学习鉴赏小说、戏剧的基本方法，初步把握中外小说、戏剧、各自的艺术特性；阅读新闻、通讯作品，了解其社会功用、体裁特点和构成要素。"③

②教科书编写安排综述

这套课本在语文知识安排上，"涉及文字、词语、语法、修辞、文体、文学、文化等丰富的知识内容，在教学中应根据语文运用的实际需要，从所遇到的具体语言实例出发进行指导和点拨"。各类知识内容都按照本身的系统进行安排，做到既可以自成系统，亦可以同课文配合。

③列表统计

表89 《普通高中课程标准实验教科书 语文(必修)》语文知识安排表

	字词句篇知识	逻辑知识	读写基本知识	附录
必修一	优美的汉字，新词新语与流行文化		写触动心灵的人和事， 记叙要选好角度， 写人要凸显个性， 写事要有点波澜， 朗诵	奇妙的对联

① 中华人民共和国教育部制定. 普通高中语文课程标准(实验)[M]. 北京：人民教育出版社，2003：8.

② 中华人民共和国教育部制定. 普通高中语文课程标准(实验)[M]. 北京：人民教育出版社，2003：8.

③ 中华人民共和国教育部制定. 普通高中语文课程标准(实验)[M]. 北京：人民教育出版社，2003：10-11.

续表

	字词句篇知识	逻辑知识	读写基本知识	附录
必修二	成语：中华文化的微观景观	修辞无处不在	写景要抓住特征，学习描写，学习抒情，学习虚构，演讲	姓氏源流与文化寻根
必修三	《红楼梦》贾府主要人物关系表，交际中的语言运用		金圣叹评点《过秦论》，韩愈论作文，学习选取立论的角度，学习选择和使用论据，学习论证，学习议论中的记叙，讨论，文学作品的个性化解读	汉语称谓语系统，语文学习的自我评价
必修四		逻辑和语文学习	学习横向展开议论，学习纵向展开议论，学习反驳，学习辩证分析，辩论	元杂剧的折、楔子和本，走进文学大师，影视文化
必修五	文言词语和句式		金圣叹评点《〈水浒〉：林教头风雪山神庙》，学习写得深刻，学习写得真实，学习写得有文采，作文要道，学习写得新颖，作文的三个阶段，访谈	古代文化常识，有趣的语言翻译

④评价

这套教科书在语文知识方面，根据语文教学与运用的实际需要，从语音、文字、词汇、语法、修辞、文体、文学等方面对语文知识进行归类，很好达成新课标的要求，也为学生全面学习语文知识提供了方便。

(3)语文能力

①课程要求

"发展独立阅读的能力。从整体上把握文本内容，理清思路，概括要点，理解文本所表达的思想、观点和感情。学习探究性阅读和创造性阅读，发展想象能力、思辨能力和批判能力。"[①]"增强人际交往能力，在口语交际中树立自信，尊重他人，说话文明，仪态大方，善于倾听，敏捷应对。"[②]"注意在生活和跨学科的学习中学语文、用语文，在学习和运用过程中提高语言文字应用能力。"[③]

②教科书编写安排综述

编者对各年级的教学要求进行细化，形成由阅读与鉴赏、表达与交流、语言文字应用、名著导读组成的完整语文教学体系。具体内容参见表90。

③列表统计

表90　《普通高中课程标准实验教科书 语文（必修）》各册读写能力教学要求

必修一	一、发展独立阅读的能力，灵活运用精读、略读、浏览、速读等阅读方法，提高阅读效率。二、从写作内容的角度训练记叙文写作，写触动心灵的人和事。记叙要选好角度，写人要凸显个性，写事要有点波澜。三、通过朗诵的方式，有效地培养语文语感，提高口语表达能力
必修二	一、整体把握课文内容，继续练习精读、略读、浏览、速读等阅读方法。二、从写作方法的角度进行记叙文的训练，写景要抓住特征，学习描写、抒情、虚构。三、通过演讲的方式交流思想，沟通情感，提高口语表达能力

① 中华人民共和国教育部制定. 普通高中语文课程标准（实验）[M]. 北京：人民教育出版社，2003：7-8.

② 中华人民共和国教育部制定. 普通高中语文课程标准（实验）[M]. 北京：人民教育出版社，2003：9.

③ 中华人民共和国教育部制定. 普通高中语文课程标准（实验）[M]. 北京：人民教育出版社，2003：12.

续表

必修三	一、学习浏览、扩展阅读。注重个性化阅读，学习探究性阅读和创造性阅读。阅读浅易文言文，能借助注释和工具书，理解词句含义，读懂文章内容。二、训练一般的议论文写作，学习选取立论的角度，学习选择和使用论据，学习论证、议论中的记叙。三、通过谈论的方式，加强认识，加深理解，提高口语表达能力
必修四	一、培养学习探究性阅读和创造性阅读，发展想象能力、思辨能力和批判能力。了解并梳理常见的文言实词、文言虚词、文言句式的意义或用法。二、继续训练议论文写作，学习横向、纵向展开议论，学习反驳、辩证分析。三、通过辩论的方式，积极应对和辩驳，提高口语表达能力。四、继续了解一些语法、修辞、逻辑知识
必修五	一、能阅读论述类、实用类、文学类等多种文本，灵活运用精读、略读、浏览、速读等阅读方法，全面提高语言运用能力。二、从写作的更高要求进行训练，学习写得深刻、真实、有文采、新颖。三、通过访谈的方式，了解情况，分析信息，提高口语表达能力

④评价

这套教科书在语文能力方面，通过阅读与鉴赏、表达与交流、语言文字应用、名著导读，全面提高学生听、说、读、写、用五个层面的语文能力，很好达成新课标的要求，对学生全面提高语文学习能力提出了更高、更可行的目标。

(4)学习发展

①课程要求

"学习多角度多层次地阅读，对优秀作品能够常读常新，获得新的体验和发现。"[1]"在主动积极的思维和情感活动中获得独特的感受和体验。能感受形象，品味语言，领悟作品的丰富内涵，体会其艺术表现力，有自己的情感体验和思考。注重合作学习，养成相互切磋的习惯。乐于与他人交流自己的阅读鉴赏心得，展示自己的读书效果。"[2]"在表达实践中发展形象思维和逻辑思维，发展创造性思维。"[3]"教科书内容的确定和教学方法的选择，都要有利于学生自

---

[1] 中华人民共和国教育部制定. 普通高中语文课程标准（实验）[M]. 北京：人民教育出版社，2003：7.

[2] 中华人民共和国教育部制定. 普通高中语文课程标准（实验）[M]. 北京：人民教育出版社，2003：9.

[3] 中华人民共和国教育部制定. 普通高中语文课程标准（实验）[M]. 北京：人民教育出版社，2003：9.

主、合作与探究的学习，掌握自学的方法，养成自学的习惯，不断提高独立学习和探究的能力。"①

②教科书编写安排综述

编者主要从学会学习、勇于探究、创新发展三方面对课本中各年级内容做了细化。具体内容参见表91。

③列表说明

表 91　《普通高中课程标准实验教科书 语文（必修）》学习发展内容安排表

	学会学习	勇于探究	创新发展	备注
必修一				
必修二				
必修三	《劝学》《师说》《一名物理学家的教育历程》	《劝学》《一名物理学家的教育历程》	《一名物理学家的教育历程》	
必修四		《人是一根有思想的苇草》	《信条》	
必修五	《咬文嚼字》	《咬文嚼字》		

④评价

这套教科书在学习发展方面选文数量不多，未能很好达成新课标学会学习、勇于探究和创新发展方面的要求和目标。建议适当提高这部分尤其是创新发展方面的选文数量和比例，多增加一些符合本阶段学生学习发展心理、适应时代特色的选文。

(四)语文教科书价值观内容的思考与讨论

1.《课纲》(《课标》)的教学目标价值观内容是否全面？

《全日制义务教育语文课程标准(实验稿)》的教学目标包括："发展个性，培养合作精神，逐步形成积极的人生态度和正确的价值观"；"培养爱国主义感情、

___
① 中华人民共和国教育部制定. 普通高中语文课程标准(实验)[M]. 北京：人民教育出版社，2003：26.

社会主义思想道德和健康的审美情趣"；"关心当代文化生活，尊重多样文化，吸取人类优秀文化的营养，提高文化品位"；"关注人类，关注自然，有助于学生树立正确的世界观、人生观、价值观"。《义务教育语文课程标准》（2011 年版）的教学目标包括："培养爱国主义、集体主义、社会主义思想道德和健康的审美情趣"；"发展个性，培养创新精神和合作精神"；"认识中华文化的丰厚博大，汲取民族文化智慧"；"关心当代文化生活，尊重多样文化"；"逐步养成实事求是、崇尚真知的科学态度"；"关注现实，关注人类，关注自然。"《普通高中语文课程标准（实验稿）》的教学目标包括："弘扬和培育民族精神"；"塑造热爱祖国和中华文明、献身人类进步事业的精神品格"；"学生积极参与实践活动，学习认识自然、认识社会、认识自我"；"继承和弘扬中华民族优秀文化，理解和尊重多元文化"；"形成健康美好的情感和奋发向上的人生态度"；"促进学生均衡而有个性地发展"。

综合这些价值观内容范畴，不难发现《课纲》《课标》在教学目标价值观内容上，除欠缺家人亲情范畴外，其余各范畴的价值观内容比较全面。

2. 所选教科书的价值观内容是否符合该时期政治、经济、文化、教育发展的要求？是否符合课纲、课标的目标和要求？是否符合学生的要求？

新时期的中国发生了巨变，政治上健全人民当家作主制度体系，加强民主政治建设；经济上加快转变发展方式，优化经济结构，增强综合国力；文化上强调坚定文化自信，推动文化繁荣兴盛；教育上加快教育事业改革和发展。这些改变体现于语文教科书在思想道德素质与科学文化素质两方面的选文中。总体来看，两套教科书都符合本时期政治、经济、文化、教育发展的要求，与社会发展需要相一致，对学生良好语文素养的养成具有推动作用。

从数据上看，两套教科书在思想道德素质方面人格修养范畴品德操守维度、心理品质维度和家国情怀范畴国家情感维度，符合新课标的教学目标和要求；但家国情怀范畴家人亲情维度，社会关爱范畴社会责任维度、生态意识维度和国际理解维度，未能很好达成新课标的教学目标和要求。在科学文化素质价值方面语文知识范畴和语文能力范畴达到新课标的教学目标和要求，但文化视野范畴和学习发展范畴未能很好达成新课标的目标和要求。

3. 所选教科书各范畴取向的量与比重是否合理？价值观内容的呈现方式是否合理？

综合国内外课程纲要（大纲），结合我国社会发展现实、政治需要和语文课程标准（大纲）的实际要求，语文教科书价值观内容各（子）维度的比重达到 10％～30％为宜。基于此，这两套教科书思想道德素质方面，家国情怀和社会关爱范畴选文的总体数量和比重合理，人格修养范畴选文数量宜减少至 30％左右。人格修养范畴品德操守维度选文数量和比重合理，心理品质维度选文数量宜减少至 30％左右；家国情怀范畴国家情感维度选文数量和比重合理，家人亲情维度选文数量宜增加至 10％；社会关爱范畴社会责任、生态意识和国际理解维度选文数量宜增多，比例宜增加至 10％。科学文化素质方面，在强化语文知识、语文能力范畴的同时，宜增强对文化视野和学习发展范畴的重视。

教科书价值观内容的呈现方式应符合实际需要，更应考虑到学生认知心理发展水平。其中，思想道德素质方面的人格修养和家国情怀范畴选文数量需要随年级升高而递减，而社会关爱范畴选文数量需要随年级升高而递增。同时，语文教科书在选编过程中还要考虑工具性与人文性的统一。这两套语文教科书在科学文化素质方面语文知识范畴和语文能力范畴的目标达成较好；而文化视野和学习发展范畴目标和内容都未能很好达到新课标的要求。

4. 所选教科书价值观内容的主要特点

这两套教科书在思想道德素质方面都十分重视个体、国家和社会层面。首先，这两套教科书都重视个体，特别是个体心理品质的反应，尊重个人情感态度子维度的表达，亦强调对追求理想子维度的重视；其次，这两套教科书都强化了对国家的情感，特别是对国家情怀和民族精神子维度的关注和理解，帮助学生树立正确的国家观念和民族意识，热爱自己的祖国、民族；最后，这两套教科书都强调对社会的关注，特别是对社会追求和社会现象子维度的重视，帮助学生树立正确社会观、价值观和人生观。在科学文化素质方面，这两套教科书都重视语文知识、语文能力的培养，构建系统、完整的语文教学体系和目标，帮助学生更好学习文字、词汇、语法、文体、文学等丰富的语文知识，以期全面提升学生听、说、读、写、用五个方面能力和水平。此外，这两套教科书重视文化视野范畴，选取不少国内外优秀文化作品，提升语文教科书价值观内容的多元性。

5. 所选教科书价值观内容存在的问题

这两套教科书在思想道德素质方面，首先，在强调个体心理品质维度的同时，品德操守维度受到削弱，对诸如诚实守信等中华传统美德的重视不足；其次，在强化国家情感维度的同时，家人亲情维度受到削弱。对孝敬父母、善待家人、尊敬长辈和友爱亲友等中华传统美德的重视不够；最后，在强调对社会责任维度关注的同时，削弱了生态意识和国际理解维度，对节约资源、天人合一和造福人类等维度重视不够；在《普通高中课程标准实验教科书 语文（必修）》中，维护生态、节约资源、珍爱生命和合作共赢子维度选文缺失，未能很好达成课标的教学目标和要求。在科学文化素质方面，这两套教科书在重视文化视野范畴的同时，在外国文化大多选取欧美的文化作品，对于非洲和拉丁美洲等文化作品选取依然很少。此外，对于我国少数民族优秀文化作品的选文不足，削弱了文化视野范畴，未能很好达成课标中尊重多样文化、汲取民族文化智慧、尊重和理解多元文化、以发展的眼光和开放的心态看待外来文化等方面目标；两套教科书中学习发展范畴选文数量不足，尤其是创新发展方面选文过少，未能很好达成新课标的目标和要求，不利于学生语文素养的全面提升。

6. 结论

综上分析统计，这两套教科书价值观内容所涵盖的思想道德素质和科学文化素质两方面均有不同程度体现，既有相同之处也存在各自特点。为了更好地促进学生思想道德素质和科学文化素质的提高，推进社会主义核心价值观和中华优秀传统文化教育的落实，提出以下建议，供今后修订教科书价值观内容时参考。

（1）合理调整教科书价值观内容各维度分布

这两套新课改下的中学语文教科书在选文要求上符合现实需要和新课标要求，讲求面向全体学生的发展，以学生获得最基本的语文素养为根本。思想道德素质方面，从总体分布来看，这两套教科书对学生人格修养的塑造极为重视，远超过家国情怀和社会关爱范畴；人格修养范畴可适当增加品德操守维度比重；家国情怀范畴中，适当提高家人亲情维度选文比重；社会关爱范畴中适当增加国际理解和社会责任维度选文比重，以应对全球化趋势。科学文化素质方面，这两套教科书重视对学生语文知识范畴和语文能力范畴目标的养成，但在文化视野范畴民族文化维度和多元文化维度、学习发展范畴创新发展维度目标达成上尚需努力。

（2）从学生实际发展需要出发编选教科书

新课改主张"以学生为主体"的理念。因此，教科书的选文应该多联系学生的生活实际，考虑学生的身心发展特点和认知能力水平。"同时教科书要有开放性和弹性，为学生留出选择和拓展的空间，以满足不同学生学习和发展的需要。"①这两套教科书中发生在学生身边的、与学生生活相关的内容却并不多见。比如，《义务教育课程标准实验教科书 语文》七年级上册第 3 篇课文《羚羊木雕》一课，写的是子女与父母之间的冲突，反映现代生活中父母与子女的教育问题，这类贴近学生生活的选文在实际语文教学中更容易引起学生共鸣，达到很好的教育效果。建议适当增加这类选文。

（3）提升教科书价值观内容的多元性

①增加法治理念类选文

党的十八大提出"加强法治建设，全面落实依法治国基本方略"；社会主义核心价值观也强调"倡导自由、平等、公正、法治"的观念，可见法治观念的重要性。中学阶段是青少年形成独立世界观、人生观、价值观的关键时期。语文教科书作为传递国家意识形态和价值观内容的载体，编选法治观念的选文十分必要，也是这两套教科书今后的努力方向。

②深化民族文化和多元文化主题

这两套教科书在科学文化素质方面的文化视野范畴的选文数量和比例都不充分。一方面，对于我国少数民族优秀文化的介绍、促进各民族和谐发展的选文近乎没有；另一方面，对于世界优秀文化、多元文化的介绍往往集中于欧美发达国家文化作品，而对亚非拉等发展中国家文化作品的介绍寥寥数篇。建议修订时适当增加这类选文。

③增强选文的时代性和现实性

这两套新教科书在思想道德素质方面人格修养范畴中，虽有一些对待人生、生命态度的选文，但真正涉及生命教育的选文不多。家国情怀范畴对于爱情和友情部分的选文重视不够，爱情部分大多是一些古典诗词，时代性不强。《义务教育课程标准实验教科书 语文》九年级上册第 8 篇课文《致女儿的

① 中华人民共和国教育部制定. 全日制义务教育语文课程标准（实验稿）[M]. 北京：北京师范大学出版社，2001：33.

信》一课，采用一个诗意的故事阐释爱情的真谛，很贴近中学生的生活，更容易让学生接受，体现了较强的时代性和现实意义，建议适当增加这一类型选文。此外，社会关爱范畴很少有关于农村的题材。比如，反映现代农村的实际情况、人们思想的变化，以及那些毅然走出农村、拼搏于城市中的农民工群体身上正能量的选文。

第四章
新时代语文教科书价值观的阐扬

一、统编本小学语文教科书价值观内容研究

(一)语文教科书价值观内容研究概述

1. 背景简介

随着经济社会发展、综合国力的增强以及加强意识形态工作的需要,国家越来越重视教科书的编写和社会主义核心价值观的弘扬。特别是"党的十八大以来,习近平总书记多次就教科书问题作出重要指示和批示。"①。2011 年,教育部在全国范围组织道德与法治、语文、历史(以下称三科)教科书的编写申报,经中央批准组建了三科教科书编写团队。语文编写组成员主要由三部分组成。一是学科专家,包括一些作家、诗人;二是优秀教研员和教师;三是以人教社中语室和小语室为主的编辑。另外还有外围各学科咨询专家学者。统编本语文教科书的编写工作从 2012 年正式启动,经过学科评审、综合评审、专题评审、终审四个环节,综合 100 名基层特级教师的意见,最后提交教育部,并于 2014 年 8 月向中央汇报,经过一年的修改和试教,2016 年 6 月底在中央宣传思想工作会上通过,并投入使用。2011 年,教育部制订了《义务教育语文课程标准(2011 年版)》。人民教育出版社的部编本《义务教育教科书 语文》这套教科书就是在这样的背景下编写的。

2. 研究依据

(1)政治文件类依据

党的十八大报告指出:"要努力办好人民满意的教育:教育是民族振兴和社

---

① 温儒敏. "部编本"语文教材的编写理念、特色与使用建议[J]. 课程·教材·教法,2016(11):4.

会进步的基石。要坚持教育优先发展，全面贯彻党的教育方针，坚持教育为社会主义现代化建设服务、为人民服务，把立德树人作为教育的根本任务，培养德智体美全面发展的社会主义建设者和接班人。全面实施素质教育，深化教育领域综合改革，着力提高教育质量，培养学生社会责任感、创新精神、实践能力"①。"倡导富强、民主、文明、和谐，倡导自由、平等、公正、法治，倡导爱国、敬业、诚信、友善，积极培育和践行社会主义核心价值观。富强、民主、文明、和谐是国家层面的价值目标，自由、平等、公正、法治是社会层面的价值取向，爱国、敬业、诚信、友善是公民个人层面的价值准则，这 24 个字是社会主义核心价值观的基本内容"②。

党的十九大报告指出："加强党对意识形态工作的领导，党的理论创新全面推进，马克思主义在意识形态领域的指导地位更加鲜明，中国特色社会主义和中国梦深入人心，社会主义核心价值观和中华优秀传统文化广泛弘扬，群众性精神文明创建活动扎实开展。""主旋律更加响亮，正能量更加强劲，文化自信得到彰显，国家文化软实力和中华文化影响力大幅提升，全党全社会思想上的团结统一更加巩固。""坚持社会主义核心价值体系。培育和践行社会主义核心价值观，不断增强意识形态领域主导权和话语权，推动中华优秀传统文化创造性转化、创新性发展。""坚定文化自信，推动社会主义文化繁荣兴盛：一是牢牢掌握意识形态工作领导权。二是培育和践行社会主义核心价值观。三是加强思想道德建设。四是繁荣发展社会主义文艺。五是推动文化事业和文化产业发展。""优先发展教育事业：建设教育强国是中华民族伟大复兴的基础工程，必须把教育事业放在优先位置，加快教育现代化，办好人民满意的教育。要全面贯彻党的教育方针，落实立德树人根本任务，发展素质教育，推进教育公平，培养德智体美全面发展的社会主义建设者和接班人。"③

国家中长期教育改革和发展规划纲要工作小组办公室发布的《国家中长期教育改革和发展规划纲要（2010—2020 年）》提出："坚持德育为先。立德树人，把

---

① 胡锦涛. 在中国共产党第十八次全国代表大会上的报告［EB/OL］. http://www. mj. org. cn/zsjs/wsxy/201211/t20121126_145927. htm. 2013-08-01.

② 中共中央办公厅印发. 关于培育和践行社会主义核心价值观的意见［EB/OL］. http://www. wenming. cn/11-pd/shzyhxjztx/20131223_1654835. shtml.

③ 习近平在中国共产党第十九次全国代表大会上的报告［EB/OL］. http://sh. people. cn/n2/2018/0313/c134768-31338145. html. 2018-3-13.

社会主义核心价值体系融入国民教育全过程。加强马克思主义中国化最新成果教育，引导学生形成正确的世界观、人生观、价值观；加强理想信念教育和道德教育，坚定学生对中国共产党领导、社会主义制度的信念和信心；加强以爱国主义为核心的民族精神和以改革创新为核心的时代精神教育；加强社会主义荣辱观教育，培养学生团结互助、诚实守信、遵纪守法、艰苦奋斗的良好品质。加强公民意识教育，树立社会主义民主法治、自由平等、公平正义理念，培养社会主义合格公民。加强中华民族优秀文化传统教育和革命传统教育。把德育渗透于教育教学的各个环节，贯穿于学校教育、家庭教育和社会教育的各个方面。""坚持全面发展。全面加强和改进德育、智育、体育、美育。坚持文化知识学习与思想品德修养的统一、理论学习与社会实践的统一、全面发展与个性发展的统一。"①

这些文件反映了社会主流的文化价值观，是分析本阶段教科书内容价值取向的重要依据。

（2）课程文件类依据

《义务教育语文课程标准（2011年版）》在课程基本理念部分指出："注意课程内容的价值取向，要继承和发扬中华优秀文化传统和革命传统，体现社会主义核心价值体系的引领作用，突出中国特色社会主义共同理想，弘扬以爱国主义为核心的民族精神和以改革创新为核心的时代精神，树立社会主义荣辱观，培养良好思想道德风尚，也要尊重学生在语文学习过程中的独特体验。"②课程目标部分指出："在语文学习过程中，培养爱国主义、集体主义、社会主义思想品德和健康的审美情趣，发展个性，培养创新精神和合作精神，逐步形成积极的人生态度和正确的世界观、价值观。"③教科书编写建议部分指出："教科书应符合学生的身心发展特点，适应学生的认知水平，激发学生的学习兴趣和创新

① 国家中长期教育改革和发展规划纲要工作小组办公室. 国家中长期教育改革和发展规划纲要（2010－2020年）[EB/OL]. http://old. moe. gov. cn/publicfiles/business/htmlfiles/moe/info_list/201407/xxgk_171904. html. 2010-7-29.

② 中华人民共和国教育部制定. 义务教育语文课程标准（2011年版）[M]. 北京：北京师范大学出版社，2011：3.

③ 中华人民共和国教育部制定. 义务教育语文课程标准（2011年版）[M]. 北京：北京师范大学出版社，2011：6.

精神。"①

课程文件类是分析教科书价值观内容时的重点依据。

3. 样本介绍

以前通用的多个版本语文教科书，即所谓"一纲多本"，是依据课程标准、由各个出版社组织编写的。"一纲多本"有其自身的优点：能更好地调动地方教育行政部门和出版社的积极性，让教科书编写有竞争、优中选优。但由于市场介入和行政干预，"一纲多本"的概念稍有偏颇，且难以做到有序竞争和优中选优。为了解决这一难题，小学语文教科书的编写又回到统编，即"一纲一本"，要达到有什么样的教科书，就有什么样国民的目标，实际上就是国家行为的反映。编写教科书时，应该站在国家行为的标准上进行，所有教材编写都应该体现正确的价值观，有基本并且导向鲜明的意识形态。

本套教材的编写呈现四个特点。一是体现社会主义核心价值观，做到"整体规划，有机渗透"。教材编写实质上是国家行为。有什么样的教科书就有什么样的国民，因而教科书的编写应该站到"国家行为"的高度。与其他版本的语文教科书相比，"统编本语文教材的编写立意要高，高在体现社会主义核心价值观，立德树人，指导思想明确，措施落实。措施就是八个字：'整体规划，有机渗透'。任何教材的编写都有自己的价值观，有基本的意识形态立场。作为"部编本"，这方面要求更高。新教材编写强调'整体规划，有机渗透'，并不等于所谓'政治挂帅'，而是要处处考虑尽可能服务立德树人的目标。"②统编本小学语文教科书的编写充分体现社会主义核心价值观，同时把两个"传统"（中华优秀传统文化和革命传统教育）融入教科书文章选篇、内容安排、导语和习题的设计等诸多方面，融入语文所包含的语言教育、情感教育、审美教育，让学生乐于接受，起到润物细无声的效果。

二是接地气，满足一线需要，对教学弊病起到纠偏作用。统编本小学教科书的编写基于实践，是对10多年来课程改革以及课标实施得失状况进行细致调查后的总结，目的是让课改的经验，包括这些年提出的"以人为本""自主性学习"等教学理念，在语文教科书中沉淀下来。同时，"又实事求是，正视

① 中华人民共和国教育部制定. 义务教育语文课程标准（2011年版）[M]. 北京：北京师范大学出版社，2011：32.

② 温儒敏. "部编本"语文教材的编写理念、特色与使用建议[J]. 课程·教材·教法，2016(11)：4.

某些不符合教学规律的偏向。比如，现在语文教学普遍是'两多一少'：精读精讲多，反复操练多，学生读书少。"①统编本小学语文教科书在编写的时候注意改进这些问题，格外注重让语文课往课外阅读延伸，往学生的语文生活延伸。小学一年级安排了"和大人一起读"栏目。到了高年级和初中，几乎每一课都有往课外阅读延伸的设计，还安排了包括"名著导读""古典诗文诵读"等栏目。新编语文教科书力图构建"教读""自读""课外导读"三位一体的阅读体系。

三是增强教科书编写的科学性。教科书的编写有自身规律，要在继承的基础上有所创新，还要借鉴以往教科书编写的好经验和国外的先进经验，实行"编研结合"，使教科书编写更具科学性，更符合语文教育规律，更有利于提升教学效果。统编本语文教科书比较重视学界有关语文认知规律的研究成果，加以选择、吸收和转化，用来指导编写。统编本小学语文教科书也不例外。比如，在识字写字教学内容的安排上，为让孩子"多认少写"，尽快学会读书写字，新编一年级教科书的识字课文采纳了北师大关于儿童字频研究的成果，把儿童读书最需要认识的 300 个字安排在一年级教科书中，努力体现教科书编写的科学性。"所谓'编研结合'，体现在编写组和评审组的结合上，特别是在后期，一些评审专家实际上已经参与具体编写工作。整个编写过程都是边研究边编书的过程。"②

四是贴近当代学生生活，体现时代性。统编本小学语文教科书在课文选取、习题设计、教学活动安排等方面，努力切入当代小学生的语文生活，适应社会转型和时代需求，体现时代性。如，关于如何正确认识和使用新媒体，如何过滤信息，都在教科书中有体现。此外，统编本小学语文教科书还注重经典性，与原人教版教科书相比，新课文约占 40%，编写语言、习题的题型变化、插图和装帧设计都有所创新，力图体现时代性。

本套教科书对语文教师提出了新要求，首先要熟读教科书，把握教科书中的重要知识点和框架，熟读课文，还要兼顾课后练习；其次把握好教学目标，从汉语拼音教学、识字与写字教学以及课文的朗诵和理解三个方面学好语文；最后教会学生读准声调，认识汉字，学会语言。

①　温儒敏. "部编本"语文教材的编写理念、特色与使用建议[J]. 课程·教材·教法，2016(11)：5.
②　温儒敏. "部编本"语文教材的编写理念、特色与使用建议[J]. 课程·教材·教法，2016(11)：5.

本研究所选用的版本情况如下：

第一册，2016 年初审通过，2016 年 7 月第 1 版；

第二册，2016 年初审通过，2016 年 11 月第 1 版；

第三册，2017 年初审通过，2017 年 7 月第 1 版；

第四册，2017 年初审通过，2017 年 12 月第 1 版；

第五册，2018 年初审通过，2018 年 6 月第 1 版；

第六册，2018 年初审通过，2018 年 12 月第 1 版；

第七册，2019 年初审通过，2019 年 7 月第 1 版；

第八册，送审本；

第九册，2019 年初审通过，2019 年 7 月第 1 版；

第十册，送审本；

第十一册，2019 年初审通过，2019 年 7 月第 1 版；

第十二册，送审本。

这套教科书在内容编排上主要由插图、教材编写、目录、正文、附表、后记组成。

插图主要由封面彩图、穿插于单元导语中的黑白图片以及课文中的彩色图片组成。

教科书编写主要介绍教科书的编写和出版信息。

目录位于教科书编写信息之后、正文之前，主要介绍本册书的构成情况。由于小学阶段既有拼音的学习，又有识字的任务，因而目录的构成形式有差异。如第一册由识字、拼音、课文三部分组成，第二册、第三册、第四册由识字、课文两部分组成，从第五册开始都以课文为主。

正文部分内容上十二册书有所不同，主要体现在低、中、高三个年段的侧重点上。低年段主要以识字、拼音、课文三部分为主，每一板块都有口语交际和语文学习园地；中年段和高年段以单元编排为主，共有八个单元、27 篇课文，每一单元都有习作要求，且语文园地贯穿始终。每一单元都有对学生学习的提示和要求。

十二册教材除了低年段教科书的编写外，中、高年段教材的编写每册有八单元、27 篇课文，由于有的课文含有 2 篇及以上选文，所以选文数量要超过这个数。每个单元由不同板块综合构成。与以往教科书相比，统编本教科书主要有以下几个特点：

一是先识字再学拼音。统编本教科书最大的改变是把拼音学习推后个把月，先认一些汉字再学拼音，而且边学拼音边认字，体现了一种更切实的教学理念。这一理念与传统的语文教育——先让学生反复读，再慢慢认字接轨，因而，统编本语文教科书体现了回归传统的趋势。先识字后学拼音最初的考虑是为了让幼儿园和小学更好地衔接。

二是教科书编写中增加了"和大人一起读"栏目，是新教科书的一大亮点。大人指父母、老师或其他家庭成员与亲友。一般而言，一年级学生自己还不会读书，所以需要大人和他们一起读。"这个栏目的用意是激发读书的兴趣，让孩子刚上学就喜欢语文，喜欢读书。这也是幼儿园和小学衔接的学习方式。幼儿园主要是无纸化教学，听故事多，到了小学就开始使用纸质的阅读材料包括书本了。让孩子先和大人一起读，慢慢过渡到自己读，这个过程需要大人的引导。"①"和大人一起读"栏目的创设，最重要的目的是在家长和老师的帮助下，激发学生学习语文的兴趣，调动学习积极性，培养良好的学习习惯。

三是减少了教科书的课文数量，增加了教学类型。如一年级上册，人教版原来有41课，现在减为32课，汉语拼音的课量也减少了，识字课却增加了；一年级下册，人教版原有39课，现在减为29课。这一变化体现的是教学内容与方式的调整，使教科书呈现的内容更加丰富，更加重视口语、读书等内容，更有利于语文素养的提升。

四是体现识字教学"认写分流，多认少写"的编写原则。这样编写主要是为了提高教学效果，为学生尽快过渡到独立阅读阶段创造条件。对于小学生来说，认识字和学会写是两个不同的目标，小学要求低年级认识常用字1600个左右，其中800字左右会写。而且，新教科书在识字教学的安排上是有讲究的，一般而言，只要按新教科书设定的各个阶段目标推进，学生到二年级下学期大致可以实现独立阅读。新教科书还有意安排了"多元认字"内容，就是说，不完全依赖拼音认字，还要通过字形、结构、偏旁等去认字。

五是强调课型区分。课型的区分在一年级还不太能看出来，到了三年级，课文就分为两种类型，或者两种课型，一是精读课，二是略读课。"精读课主要是老师教，一般要求讲得比较细、比较精，就是举例子、给方法、激发读书的

① 温儒敏. 如何用好"统编本"小学语文教材[J]. 课程·教材·教法，2018(2)：6.

兴味；而略读课主要让学生自己读，把精读课学到的方法运用到略读课中，自己去试验、体会。很多情况下，略读课就是自主性的泛读。课型不同，功能也不同，彼此配合进行，才能更好地完成阅读教学。"①教师上好精读课，关键在于安排预习，并且适当教一些写作方法。

六是阅读教学提倡"1＋X"。"所谓'1＋X'的办法，即讲一篇课文，附加若干篇泛读或者课外阅读的文章，让学生自己读，读不懂也没关系，慢慢就弄懂了。这就是为了增加阅读量，改变全是精读精讲而且处处指向写作的那种教学习惯。"②统编本教科书跟以往教科书相比更加注意向课外阅读延伸，鼓励学生进行"海量阅读"。一、二年级的新教科书就有延伸阅读，高年级会更多些。小学中高年级教材几乎每个单元都有课外阅读的延伸。新教科书实际上已经把"延伸阅读"部分纳入教学体制，并尝试设置一些检测评价。

附表是附录在正文后的识字表、词语表等。

后记介绍教科书编订人员。

(二)语文教科书价值观内容架构表说明

在总结相关价值理论的基础上，依据社会主义核心价值观、学生核心素养等，充分考虑本阶段语文教育现实和语文课程标准的相关要求，从思想道德素质和科学文化素质两方面对语文教科书价值取向研究的架构表进行设计。思想道德素质方面分为人格修养、家国情怀、社会关爱三个维度，科学文化素质方面分为文化视野、语文知识、语文能力、学习发展四个维度，由于一篇选文可能同时具有多种价值取向，故在分析过程中分别计入相应的价值维度进行统计。（详见表1）

---

① 温儒敏. 如何用好"统编本"小学语文教材[J]. 课程·教材·教法，2018(2)：8.
② 温儒敏. 如何用好"统编本"小学语文教材[J]. 课程·教材·教法，2018(2)：8.

表 1　《义务教育教科书 语文》教科书价值观内容架构

价值观范畴		编码	价值观细目
思想道德素质	人格修养	A	品德操守（持正重义、孝敬谦恭、仁爱友善、诚实守信）
			心理品质（自信自爱、追求理想、坚韧乐观、善于交往、明理力行、情感态度）
	家国情怀	B	家人亲情（家庭关怀、亲友互爱、家乡情谊）
			国家情感（国家情怀、民族精神、民族互存、政治认同、革命精神、建设发展）
	社会关爱	C	社会责任（社会追求、社会公德、奉献社会、社会现象）
			生态意识（热爱自然、维护生态、节约资源、珍爱生命、天人合一）
			国际理解（了解世界、造福人类、追求和平、合作共赢）
科学文化素质	文化视野	D	民族文化、多元文化、经典文化、时代文化
	语文知识	E	语言、文章、文学、文言等知识，听、说、读、写等知识
	语文能力	F	语文理解、语文运用、语文思维、语文审美
	学习发展	G	学会学习、勇于探究、创新发展

不同国家和地区对于语文教科书的价值取向都有不同要求。新加坡华文课程纲要对华文教科书内容价值取向比重作出 10%～25% 的建议，同时各价值取向维度的比重下限不应少于 10%[①]。

马来西亚中学华文课程大纲评介规定："在华文教学过程中，培育学生热爱语文和优秀文化的思想感情，训练学生的思维技巧和创造力，培养审美的情趣，以发展健康的个性，养成良好的意志品格，并使学生受到爱国主义教育和道德教育的熏陶。"[②]

综合上述课程纲要（大纲），结合我国社会发展现实、政治需要和语文课程标准（大纲）的实际要求，语文教科书内容价值取向各（子）维度的比重达到 10%～30% 为宜。

---

① 新加坡课程发展处. 中学华文课程标准[M]. 新加坡：新加坡教育部，2002.
② 洪宗礼，柳士镇，倪文锦. 母语教材研究(06)[M]. 南京：江苏教育出版社，2007：515.

（三）语文教科书价值观内容分析

1.思想道德素质价值观分析

（1）思想道德素质选文分类

①人格修养

▲品德操守

Ⅰ.持正重义

持正重义指的是做人坚强正直，坚持真理正义。具体选文：《画杨桃》《手术台就是阵地》《海上日出》《墨梅》《忆读书》《清贫》《刷子李》《自相矛盾》《石灰吟》《两小儿辩日》《表里的生物》《真理诞生于一百个问号之后》。

Ⅱ.孝敬谦恭

孝敬谦恭指的是孝顺父母，尊敬师长。具体选文：《红马的故事》《画杨桃》《竹节人》《北京的春节》。

Ⅲ.仁爱友善

仁爱友善指的是待人和善，亲近慈爱。具体选文：《总也倒不了的老屋》《普罗米修斯》《猎人海力布》《刷子李》《月光曲》。

Ⅳ.诚实守信

诚实守信指的是为人真诚，遵守信约。具体选文：《一块奶酪》《灰雀》《我不能失信》。

▲心理品质

Ⅰ.自信自爱

自信自爱指的是相信自我，善待自己。具体选文：《乌鸦喝水》《小蜗牛》《棉花姑娘》《曹冲称象》《雾在哪里》《大象的耳朵》《雪梅》《牛和鹅》《扁鹊治病》《我们家的男子汉》《芦花鞋》《猴王出世》《军神》。

Ⅱ.追求理想

追求理想指的是探索梦想，寻找希望。具体选文：《雪地里的小画家》《雨点儿》《小蜗牛》《明天要远足》《我多想去看看》《四个太阳》《池上》《荷叶圆圆》《棉花姑娘》《小壁虎借尾巴》《小蝌蚪找妈妈》《红马的故事》《一匹出色的马》《小毛虫》《不懂就问》《守株待兔》《童年的水墨画》《肥皂泡》《一只窝囊的大老虎》《女娲补天》《蝙蝠和雷达》《呼风唤雨的世界》《天窗》《飞向蓝天的恐龙》《纳米技术就在我们身边》《芦花鞋》《墨梅》《牛郎织女（一）》《牛郎织女（二）》《稚子弄冰》《童年的发现》《竹节人》《宇宙生命之谜》《夏天里的成长》《盼》《好的故事》。

Ⅲ．坚韧乐观

坚韧乐观指的是坚定信念、积极向上。具体选文：《青蛙写诗》《大还是小》《乌鸦喝水》《小蜗牛》《四个太阳》《怎么都快乐》《夜色》《彩虹》《小池》《小蝌蚪找妈妈》《曹冲称象》《登鹳雀楼》《望庐山瀑布》《寒号鸟》《大禹治水》《要是你在野外迷了路》《蜘蛛开店》《小毛虫》《在牛肚子里旅行》《掌声》《蟋蟀的住宅》《盘古开天辟地》《精卫填海》《风筝》《延安，我把你追寻》《西门豹》《纪昌学射》《囊萤夜读》《铁杵成针》《古人谈读书》《景阳冈》《军神》《他像一棵挺脱的树》《竹节人》《在柏林》《夏天里的成长》《竹石》。

Ⅳ．善于交往

善于交往指的是善于交际，乐于交友。具体选文：《雪地里的小画家》《一个接一个》《小公鸡和小鸭子》《树和喜鹊》《去年的树》《将相和》。

Ⅴ．明理力行

明理力行指的是机智善辩，敏思践行。具体选文：《文具的家》《曹冲称象》《小马过河》《当世界年纪还小的时候》《不懂就问》《司马光》《肥皂泡》《王戎不取道旁李》《西门豹》《古人谈读书》《草船借箭》《景阳冈》《田忌赛马》《跳水》《童年的发现》《书戴嵩画牛》《杨氏之子》《学弈》。

Ⅵ．情感态度

情感态度指的是思想感情和生活态度。具体选文：《比尾巴》《青蛙写诗》《明天要远足》《大还是小》《项链》《雪地里的小画家》《乌鸦喝水》《小蜗牛》《吃水不忘挖井人》《我多想去看看》《一个接一个》《四个太阳》《小公鸡和小鸭子》《树和喜鹊》《怎么都快乐》《静夜思》《夜色》《端午粽》《彩虹》《池上》《小池》《荷叶圆圆》《要下雨了》《文具的家》《一分钟》《动物王国开大会》《小猴子下山》《棉花姑娘》《咕咚》《小壁虎借尾巴》《小蝌蚪找妈妈》《我是什么》《曹冲称象》《植物妈妈有办法》《红马的故事》《登鹳雀楼》《望庐山瀑布》《坐井观天》《寒号鸟》《我要的是葫芦》《朱德的扁担》《难忘的泼水节》《夜宿山寺》《雾在哪里》《风》《雪孩子》《村居》《咏柳》《邓小平爷爷植树》《雷锋叔叔，你在哪里》《千人糕》《一匹出色的马》《彩色的梦》《枫树上的喜鹊》《沙滩上的童话》《我是一只小虫子》《亡羊补牢》《揠苗助长》《画杨桃》《小马过河》《晓出净慈寺送林子方》《绝句》《雷雨》《要是你在野外迷了路》《大象的耳朵》《蜘蛛开店》《青蛙卖泥塘》《小毛虫》《花的学校》《不懂就问》《山行》《夜书所见》

《那一定会很好》《在牛肚子里旅行》《一块奶酪》《望天门山》《司马光》《手术台就是阵地》《守株待兔》《陶罐和铁罐》《美丽的鹿角》《池子与河流》《小虾》《童年的水墨画》《肥皂泡》《漏》《枣核》《秋晚的江上》《花牛歌》《小田鼠弗雷德里克》《暮江吟》《题西林壁》《雪梅》《爬山虎的脚》《蟋蟀的住宅》《盘古开天辟地》《精卫填海》《普罗米修斯》《女娲补天》《风筝》《麻雀》《牛和鹅》《和时间赛跑》《王戎不取道旁李》《西门豹》《三月桃花水》《绿》《白桦》《在天晴了的时候》《芦花鞋》《墨梅》《囊萤夜读》《铁杵成针》《"诺曼底号"遇难记》《宝葫芦的秘密》《海的女儿》《落花生》《将相和》《猎人海力布》《牛郎织女（一）》《牛郎织女（二）》《示儿》《题临安邸》《己亥杂诗》《少年中国说》《木笛》《山居秋暝》《枫桥夜泊》《古人谈读书》《忆读书》《我的"长生果"》《祖父的花园》《从军行》《秋夜将晓出篱门迎凉有感》《清贫》《自相矛盾》《跳水》《手指》《童年的发现》《七律·长征》《狼牙山五壮士》《灯光》《金色的鱼钩》《花之歌》《草虫的村落》《桥》《在柏林》《夏天里的成长》《江南春》《有的人》《匆匆》《马诗》。

②家国情怀

▲家人亲情

Ⅰ．家庭关怀

家庭关怀指的是家人之间的相互关爱之情。具体选文：《小蜗牛》《夜色》《端午粽》《彩虹》《文具的家》《小壁虎借尾巴》《植物妈妈有办法》《一封信》《妈妈睡了》《一匹出色的马》《花的学校》《九月九日忆山东兄弟》《走月亮》《繁星》《小电影院》《麻雀》《和时间赛跑》《繁星（七一）》《繁星（一三一）》《繁星（一五九）》《我们家的男子汉》《宝葫芦的秘密》《海的女儿》《落花生》《慈母情深》《父爱之舟》《"精彩极了"和"糟糕透了"》《月迹》《祖父的花园》《青山处处埋忠骨》《穷人》《盼》《我的伯父鲁迅先生》《迢迢牵牛星》《那个星期天》《十六年前的回忆》。

Ⅱ．亲友互爱

亲友互爱指的是亲友之间的相互关爱之情。具体选文：《影子》《项链》《一个接一个》《小公鸡和小鸭子》《树和喜鹊》《怎么都快乐》《彩虹》《要下雨了》《棉花姑娘》《沙滩上的童话》《晓出净慈寺送林子方》《赠刘景文》《在牛肚子里旅行》《小田鼠弗雷德里克》《牛和鹅》《滴水之恩》《芙蓉楼送辛渐》《红楼春趣》《送元二使安西》《摔跤》《伯牙鼓琴》《少年闰土》。

Ⅲ．家乡情谊

家乡情谊指的是对家乡故土的深情。具体选文：《静夜思》《敕勒歌》《夜书所见》《清明》《塞下曲》《桂花雨》《搭石》《长相思》《月是故乡明》《梅花魂》《宿建德江》《西江月·夜行黄沙道中》《十五夜望月》。

▲国家情感

Ⅰ．国家情怀

国家情怀指的是对国家的认同以及民族自豪感和爱国情怀。具体选文：《登鹳雀楼》《望庐山瀑布》《黄山奇石》《日月潭》《葡萄沟》《望天门山》《饮湖上初晴后雨》《望洞庭》《富饶的西沙群岛》《海滨小城》《美丽的小兴安岭》《元日》《清明》《纸的发明》《一幅名扬中国的画》《观潮》《盘古开天地》《精卫填海》《普罗米修斯》《女娲补天》《小英雄雨来》《塞下曲》《黄继光》《将相和》《示儿》《题临安邸》《己亥杂诗》《少年中国说》《圆明园的毁灭》《木笛》《太阳》《送元二使安西》《从军行》《秋夜将晓出篱门迎凉有感》《青山处处埋忠骨》《清贫》《七律·长征》《狼牙山五壮士》《开国大典》《灯光》《故宫博物院》《在柏林》《这片土地是神圣的》《京剧趣谈》《有的人》《北京的春节》《腊八粥》《寒食》《马诗》《十六年前的回忆》。

Ⅱ．民族精神

民族精神指的是热爱祖国、爱好和平、勤劳勇敢、自强不息的精神品质。具体选文：《雷锋叔叔你在哪里》《赵州桥》《盘古开天地》《精卫填海》《普罗米修斯》《女娲补天》《出塞》《凉州词》《夏日绝句》《千年梦圆在今朝》《小英雄雨来》《塞下曲》《黄继光》《示儿》《题临安邸》《少年中国说》《木笛》《清贫》《从军行》《送元二使安西》《秋夜将晓出篱门迎凉有感》《七律·长征》《狼牙山五壮士》《开国大典》《为人民服务》。

Ⅲ．民族互存

民族互存指的是各民族之间相互平等、相互团结，共同发展。具体选文：《难忘的泼水节》《大青树下的小学》《草原》《藏戏》。

Ⅳ．政治认同

政治认同指的是热爱中国共产党。具体选文：《为中华崛起而读书》《梅兰芳蓄须》《延安，我把你追寻》《小英雄雨来》《黄继光》《狼牙山五壮士》《开国大典》《灯光》《为人民服务》。

Ⅴ．革命精神

革命精神指的是敢于斗争、勇敢反抗的品质。具体选文：《小英雄雨来》《黄继光》《出塞》《七律·长征》《狼牙山五壮士》《灯光》《金色的鱼钩》。

③社会关爱

▲社会责任

Ⅰ．社会追求

社会追求指的是对"自由、平等、公正、法治"社会的追求。具体选文：《我多想去看看》《宿新市徐公店》《牛郎织女（一）》《牛郎织女（二）》《猴王出世》《秋夜将晓出篱门迎凉有感》《在柏林》。

Ⅱ．社会公德

社会公德指的是文明礼貌、乐于助人、爱护环境，遵纪守法等品质。具体选文：《总也倒不了的老屋》。

Ⅲ．奉献社会

奉献社会指的是对社会的无私奉献。具体选文：《雨点儿》《雷锋叔叔你在哪里》《羿射九日》《总也倒不了的老屋》《胡萝卜先生的长胡子》《"诺曼底号"遇难记》《巨人的花园》《海的女儿》《桥》《有的人》。

Ⅳ．社会现象

社会现象指的是反映社会的状态或变化，以及人与人的关系。具体选文：《一分钟》《动物王国开大会》《小猴子下山》《咕咚》《小壁虎借尾巴》《坐井观天》《寒号鸟》《我要的是葫芦》《狐假虎威》《狐狸分奶酪》《狐狸养鸡（一）》《狐狸养鸡（二）》《亡羊补牢》《揠苗助长》《小狗学叫》《慢性子裁缝和急性子顾客》《巨人的花园》《猎人海力布》《圆明园的毁灭》《稚子弄冰》《摔跤》《穷人》。

▲生态意识

Ⅰ．热爱自然

热爱自然指的是对自然风光、自然生活的热爱之情。具体选文：《秋天》《小小的船》《江南》《四季》《项链》《雪地里的小画家》《池上》《小池》《荷叶圆圆》《要下雨了》《植物妈妈有办法》《黄山奇石》《日月潭》《葡萄沟》《敕勒歌》《雾在哪里》《村居》《咏柳》《找春天》《彩色的梦》《枫树上的喜鹊》《我是一只小虫子》《绝句》《要是你在野外迷了路》《山行》《铺满金色巴掌的水泥道》《秋天的雨》《听听，秋的声音》《金色的草地》《大自然的声音》《绝句》《惠崇春江晚景》《三衢道中》《荷花》《花种》《小真的头发真长》《火烧云》《秋晚的江上》《暮江吟》《题西林壁》《宿新市徐公店》《四时田园杂兴（其二十五）》《清平乐·村居》《乡下人家》《天窗》《琥珀》《山居秋暝》《枫桥夜泊》《四季之美》《四时田园杂兴（其三十一）》《村晚》《草虫的村落》《六月二十七日望湖楼醉书》《花之歌》《江南春》《书湖阴先生壁》。

Ⅱ.维护生态

维护生态指的是对自然生态环境的保护。具体选文:《开满鲜花的小路》《邓小平爷爷植树》《青蛙卖泥塘》《祖先的摇篮》《去年的树》《富饶的西沙群岛》《海滨小城》《美丽的小兴安岭》《绿》《白桦》《海的女儿》《白鹭》《珍珠鸟》《松鼠》《鸟的天堂》《只有一个地球》。

Ⅲ.节约资源

节约资源指的是对自然资源和生态资源的节约意识。具体选文:《去年的树》《那一定会很好》《只有一个地球》。

Ⅳ.珍爱生命

珍爱生命指的是对生命的热爱、歌颂。具体选文:《太空生活趣事多》《小虾》《爬山虎的脚》《蟋蟀的住宅》《猫》《母鸡》《白鹅》《松鼠》《在天晴了的时候》。

Ⅴ.天人合一

天人合一指的是人与自然的和谐发展。具体选文:《搭船的鸟》《金色的草地》《父亲、树林和鸟》《带刺的朋友》《燕子》《昆虫备忘录》《蜜蜂》《我变成了一棵树》《乡下人家》《三月桃花水》《猫》《海上日出》《记金华的双龙洞》《祖父的花园》《浪淘沙》《青山不老》。

▲国际理解

Ⅰ.了解世界

了解世界指的是对世界的了解和认识。具体选文:《太空生活趣事多》《祖先的摇篮》《当世界年纪还小的时候》《我们奇妙的世界》《海底世界》《琥珀》《飞向蓝天的恐龙》《什么比猎豹的速度更快》《太阳》《威尼斯的小艇》《牧场之国》《金字塔》《宇宙生命之谜》《只有一个地球》《鲁宾逊漂流记》《骑鹅旅行记》《汤姆·索亚历险记》。

Ⅱ.造福人类

造福人类指的是为人类社会造福。具体选文:《羿射九日》《海底世界》《蝙蝠和雷达》《呼风唤雨的世纪》《纳米技术就在我们身边》《千年梦圆在今朝》《什么比猎豹的速度更快》《他们那时有多有趣》。

Ⅲ. 追求和平

追求和平指的是对和平生活的美好追求和向往。具体选文：《绝句》《千年梦圆在今朝》《宿新市徐公店》《浪淘沙》。

（2）思想道德素质价值观频率分析

①价值观范畴总体统计分析

表2 《义务教育教科书 语文》思想道德素质价值观范畴总体统计分析表

价值观范畴	一年级			二年级			三年级			四年级		
	频率	百分比（%）	排序	频率	百分比（%）	排序	频率	百分比（%）	排序	频率	百分比（%）	排序
人格修养	57	63.33	1	59	54.63	1	35	39.33	1	51	39.23	1
家国情怀	16	17.78	3	14	12.96	3	19	21.35	2	43	33.77	2
社会关爱	17	18.89	2	35	32.41	2	35	39.33	1	36	27.69	3
总频率	90	100.00		108	100.00		89	100.00		130	100.00	

价值观范畴	五年级			六年级			小学		
	频率	百分比（%）	排序	频率	百分比（%）	排序	频率	百分比（%）	排序
人格修养	46	42.99	1	32	35.16	2	280	45.53	1
家国情怀	36	33.64	2	39	42.86	1	167	27.15	3
社会关爱	25	23.36	3	20	21.98	3	168	27.32	2
总频率	107	100.00		91			615	100.00	

从表中不难发现，思想道德素质价值取向的范畴分布比较全面，每个范畴都占有一定比例。总体分布上，频率分布由高到低依次为人格修养范畴、社会关爱范畴和家国情怀范畴。其中，人格修养范畴所占比例最大，不论是在总数上还是在各年级分布上都远远超过其他范畴，建议适当减少这一部分的比重至30%左右；家国情怀范畴和社会关爱范畴选文数量和比例相对较适中，建议适当增加这两部分比重至30%左右。

②价值观范畴统计分析

表3　《义务教育教科书 语文》思想道德素质价值观范畴统计分析表

价值观范畴		一年级			二年级			三年级			四年级		
		频率	百分比（%）	排序	频率	百分比（%）	排序	频率	百分比（%）	排序	频率	百分比（%）	排序
人格修养	品德操守	0	0	5	2	1.85	6	5	5.62	5	5	4.27	6
	心理品质	57	63.33	1	57	52.78	1	30	33.71	1	33	28.21	1
家国情怀	家人亲情	16	17.78	2	7	6.48	4	7	7.87	4	16	13.68	4
	国家情感	0	0	5	7	6.48	4	12	13.48	3	27	23.08	2
社会关爱	社会责任	7	7.78	4	11	10.19	3	4	4.49	6	5	4.27	6
	生态意识	10	11.11	3	19	17.60	2	28	31.46	2	23	19.66	3
	国际理解	0	0	5	5	4.63	5	3	3.37	7	8	6.84	5
总频率		90	100.00		108	100.00		89	100.00		117	100.00	

价值观范畴		五年级			六年级			小学		
		频率	百分比（%）	排序	频率	百分比（%）	排序	频率	百分比（%）	排序
人格修养	品德操守	6	5.61	6	7	7.69	5	25	3.77	7
	心理品质	40	37.38	1	25	27.47	2	262	39.52	1
家国情怀	家人亲情	15	14.02	3	11	12.09	3	72	10.86	4
	国家情感	21	19.63	2	28	30.77	1	136	20.51	2
社会关爱	社会责任	8	7.48	5	4	4.40	6	39	5.88	5
	生态意识	11	10.28	4	9	9.89	4	100	15.08	3
	国际理解	6	5.61	6	7	7.69	5	29	4.37	6
总频率		107	100.00		91	100.00		663	100.00	

　　根据对语文教科书内容价值取向各维度及其子维度的比重应达到10%~30%为宜的建议，结合上表不难发现，这套教科书思想道德素质方面，家国情怀范畴和人格修养范畴选文数量和所占比例较合理，但其中品德操守维度、国家情感维度、国际理解维度和社会责任维度比重过小，远低于10%，宜增加这些维度的选文。人格修养范畴所占比重略高，尤以"心理品质"维度比重最大，达到总比重的63.33%，宜减少至25%~30%。

　　③价值观范畴分类统计分析

表4 《义务教育教科书 语文》思想道德素质
人格修养—品德操守价值观统计分析表

价值观范畴	一年级			二年级			三年级			四年级		
	频率	百分比（%）	排序	频率	百分比（%）	排序	频率	百分比（%）	排序	频率	百分比（%）	排序
持正重义	0	0.00	1	0	0.00	2	1	20.00	2	2	66.67	1
孝敬谦恭	0	0.00	1	2	100.00	1	0	0.00	3	0	0.00	3
仁爱友善	0	0.00	1	0	0.00	2	1	20.00	2	1	33.33	2
诚实守信	0	0.00	1	0	0.00	2	3	60.00	1	0	0.00	3
总频率	0	0.00		2	100.00		5	100.00		3	100.00	

价值观范畴	五年级			六年级			小学		
	频率	百分比（%）	排序	频率	百分比（%）	排序	频率	百分比（%）	排序
持正重义	4	66.67	1	4	57.14	1	11	47.83	1
孝敬谦恭	0	0.00	3	2	28.57	2	4	17.39	3
仁爱友善	2	33.33	2	1	14.29	3	5	21.74	2
诚实守信	0	0.00	3	0	0.00	4	3	13.04	4
总频率	6	100.00		7	100.00		23	100.00	

　　人格修养范畴品德操守维度选文数量和所占比例较小，占3.77%。其中，持正重义子维度所占比例较大，达47.83%，超过其他子维度的频率；仁爱友善子维度所占比例居其次，达21.74%；孝敬谦恭子维度和诚实守信子维度所占比例较小，分别占17.39%和13.04%，且一年级出现"零频率"现象，诚实守信子维度在五年级和六年级也出现"零频率"的现象。在呈现方式上，持正重义

子维度选文数量随年级升高呈"↗↘"状态，由"小—大—小"；孝敬谦恭子维度除二年级和六年级频率保持不变外，其余四个年级选文数量呈"零频率"状态；仁爱友善子维度选文数量随年级升高呈逐渐上升（↗）状态，由"小—大"；诚实守信子维度除三年级所占比重为60.00％外，其余几个年级出现"零频率"现象。

表5　《义务教育教科书 语文》思想道德素质
人格修养—心理品质价值观统计分析表

价值观范畴	一年级			二年级			三年级			四年级		
	频率	百分比（％）	排序	频率	百分比（％）	排序	频率	百分比（％）	排序	频率	百分比（％）	排序
自信自爱	3	5.26	5	3	5.26	4	0	0.00	6	5	9.43	4
追求理想	10	17.54	2	4	7.02	3	5	16.67	2	8	15.09	3
坚韧乐观	9	15.79	3	9	15.79	2	2	6.67	4	9	16.98	2
善于交往	4	7.02	4	0	0.00	5	1	3.33	5	0	0.00	6
明理力行	1	1.75	6	3	5.26	4	3	10.00	3	2	3.77	5
情感态度	30	52.63	1	38	66.67	1	19	63.33	1	29	54.72	1
总频率	57	100.00		57	100.00		30	100.00		53	100.00	

价值观范畴	五年级			六年级			小学		
	频率	百分比（％）	排序	频率	百分比（％）	排序	频率	百分比（％）	排序
自信自爱	2	5.00	4	0	0.00	5	13	5.12	5
追求理想	4	10.00	3	5	20.00	2	36	14.17	3
坚韧乐观	4	10.00	3	4	16.00	3	45	17.72	2
善于交往	1	2.50	5	0	0.00	5	6	2.36	6
明理力行	6	15.00	2	3	12.00	4	15	5.91	4
情感态度	23	57.50	1	13	52.00	1	139	54.72	1
总频率	40	100.00		25	100.00		254	100.00	

人格修养范畴心理品质维度选文数量和所占比例较大，占39.52％。其中，情感态度子维度频率分布超过50％。追求理想子维度和坚韧乐观子维度频率分

布居其次，分别为14.17％和17.72％。明理力行、自信自爱和善于交往子维度选文数量和所占比例较小，仅占5.91％、5.12％和2.36％，远低于前三者。在呈现方式上，情感态度子维度和追求理想子维度选文数量随年级升高呈"↘↗"状态，由"大—小—大"；明理力行子维度六个年级选文数量随年级升高呈"↘↗"状态，由"大—小—大"；坚韧乐观子维度选文数量随年级升高逐渐下降（↘）；自信自爱子维度和善于交往子维度六个年级选文数量呈"↘↗"状态，由"大—小—大"，且在六年级出现"零频率"现象。

表6 《义务教育教科书 语文》思想道德素质
家国情怀—家人亲情价值观统计分析表

价值观范畴	一年级			二年级			三年级			四年级		
	频率	百分比（％）	排序	频率	百分比（％）	排序	频率	百分比（％）	排序	频率	百分比（％）	排序
家庭关怀	6	37.5	2	4	57.14	1	2	28.57	2	11	68.75	1
亲友互爱	9	56.25	1	2	28.57	2	3	42.86	1	4	25.00	2
家乡情谊	1	6.25	3	1	14.29	3	2	28.57	2	1	6.25	3
总频率	16	100.00		7	100.00		7	100.00		16	100.00	

价值观范畴	五年级			六年级			小学		
	频率	百分比（％）	排序	频率	百分比（％）	排序	频率	百分比（％）	排序
家庭关怀	7	46.67	1	6	54.54	1	36	50.00	1
亲友互爱	3	20.00	2	2	18.18	3	23	31.94	2
家乡情谊	5	33.33	3	3	27.27	2	13	18.05	2
总频率	15	100.00		11	100.00		72	100.00	

家国情怀范畴家人亲情维度选文数量和所占比例较小，占10.86％。其中，家庭关怀子维度所占比例最大，达50.00％，等于其他两范畴之和；亲友互爱子维度居其次，频率分布占31.94％；家乡情谊子维度所占比例最小，占18.05％。在呈现方式上，家庭关怀子维度六个年级选文数量呈"↘↗"状态，由"大—小—大"；家乡情谊子维度六个年级的选文数量基本呈"↗"状态，由"小—大"；亲友互爱子维度六个年级选文数量呈"↘"状态。

表 7　《义务教育教科书 语文》思想道德素质

家国情怀—国家情感价值观统计分析表

价值观范畴	一年级			二年级			三年级			四年级		
	频率	百分比（%）	排序	频率	百分比（%）	排序	频率	百分比（%）	排序	频率	百分比（%）	排序
国家情怀	0	0.00	1	5	71.42	1	10	83.34	1	8	29.63	2
民族精神	0	0.00	1	1	14.29	2	1	8.33	2	11	40.74	1
民族互存	0	0.00	1	1	14.29	2	1	8.33	2	0	0.00	5
政治认同	0	0.00	1	0	0.00	3	0	0.00	3	5	18.52	3
革命精神	0	0.00	1	0	0.00	3	0	0.00	3	3	11.11	4
建设发展	0	0.00	1	0	0.00	3	0	0.00	3	0	0.00	5
总频率	0	00.00		7	100.00		12	100.00		27	100.00	

价值观范畴	五年级			六年级			小学		
	频率	百分比（%）	排序	频率	百分比（%）	排序	频率	百分比（%）	排序
国家情怀	13	61.90	1	14	50.00	1	50	52.63	1
民族精神	8	38.10	2	4	14.29	2	25	26.33	2
民族互存	0	0.00	3	2	7.13	3	4	4.21	5
政治认同	0	0.00	3	4	14.29	2	9	9.47	3
革命精神	0	0.00	3	4	14.29	2	7	7.37	4
建设发展	0	0.00	3	0	0.00	4	0	0.00	6
总频率	21	100.00		28	100.00		95	100.00	

　　家国情怀范畴国家情感维度选文数量和所占比例较适宜，占 20.51%。其中，国家情怀子维度和民族精神子维度所占比例较大，分别达 52.63% 和 26.33%。政治认同子维度居其次，占 9.47%。革命精神子维度和"民族互存"子维度选文数量和所占比例最小，仅占 7.37% 和 4.21%。建设发展子维度频率分布为 0。在呈现方式上，国家情怀子维度六个年级选文数量呈"↘↗"状态，由"大—小—大"；民族精神子维度三个年级选文数量基本呈"↗↘"状态，由"小—大—小"；革命精神子维度、政治认同子维度和民族互存子维度三个年级选文数量呈"↗↘"状态，由

"小一大一小"，且革命精神子维度、政治认同子维度、民族互存子维度在一、四、五年级均出现"零频率"现象；建设发展子维度选文缺失。

表 8 《义务教育教科书 语文》思想道德素质
社会关爱—社会责任价值观统计分析表

价值观范畴	一年级			二年级			三年级			四年级		
	频率	百分比（%）	排序	频率	百分比（%）	排序	频率	百分比（%）	排序	频率	百分比（%）	排序
社会追求	1	14.28	2	0	0.00	3	0	0.00	2	1	20.00	2
社会公德	0	0.00	3	0	0.00	3	0	0.00	2	0	0.00	3
奉献社会	1	14.28	2	2	18.18	2	2	50.00	1	3	60.00	1
社会现象	5	71.42	1	9	81.82	1	2	50.00	1	1	20.00	2
总频率	7	100.00		11	100.00		4	100.00		5	100.00	

价值观范畴	五年级			六年级			小学		
	频率	百分比（%）	排序	频率	百分比（%）	排序	频率	百分比（%）	排序
社会追求	4	50.00	1	1	25.00	2	7	17.94	3
社会公德	0	0.00	2	0	0.00	3	0	0.00	4
奉献社会	0	0.00	2	2	50.00	1	10	25.64	2
社会现象	4	50.00	1	1	25.00	2	22	56.42	1
总频率	8	100.00		4	100.00		39	100.00	

社会关爱范畴社会责任维度选文数量和所占比例过小，仅占 5.88%。其中，社会现象子维度所占比例最大，达 56.42%，远超过其他子维度频率之和；奉献社会子维度居其次，占 25.64%；社会追求子维度所占比例最小，仅占 17.94%，而社会公德子维度出现"零频率"现象。在呈现方式上，社会现象子维度六个年级的选文数量呈"↘↗"状态，由"大一小一大"；社会追求子维度六个年级的选文数量呈"↗↘"状态，由"小一大一小"；奉献社会子维度六个年级的选文数量基本呈"↗↘"状态，由"小一大一小"，且在七、八年级出现"零频率"现象；社会公德子维度选文数量随年级升高逐渐下降，且在八、九年级出现"零频率"现象。

表9　《义务教育教科书 语文》思想道德素质
社会关爱—生态意识价值观统计分析表

价值观范畴	一年级			二年级			三年级			四年级		
	频率	百分比（%）	排序	频率	百分比（%）	排序	频率	百分比（%）	排序	频率	百分比（%）	排序
热爱自然	10	100.00	1	14	73.68	1	13	46.43	1	9	39.13	1
维护生态	0	0.00	2	4	21.05	2	4	14.29	3	3	13.04	4
节约资源	0	0.00	2	0	0.00	4	2	7.14	4	0	0.00	5
珍爱生命	0	0.00	2	1	5.27	3	1	3.57	5	6	26.09	2
天人合一	0	0.00	2	0	0.00	4	8	28.57	2	5	21.74	3
总频率	10	100.00		19	100.00		28	100.00		23	100.00	

价值观范畴	五年级			六年级			小学		
	频率	百分比（%）	排序	频率	百分比（%）	排序	频率	百分比（%）	排序
热爱自然	5	45.45	1	5	55.56	1	56	56.00	1
维护生态	4	36.36	2	1	11.11	3	16	16.00	2
节约资源	0	0.00	4	1	11.11	3	3	3.00	4
珍爱生命	1	9.09	3	0	0.00	4	9	9.00	3
天人合一	1	9.09	3	2	22.22	2	16	16.00	2
总频率	11	100.00		9	100.00		100	100.00	

　　社会关爱范畴生态意识维度选文数量和所占比例较小，占15.08%。其中，热爱自然子维度所占比例最大，占56.00%，超过其他子维度频率之和；珍爱生命子维度、维护生态子维度和天人合一子维度居其次，分别为9.00%、16.00%和16.00%；节约资源子维度选文数量和所占比例过小，仅占3.00%。在呈现方式上，热爱自然子维度和珍爱生命子维度六个年级的选文数量呈"↗↘"状态，由"小—大—小"，且"珍爱生命"子维度在一年级和六年级出现"零频率"现象；维护生态子维度六个年级选文数量呈"↗↘"状态，由"小—大—小"，且维护生态子维度在九年级出现"零频率"现象；节约资源子维度三个年级选文数量呈"↘"状态，由"大—小"，且在一、二、四、五年级出现"零频率"现象。天人合一子维度选文数量随年级升高逐渐下降（↘），且在一、二年级出现"零频率"现象。

表 10　《义务教育教科书 语文》思想道德素质

社会关爱—国际理解价值观统计分析表

价值观范畴	一年级			二年级			三年级			四年级		
	频率	百分比（％）	排序	频率	百分比（％）	排序	频率	百分比（％）	排序	频率	百分比（％）	排序
了解世界	0	0.00	1	3	60.00	1	2	66.67	1	2	25.00	2
造福人类	0	0.00	1	1	20.00	2	1	33.33	2	4	50.00	1
追求和平	0	0.00	1	1	20.00	2	0	0.00	3	2	25.00	2
合作共赢	0	0.00	1	0	0.00	3	0	0.00	3	0	0.00	3
总频率	0	0.00		5	100.00		3	100.00		8	100.00	

价值观范畴	五年级			六年级			小学		
	频率	百分比（％）	排序	频率	百分比（％）	排序	频率	百分比（％）	排序
了解世界	5	83.33	1	5	71.42	1	17	58.62	1
造福人类	1	16.67	2	1	14.29	2	8	27.59	2
追求和平	0	0.00	3	1	14.29	2	4	13.79	3
合作共赢	0	0.00	3	0	0.00	3	0	0.00	4
总频率	6	100.00		7	100.00		29	100.00	

社会关爱范畴国际理解维度选文数量和所占比例过小，占 4.37％。其中，了解世界子维度所占比例最大，占 58.62％，明显超过其他子维度。造福人类子维度和追求和平子维度居其次，占 27.59％、13.79％；合作共赢子维度所占比例最小，无此类选文。在呈现方式上，了解世界子维度六个年级的选文数量呈"↗↘"状态，由"小—大—小"；造福人类子维度三个年级的选文数量呈"↘↗"状态，由"大—小—大"，且在一、五年级出现"零频率"现象；追求和平子维度六个年级的选文数量呈"↘"状态，由"大—小"，且在一、三、五年级出现"零频率"现象；"合作共赢"子维度选文数量出现"零频率"现象。

2. 科学文化素质价值观内容分析

（1）文化视野

①课程要求

"语文课程对继承和弘扬中华民族优秀文化传统和革命传统，增强民族文化认同感，增强民族凝聚力和创造力，具有不可替代的优势。"①"认识中华文化的丰厚博大，汲取民族文化智慧。关心当代文化生活，尊重多样文化，吸收人类优秀文化的营养，提高文化品位。"②

　　②教科书编写安排综述

　　统编本小学语文教科书的编写表现出七个创新之处。一是选文数量减少的同时教学更有效。相比于传统的语文教科书，统编本小学语文教科书选文数量减少，但并不意味着教学总量的减少，几个板块内容的调整，使教学内容更丰富，也更有效。具体表现在减少汉语拼音难度，让拼音教学服务于汉字教学，以及选文的四个标准，即经典性、文质兼美、适宜教学、时代性。二是单元结构体例更加灵活。统编本小学语文教科书分单元组织教学，若干板块的内容穿插安排在各单元之中。三是重视语文核心素养，重建语文知识体系。四是阅读教学实施"三位一体"，区分不同课型。五是把课外阅读纳入教学，即"1＋X"教学方法。六是识字写字教学更加讲究科学性。七是写作教学要求学生做到中心突出、简明扼要，有可操作性。总体来说，"语文教科书的新特点具体表现在以下四个方面：一是强调立德树人的重要性。注重从小就培养孩子树立良好的品德以及对传统知识的传授和培养。二是'守正创新'。新教科书并没有彻底放弃或颠覆以往的教科书，而是在以前各个版本教材的基础上加以创新。三是语文教科书更加'接地气'。在贯彻新的学习理念的同时，让学生和家长更好地接受，体现了由浅入深，由易到难的特点。四是更好的体现时代性，教科书内容更能贴近当代小学生的生活。"③

　　③列表统计

表11　《义务教育教科书 语文》选文时代范围统计分析

时代	先秦	秦汉	魏晋南北朝	唐宋	元明清	近现代	当代	总计
篇数	27	5	5	55	11	82	150	335
百分比(%)	8.06	1.49	1.49	16.42	3.28	24.48	44.78	100.00

　　①　中华人民共和国教育部制定. 全日制义务教育语文课程标准(2011年版)[M]. 北京：北京师范大学出版社，2012：1.

　　②　中华人民共和国教育部制定. 全日制义务教育语文课程标准(2011年版)[M]. 北京：北京师范大学出版社，2012：1.

　　③　赵玥. 基于部编版语文教材谈小学语文阅读教学[J]. 课程教育研究，2019(20)：81.

表12 《义务教育教科书 语文》选文空间范围统计分析表

地 区	亚 洲			欧 洲										北美洲	
国家	中国	印度	日本	黎巴嫩	匈牙利	法国	瑞典	捷克	德国	英国	意大利	丹麦	俄罗斯（俄国、苏联）	美国	总 计
篇数	303	1	3	1	1	4	1	1	1	3	1	2	8	6	336
百分比（%）	90.18	0.30	0.90	0.30	0.30	1.20	0.30	0.30	0.30	0.90	0.30	0.60	2.32	1.80	100.00

④评价

这套教科书在文化视野方面，基本达成了新课标"继承和弘扬中华民族优秀文化传统""关心当代文化生活"等目标和要求，增加了传统文化的学习，但由于本国少数民族文化和世界上其他国家优秀文化的选文数量过少，课标中"尊重多样文化""汲取民族文化智慧"方面等目标未能很好达成。

（2）语文知识

①课程要求

"累计认识常用汉字3000个左右，其中2500个会写"[1]"在阅读中了解文章的表达顺序，体会作者的思想感情，初步领悟文章的表达方式。"[2]"在理解课文的过程中，体会顿号与逗号、分号与句号的不同用法。"[3]"诵读优秀诗文，注意通过语调、韵律、节奏等体味作品的内容和情感。背诵优秀诗文60篇（段）"[4]

②教科书编写安排综述

这套课本"重新确定语文教学的知识体系，落实那些体现语文核心素养的知识点、能力点。"[5]这套课本的知识体系和能力点主要体现在五个方面。一是教

---

① 中华人民共和国教育部制定. 义务教育语文课程标准（2011年版）[M]. 北京：北京师范大学出版社，2012：12.

② 中华人民共和国教育部制定. 义务教育语文课程标准（2011年版）[M]. 北京：北京师范大学出版社，2012：13.

③ 中华人民共和国教育部制定. 义务教育语文课程标准（2011年版）[M]. 北京：北京师范大学出版社，2012：13.

④ 中华人民共和国教育部制定. 义务教育语文课程标准（2011年版）[M]. 北京：北京师范大学出版社，2012：13.

⑤ 温儒敏. 部编本语文教材的编写理念、特色与使用建议[J]. 课程·教材·教法，2016(11)：8.

师用书明确地列出每个学段、单元，甚至每一课学习的基本知识和必要能力训练；二是每个单元导语提示本单元学习的知识点和能力点；三是每一课的思考题和拓展题中有一两道题按照相关知识点或者能力点设计；四是综合性学习、写作、口语交际等方面都有学习方法或者训练目标等提示；五是每一课的字词写作给出一定的规范格式。本套教科书的编写原则是注重"编研结合"。

③列表统计

表 13　《义务教育教科书 语文》语文知识安排表

	字词句篇知识	逻辑知识	读写基本知识	
一年级	生字组词； 词语搭配； 叠词； 反义词； 数量词； AABB 式词语； ABAB 式词语； ABB 式词语		分角色朗读课文，注意读好长句子； 读出逗号、句号、问好、感叹号的不同语气； 听故事，用自己的话复述大意； 学会写通知； 表达的自信心	
二年级	动词用法； 多音字； 字的间架结构； 数量词； 成语和格言警句	展开想象	诵读儿歌、儿童诗、浅近的古诗； 写话； 写标点符号，学习使用标点符号； 写留言条； 按照顺序说，注意听，记住主要信息； 用商量的语气，把自己的想法说清楚； 按顺序讲清楚图意，认真听	

续表

	字词句篇知识	逻辑知识	读写基本知识	
三年级	关键词语； 关键语句； 课文中优美词语、句段； 引号	感受童话丰富的想象	默读； 略读； 习作； 诵读古诗； 学会修改作文； 编写童话、写童话； 续编故事； 学写身边有特点的人； 讲述故事力求具体生动； 能清楚明白地讲述见闻，说出自己的想法和感受	
四年级	形容词； 副词	选择适合的方式进行安慰、借助语调、手势等恰当地表达自己的情感	学写一件事情； 书信； 介绍自己喜欢的动物； 学习写景； 写人物； 复述作文（主要内容、发展顺序）； 转述时，弄清要点，注意人称的转换	
五年级	辨别词语的感情色彩，体会其表达效果； 体会顿号的用法		朗读课文； 提高阅读速度； 写人学会列提纲，分段叙述事物特点； 写作时，学会使用说明方法； 写景物的变化； 学写读后感； 写简单的研究性报告； 用动作、语言、神态来表现人物内心的写作方法； 学会用描写人物的基本方法，写一个人的特点的写作方法； 学习修改作文	

续表

	字词句篇知识	逻辑知识	读写基本知识	
六年级	学会分号的用法； 排比句的用法、好处； 从关键句入手，把握文章主要观点； 利用停顿、重复或辅以动作强调要点，增强表现力	发挥想象	学习用点面结合的写法记一次活动； 学写倡议书； 习作时，抓住重点，写出特色； 学习写作品梗概； 学习写作技巧，习作时，选择适当的方法进行表达； 学写策划书； 讨论时，准确把握别人的观点； 写作时，要发挥想象，把重点部分写得很详细	

④评价

这套教科书在语文知识方面，格外重视程序性知识，诸如阅读策略、写作策略等，目的是让学生能自主建构知识；各单元安排了关于写作、口语交际、一起读书吧等内容，注重培养学生的学习兴趣。新教科书还特别注重语文知识"随文学习"的原则与"1＋X"的阅读方法，这些很自然地渗透在各单元习题和相关设计中，很好体现了教学的层级和梯度。

(4)语文能力

①课程要求

"有较强的独立识字能力。累计认识常用汉字3000个左右，其中2500个会写。""硬笔书写楷书，行款整齐，力求美观，有一定速度。""能用毛笔写楷书，在书写中体会汉字的优美。""写字姿势正确，有良好的书写习惯。""能用普通话正确、流利、有感情地朗读课文。""默读有一定速度，默读一般读物每分钟不少于300字。学习浏览，扩大知识面。""能联系上下文和自己的积累，推想课文中有关词句的意思，辨别词语的感情色彩，体会其表达效果。""在阅读中了解文章的表达顺序，体会作者的思想感情，初步领悟文章的基本表达方法。""阅读说明性文章，能抓住要点，了解文章的基本说明方法。阅读简单的非连续性文本，能从图文等组合材料中找出有价值的信息。""理解课文的过程中，体会顿号与逗号、分号与句号的不同用法。""诵读优秀诗文，注意通过语调、韵律、节奏等体味作品的内容和情感。""懂得写作是为了自我表达和与人交流。""能写简单的记实作文和想象作文，内容具体，感情真实。""学写读书笔记，学写常见应用文。""修改自己的习作，并主动与他人交换修改，做到语句通顺，书写规范。""习作要有一定的速度"①

②教科书编写安排综述

编者对各年级的教学要求进行细化，形成从识字与写字、阅读能力、写作能力、口语交际能力、综合性学习能力组成的完整语文教学体系。具体内容参见表14。

③列表说明

表14 《义务教育教科书 语文》各年级读写能力教学要求

一年级	一、重视字词的积累，并注重培养学生的汉字审美意识。课后的生字、词均参照课标《字表（二）》，用专门设计的软件筛选出来。此外，这些字、词邀请国内知名硬笔书法家专门书写，既增加审美元素，也可以让学生模仿借鉴。二、养成良好的写字习惯，写字姿势正确，书写规范、端正、整洁；掌握汉字基本笔画和常用偏旁部首，能按笔顺规则用硬笔写字；会生字组词，会词语搭配，掌握叠词、反义词，学会汉语拼音，能借助汉语拼音认读汉字，掌握"一"的不同读音；学会用音序检字法查字典；认识一些识字方法，认识自然段。三、认真听讲话，了解讲话内容；听故事，能复述大意，能较完整地讲述小故事；有表达的自信心，大胆说出自己的想法，敢于发表自己的意见；注意说话场合，学会打电话。四、会说普通话，喜欢阅读朗读课文，能读好长句子，分角色朗读课文，诵读儿歌、儿童诗、浅近的古诗，认识逗号、句号、问好、感叹号，体会逗号、句号、问好、感叹号的不同语气
二年级	一、继续培养学生的汉字审美意识，感受汉字的形体美，注意间架结构。二、学习独立识字，学会用部首检字法查字典；认识常用汉字1600个左右，其中800个左右会写。三、喜欢阅读，感受阅读的兴趣，养成爱护图书的习惯，诵读儿歌、儿童诗，展开想象，获得初步情感体验，感受优美的语言。结合上下文和生活实际，了解课文中词语的意思。四、会写话，会在方格纸上写标点符号，会使用标点符号，会写留言条。五、与人交谈时，态度大方、自然、有礼貌，注意说话语气，学会商量、清楚表达想法和意见、按图讲清图意

---

① 中华人民共和国教育部制定. 义务教育语文课程标准(2011年版)[M]. 北京：北京师范大学出版社，2012：12-13.

续表

三年级	一、继续培养学生的汉字审美意识。二、初步学会默读，做到不出声、不指读。学习略读，粗略了解文章大意。积累课文中的优美词语、精彩语段，并联系上下文，理解词句意思，借助关键语句概括文章大意。三、掌握修改符号的用法，修改习作中有明显错误的语句。学习写日记，通过细心观察周围事物写下自己的观察所得，将自己觉得新奇有趣或印象最深、最受感动的内容写清楚。在习作中，应该会写续编故事、会写寻物启事、会自己编写童话。体会写作的乐趣。四、能清楚明白地讲述见闻，说出自己的想法和感受，讲述故事力求具体生动。学会认真倾听，能就不理解的地方有礼貌地向别人请教，不清楚的地方及时追问，就不同的意见与人商讨。学会劝说，注意说话的语气，不要用指责的口吻，多从别人的角度着想，这样别人更容易接受
四年级	一、继续培养学生的汉字审美意识。二、养成良好的阅读习惯，边读边想象，敢于提问，善于提问，从不同角度提出问题，加深对文章的理解。联系上下文，理解词句意思，体会关键词句表情达意的作用。把握文章主要内容，体会文章思想感情，能复述叙事性作品大意，感受作品中的形象和语言，关心人物命运和喜怒哀乐。三、诵读优秀古诗文，了解现代诗的一些特点，体验情感，展开想象，领悟诗文大意。感受神话中神奇的想象。掌握好的阅读方法，学会用批注。学会分析文章中人物形象（动作、语言、神态）。掌握解决问题的一般方法（请教他人、联系上下文、查资料），掌握整理资料的一些方法。四、会写观察日记，记录观察对象的变化、观察的过程、观察者当时的想法和心情，附上图画、照片，介绍自己动物朋友。学会一件事情（按顺序写，交代事情的起因、经过、结果、交代时间、地点、人物，将所看、所听、所想都写出来）。学会写书信。学会写景，掌握按游览的顺序写景物，并围绕话题发表看法，不跑题，判断别人的发言是否与话题相关
五年级	一、继续培养学生的汉字审美意识。二、掌握课文借助具体事物抒发感情的方法。能创造性地复述故事，提取主要信息，缩写故事。联系上下文和自己的积累，推断课文中有关词句的意思，辨别词语的感情色彩，体会其表达效果。阅读说明性文章时，能抓住要点，理解基本的说明方法。阅读叙事性作品时，把握场景描写的作用，体会细节中蕴含的感情。掌握课文中的静态描写和动态描写。学会梳理信息，把握内容要点。初步学会阅读古典名著的方法。掌握收集资料的基本办法。把握课文中人物的内心。掌握描写人物的基本方法。三、会借一种事物表达感情来写作。掌握借助具体事例写人物特点的写作方法。同时掌握说明方法，将说明方法用于写作中介绍一件事物。学会用静态描写、动态描写的方法写事物变化之景。学会写读后感。会写简单的研究报告。掌握用动作、语言、神态表现人物内心的写作方法。掌握描写人物的基本方法，写一个人的特点的写作方法。学会如何修改作文

续表

六年级	一、继续培养学生的汉字审美意识。二、掌握阅读的方法，查阅资料理解文章内容。根据阅读目的选用恰当的阅读方法。围绕中心意思分析理解文章，从关键句入手，把握文章主要观点。阅读小说时，学会从人物的语言、动作、心理活动和小说情节、环境描写来感受人物形象。阅读时，把握内容主次，把握作者详写主要部分的方法，把握神态、言行描写，把握事物本质。掌握文章点面结合写场面的写法、学会分号的用法、掌握整理资料的方法，学会排比句的用法、好处。三、习作时懂得抓住重点，写作时，要发挥想象，把重点部分写得很详细。学会运用点面结合的写法记一次活动。会创编生活故事。能围绕中心意思写作文，从不同方面或选取不同事例来表达中心意思。能通过事情写一个人，表达自己的情感。学会写倡议书、策划书，写作品梗概。四、演讲时，语气、语调适当，姿态大方，利用停顿、重复或辅以动作强调要点，增强表现力。能根据对象和场合，稍作准备，作简单的发言。讨论时，准确把握别人的观点，不歪曲，不断章取义，尊重不同意见，讨论问题时，态度平和，以理服人。听人说话认真、耐心，能抓住要点并作简要转述

④评价

这套教科书在语文能力方面，从听、说、读、写、用五个层面对各年级的教学要求做细化，很好地达成了新课标的要求，对学生全面提高语文学习能力提出了更高、更可行的目标。这套教科书充分体现了整体意识、单元意识、开放意识、实践意识、学生意识。同时，本套教科书的编写结合立德树人的根本任务，注重培养学生的核心素养。

(4)学习发展

①课程要求

"体会书法的审美价值。""对课文的内容和表达有自己的心得，能提出自己的看法，并能运用合作的方式，共同探讨、分析、解决疑难问题。""欣赏文学作品，有自己的情感体验，初步领悟作品的内涵，从中获得对自然、社会、人生的有益启示。对作品中感人的情境和形象，能说出自己的体验；品味作品中富于表现力的语言"①。"能与他人交流写作心得，互相评改作文，以分享感受，沟通见解。""能听出谈论的焦点，并能有针对性地发表意见。"②

---

① 中华人民共和国教育部制定. 义务教育语文课程标准(2011年版)[M]. 北京：北京师范大学出版社，2012：15.

② 中华人民共和国教育部制定. 义务教育语文课程标准(2011年版)[M]. 北京：北京师范大学出版社，2012：17.

②教科书编写安排综述

编者主要从学会学习、勇于探究、创新发展三方面，对课本中各年级内容做细化。学会学习是《中国学生发展核心素养》中确立的六大核心素养之一。《中国学生发展核心素养》中关于学会学习素养的内容包括三个要点。其一，"乐学善学。能正确认识和理解学习的价值，具有积极的学习态度和浓厚的学习兴趣；能养成良好的学习习惯，掌握适合自身的学习方法；能自主学习，注重合作，具有终身学习的意识。"其二，"勤于反思。重点是具有对自己的学习状态进行审视的意识和习惯，善于总结经验，能够根据不同情境和自身实际，选择或调整学习策略和方法等。"其三，"信息意识。重点是能自觉、有效地获取信息，具有数字化生存能力。"[①]文中的学会学习主要是指能借助某种媒介，通过审视学习状态，善于总结经验，提高自身能力。勇于探究就是善于发现和提出问题，有解决问题的兴趣和热情；能依据特定情境和具体条件，选择指定合理的解决方案；具有在复杂环境中行动的能力。创新发展重在强调有效管理自己的学习和生活，认识和发现自我价值，发掘自身潜力。具体内容参见表15。

③列表说明

表 15　《义务教育教科书 语文》学习发展内容安排表

	学会学习	勇于探究	创新发展
一年级	《动物王国开大会》《小蜗牛》	《明天要远足》《我多想去看看》	《乌鸦喝水》
二年级	《植物妈妈有办法》《画杨桃》《要是你在野外迷了路》	《小马过河》《大禹治水》	
三年级	《不懂就要问》《小狗学叫》	《司马光》《纸的发明》《肥皂泡》《枣核》	《方帽子店》
四年级	《纪昌学射》《囊萤夜读》《铁杵磨针》	《蝙蝠和雷达》《呼风唤雨的世纪》《飞向蓝天的恐龙》《千年梦圆在今朝》	《纳米技术就在我们身边》

---

①　中国学生发展核心素养——六大素养十八个要点的重点(二)[C]. 中学教育科研, 2018(3).

续表

	学会学习	勇于探究	创新发展
五年级	《落花生》《刷子李》《田忌赛马》《古人谈读书》《忆读书》《我的长生果》《观书有感》	《童年的发现》《什么比猎豹的速度更快》	《少年中国说》《手指》
六年级	《鲁滨孙漂流记》《学弈》《两小儿辩日》	《宇宙生命之谜》	

④评价

这套教科书在学习发展方面选文数量不多，基本达成了新课标中学会学习和勇于探究方面的要求和目标，但未能很好达成创新发展方面的要求。建议适当提高学习发展尤其是创新发展方面选文数量和比例，多增加一些符合本阶段学生学习发展心理、适应时代发展的选文。

(四)语文教科书价值观内容的思考与讨论

1.《课纲》《课标》的教学目标价值观内容是否全面？

《义务教育语文课程标准》(2011年版)教学目标包括："培养爱国主义、集体主义、社会主义思想道德和健康的审美情趣"；"发展个性，培养创新精神和合作精神，逐步形成积极的人生态度和正确的世界观、价值观"；"认识中华文化的丰厚博大，汲取民族文化智慧"；"关心当代文化生活，尊重多样文化，吸收人类文化的营养，提高文化品位"；"培育热爱祖国语言文字的情感"；"逐步养成实事求是、崇尚真知的科学态度"；"关注现实，关注人类，关注自然"。

综合这些价值取向范畴不难发现，《课纲》《课标》在教学目标价值取向上，除欠缺家人亲情范畴外，各范畴价值取向比较齐全。

2. 所选教科书价值取向是否符合该时期政治、经济、文化、教育发展的要求？所选教科书价值取向是否符合课纲、课标的目标和要求？是否符合学生的特点？

当下的中国，政治、经济、教育、文化等方面都发生了很大变化，政治上加强民主、建设；经济上加快转变发展方式、优化经济结构、增强综合国力；文化上坚定文化自信、建设文化强国；教育上加快教育事业改革和发展。这些变化体现于这套教科书在思想道德素质与科学文化素质两方面选文中。总体来看，这套教科书符合本时期政治、经济、文化、教育发展的要求，与社会发展需要相一致，对学生良好语文素养的养成具有推动作用。

从数据上来看，这套教科书在思想道德素质方面人格修养范畴品德操守维度、心理品质维度和家国情怀范畴国家情感维度符合新课标教学目标和要求；但家国情怀范畴家人亲情维度，社会关爱范畴社会责任维度、生态意识维度和国际理解维度，在达到新课标的教学目标和要求方面尚有需要进一步改进的地方。在科学文化素质价值方面语文知识范畴和语文能力范畴达到新课标教学目标和要求，但文化视野范畴和学习发展范畴在达成新课标的教学目标和要求略有不足。

3. 所选教科书各范畴价值取向的量与比重是否合理？价值取向的呈现方式是否合理？

综合国内外课程纲要（大纲），结合我国社会发展现实、政治需要和语文课程标准（大纲）的实际要求，语文教科书内容价值取向各子维度的比重达到10％～30％为宜。基于此，这套教材中思想道德素质方面，家国情怀和社会关爱范畴选文数量和比重合理，人格修养范畴选文数量宜减少至30％左右。人格修养范畴品德操守维度选文的数量和比重合理，心理品质维度选文数量宜减少至30％左右；家国情怀范畴国家情感维度选文数量和比重合理，家人亲情维度选文数量比例宜增加至10％；社会关爱范畴社会责任、生态意识和国际理解维度选文数量比例增加至10％为宜。科学文化素质方面，在强化语文知识、语文能力范畴的同时，宜增强对文化视野和学习发展范畴的重视。

4. 所选教材价值观内容的主要特点

这套教科书在思想道德素质方面十分重视个体、国家和社会层面。首先，这套教科书关注个体，特别是对个体心理品质的反映，尊重个人情感态度子维度的表达，强调对追求理想子维度的重视；其次，这套教科书强化对国家的情感，特别是强化学生对国家情怀和民族精神子维度的理解，帮助学生树立正确的国家观念和民族意识，热爱自己的祖国、民族；最后，这套教科书强调对社会的关注，特别是强调对社会追求和社会现象子维度的重视，帮助学生树立正确社会观、价值观和人生观。在科学文化素质方面，这套教科书非常重视语文知识、语文能力的培养，构建了系统、完整的语文教学体系和目标，帮助学生更好学习文字、词汇、语法、文体、文学等语文知识，以期全面提升学生听、说、读、写、用五个方面的能力和水平。此外，这套教科书重视文化视野范畴，选取不少国内外优秀文化作品，增强了语文教科书的多元性。

5. 所选价值观内容存在的问题

这套教科书在思想道德素质方面，首先，在强调个体心理品质维度的同时削弱了个体品德操守维度，对诸如诚实守信等中华传统美德重视不足；其次，在强化国家情感维度的同时大大削弱了家人亲情维度，对诸如孝敬父母、善待家人、尊敬长辈和友爱亲友等传统美德重视不够；最后，在强调对社会责任维度关注的同时削弱了生态意识和国际理解维度，对诸如节约资源、天人合一和造福人类等子维度的重视不够。在科学文化素质方面，外国文化作品大多选取欧美的文化作品，对于非洲和拉丁美洲等文化作品的选取依然很少。此外，对于我国少数民族优秀文化作品的选取仍有不足，削弱了文化视野范畴，未能很好达成课标中"尊重多样文化""汲取民族文化智慧""尊重和理解多元文化""以发展的眼光和开放的心态看待外来文化"等方面目标；这套教科书学习发展范畴选文数量不足，尤其是创新发展方面选文过少。

6. 结论

综上统计分析，这套教科书内容价值取向所涵盖的思想道德素质和科学文化素质两方面均有不同程度体现。既有相同之处也存在不同特点。为了更好地促进学生思想道德素质和科学文化素质的发展，落实社会主义核心价值观和中华优秀传统文化教育，完成立德树人的根本任务，提出以下建议，供今后修订教科书时参考。

(1)合理调整教科书价值取向各维度分布

这套新课改下的小学语文教科书在选文要求上符合现实需要和新课标要求，讲求面向全体学生的发展，以学生获得最基本的语文素养为根本。思想道德素质方面，这套教科书对学生人格修养范畴极为重视，远超出家国情怀和社会关爱范畴；就各维度分布而言，人格修养范畴可以适当增加品德操守维度比重；家国情怀范畴家人亲情维度适当提高比重分布；社会关爱范畴国际理解和社会责任维度适当增加选文数量和比重。科学文化素质方面，这套教科书重视学生语文知识范畴和语文能力范畴；但文化视野范畴民族文化维度和多元文化维度、学习发展范畴创新发展维度目标达成上尚需努力。

（2）从学生实际发展需要出发编选教科书

新课改主张"以学生为主体"的理念。因此，教科书的选文应该多联系学生的生活实际，考虑学生的身心发展特点和认知能力水平。"同时教科书要有开放性和弹性，为学生留出选择和拓展的空间，以满足不同学生学习和发展的需要。"在这套教科书中，发生在学生身边的、与学生生活相关的内容却并不多见。比如，《义务教育教科书 语文》五年级上册课文《慈母情深》《父爱之舟》，写的是子女与父母之间的亲情，反映现代生活中父母对子女的拳拳爱意，这类贴近学生生活的选文，在实际语文教学中更容易引起学生的共鸣，达到更好的教育效果。建议再编选时，适当增加这一类选文。

（3）提升教科书价值取向内容的多元性

①增加法治理念类选文

社会主义核心价值观强调"倡导自由、平等、公正、法治"的观念。党的十九大报告指出："加大全民普法力度，建设社会主义法治文化，树立宪法法律至上、法律面前人人平等的法治理念。"可见当下法制观念的重要性。中小阶段是学生形成独立世界观、人生观、价值观的重要时期。语文教科书作为传递国家意识形态和价值取向的载体，编选适当法治观念类选文十分必要。

②深化民族文化和多元文化主题

这套教科书在科学文化素质方面的文化视野范畴的选文数量和比例都不充分。一方面，对于我国少数民族优秀文化的介绍、各民族之间和谐发展的主题近乎没有；另一方面，对于世界优秀文化、多元文化的介绍也往往集中于欧美发达国家的文化作品，而亚非拉美等地区的发展中国家文化作品的介绍寥寥数篇，未能真正达成新课标"教材应体现时代特点和现代意识，理解和尊重多样文化""重视继承和弘扬中华民族优秀文化，理解和尊重多元文化"的目标和要求。建议在修订时适当增加这类选文。

③增强选文的现实性

这套教科书在思想道德素质方面人格修养范畴中，虽有一些对待人生、生命态度的选文，但真正涉及生命教育的选文不多。家国情怀范畴中，对于爱情和友情部分的选文重视不够，教科书中的爱情部分大多是一些古典诗词，时代性不强。六年级课文《狼牙山五壮士》《为人民服务》更好地结合学生展现了以爱国主义为核心的民族精神这一主题。文中呈现出的爱国情和国家风采让学生深深地感受到了一种民族自豪感，具有很强的现实意义，建议适当增加这类选文。此外，社会关爱范畴中很少有关于农村的题材，如现代农村的实际情况、人们思想的变化，以及那些毅然走出农村、拼搏于城市中"农民工"群体身上的正能量的选文。

二、统编本初中语文教科书价值观内容研究

(一)样本介绍

其背景简介、研究依据与统编本小学语文教科书类同，在此略去。

"新中国成立以来，我国中小学语文教材历经了多次变革，管理上从'一纲一本'到'一纲多本'，现在又回到'一纲一本'；内容、结构上则经历了从'文选型'教材到'能力训练型'教材，再到现在的'综合素养型'教材的演变。可以说，语文教材的发展是在曲折中前进。"①2016年部编本教科书开始试用，试用一年后，统编本教科书在全国中小学起始年级全面使用，教科书由"一纲多本"回归到"一纲一本"。统编本语文教科书是教育部根据中共中央办公厅、国务院办公厅的要求，统一组织编写的新版教科书。统编本语文教科书的指导思想和总体思路体现在以下几方面。

1. 以"立德树人"为根本任务，有机融合，渗透融入社会主义核心价值观、中华优秀传统文化教育等内容

党的十八大提出立德树人的根本任务。这套教科书充分发挥语文学科育人方面的独特优势，将构建社会主义核心价值观、继承和弘扬中华优秀传统文化、坚持革命传统教育、建设良好的思想道德风尚等融入其中，为学生的人格培养与终身发展奠定坚实基础。教科书按照"整体规划，有机融入，自然渗透"的基本思路，采用集中编排与分散渗透相结合的方式，使学生在学习语言文字过程中潜移默化地受到熏陶感染，逐步树立正确的价值观念和高尚的道德情操，最终使社会主义核心价值观内化为精神追求，外化为自觉行为。

2. 遵循课标要求，坚持课改方向，守正创新

这套教科书遵循《课程标准》(2011年版)的要求，尊重语文教育基本规律，

---

① 谢先成. "部编本"语文教材的编写理念、育人功能与使用建议——访全国著名语文教育专家杨再隋教授[J]. 教师教育论坛，2017(10)：4.

抓住语文教学的根本，合理有序地安排学习内容，切实做到"守正"。这套教科书的编写注意吸收课改经验，如，重视学生整体素质发展，以学生为主体引导学生学会学习，注重基本能力培养等，尽可能多地借鉴国外先进的教学思想，力求创新。在语文课与学生生活之间建立一条通道，构建教读、自读、课外阅读"三位一体"的阅读教学体系。

3. 以学生为本，突出语文素养（学生发展核心素养：文化基础、自主发展、社会参与）

这套教科书特别注重课程标准提出的语文素养理念，力足更高的高度和更开阔的视野审视语文教育。教科书的突出特点与创新之处是语文素养体现在教学中，既包括学生听、说、读、写能力的培养，也包括学生语文整体素养以及未来必备品格与核心能力的要求。因此，语言能力、思维能力、审美情趣、文化品位始终是这套教科书追求的目标。

统编本语文教科书也有创新点。首先，选文强调经典性、文质兼美、适宜教学、适当兼顾时代性四大标准，明显的变化就是大幅度增加古诗文篇目；其次，更加灵活的单元结构。遵循"双线组织单元结构"的原则，明线人文主题和暗线语文要素相互交融。再次，重视语文核心素养，重建语文知识体系，即重新确定语文教学知识体系，落实体现语文核心素养的知识点、能力点。这一改进使课程内容目标体现的线索清晰，各个学段、年级、单元的教学要点清晰；而且阅读教学实施以"教读课文"到"自读课文"再到"课外阅读"三位一体的阅读体系，使语文教学由课堂延伸到课外，更好地贯彻课程标准"多读书，读好书，好读书，读整本书"的倡议。最后，多层次建构自主学习的助学系统，如自读课文、名著导读的设计，凸显学生自主学习的特质。除此以外，统编本语文教科书强调活动、体验，重视在语文综合实践中获得语文能力，合理安排各种语文知识，随文学习，学以致用。

这套教科书是由教育部组织编写，北京大学中文系温儒敏教授担任总主编，国内著名专家和教授、语文教研人员和一线教师，以及人民教育出版社中语室全体编辑为编写队伍，经教育部审定通过，人民教育出版社出版，是目前正在使用的版本。

本研究所选用的版本情况如下：

第一册，2016 年初审通过，2016 年 7 月第 1 版；

第二册，2016 年初审通过，2016 年 11 月第 1 版；

第三册，2017 年初审通过，2017 年 7 月第 1 版；

第四册，2017 年初审通过，2017 年 12 月第 1 版；

第五册，2018 年初审通过，2018 年 6 月第 1 版；

第六册，2018 年初审通过，2018 年 12 月第 1 版。

这套教材在内容编排上主要由插图、教材编写、目录、正文、后记组成。

插图主要由封面的彩图、穿插于单元导语中的黑白图片以及课文中的彩色图片组成。

教科书编写主要介绍教科书的编写和出版信息。

目录位于教科书编写信息之后、正文之前，主要介绍本册书的构成情况。篇目前没有标"＊"的是精读课文，标有"＊"的是略读课文。

正文均由六个单元组成，每单元采用"双线组织单元结构"的原则编写，体现人文主题＋语文要素。以七年级"阅读：双线组元"为例，主要表现人文主题与语文要素两个维度。人文主题维度包括人与自然、人与社会、人与自我三个分主题，人与自然又细分为四季美景、动物与人、科幻探险；人与社会包含的子集有至爱亲情、学习生活、群星闪耀、凡人小事；人与自我的子集有人生之舟、想象之翼、生活哲理、修身正己。语文要素包括阅读方法和阅读策略，阅读方法有朗读、默读、精读等，对应的阅读策略有品味精彩语句，体会思想感情，把握文章大意，理清作者思路等。不同年级的要求不同，七年级的要求主要集中于阅读方法和阅读策略两方面，阅读方法强调朗读和默读，精读和略读；阅读策略着眼于养成一般的阅读能力。八年级以实用文体为主，穿插说明性文章和文学类文章；九年级旨在培养学生阅读说明性、议论性文章及实用类文本的能力。每单元之前的导语，介绍本单元的选文主题、学习内容、目标、重点等情况。（见表 18）

表 18　（以《义务教育教科书 语文》七年级上册第一单元为例）

单元		一	二	三	四	五	六
	人文主题	四时之景	亲情之爱	校园之美	人生之舟	生命之趣	想象之翼
七上 语文要素	阅读方法	朗读一：体会语言之美	朗读二：体会思想感情	默读一：一气呵成	默读二：圈点勾画	默读三：摘录积累	默读四：快速阅读
	阅读策略	品味精彩语句	把握作者情感	梳理文章的主要内容	理清作者思路	概括文章中心	理解联想和想象
	人文主题	群星闪耀	祖国之恋	凡人小事	修身正己	哲理之思	科幻探险
七下 语文要素	阅读方法	精读一：字斟句酌	精读二：学做批注	精读三：熟读精思	略读：确定阅读重点	比较阅读	浏览：提取主要信息
	阅读策略	把握人物特征，理解人物情感	学习主要抒情方式	掌握叙事角度，分清详略	对内容和表达有自己的心得	学习托物言志的手法	对内容和表达有所思考和质疑

　　六册教科书，每册六个单元、24 篇课文，由于有的课文含有 2 篇及以上选文，所以选文数量要超过这个数。每个单元由不同板块综合构成。阅读与写作构成教材的主体。阅读注重培养阅读一般文章的能力和初步鉴赏文学作品的能力，写作相对独立同时又与阅读教学相互配合。每篇课文之前的预习兼有助读和作业双重功能，目的在于提高学生的阅读兴趣。课文之后的两个层次练习，思考探究和积累拓展体现思维的渐进性，由课内到课外延伸拓展，由理解把握文本到积累梳理语言材料、扩大拓展学习资源，举一反三，内化为语文素养。配合新课改精神，每个单元之后设置了口语交际、综合性学习、名著导读等单元活动，这些学习活动与课文都紧扣单元主题。此外，每册教材的第三单元和第六单元还有"课外古诗词背诵"，主要向学生介绍四首课外古诗词，扩大学生阅读量。

　　后记介绍教科书编订人员。

4.统编本语文教科书价值取向架构表说明

在总结相关价值理论的基础上，依据社会主义核心价值观、学生核心素养等，充分考虑本阶段的语文教育现实和语文课程标准的相关要求，从思想道德素质和科学文化素质两方面对语文教科书价值取向研究架构表进行了设计。（详见第一节）

(二)语文教科书思想道德素质价值观内容分析

(1)思想道德素质选文分类

①人格修养

▲品德操守

Ⅰ.持正重义

持正重义指的是做人坚强正直，坚持真理正义。具体选文：《陈太丘与友期行》《〈论语〉十二章》《皇帝的新装》《邓稼先》《说和做——记闻一多先生言行片段》《列夫·托尔斯泰》《敬业与乐业》《就英法联军远征中国给巴特勒上尉的信》《中国人失掉自信力了吗》《智取生辰纲》《蒲柳人家》《鱼我所欲也》《唐雎不辱使命》《曹刿论战》《出师表》《过零丁洋》。

Ⅱ.孝敬谦恭

孝敬谦恭指的是孝顺父母，尊敬师长。具体选文：《秋天的怀念》《散步》《荷叶·母亲》《陈太丘与友期行》《再塑生命的人》《〈论语〉十二章》《木兰诗》《阿长与山海经》《藤野先生》《回忆我的母亲》《背影》《孤独之旅》《蒲柳人家》《枣儿》。

Ⅲ.仁爱友善

仁爱友善指的是待人和善，亲近慈爱。具体选文：《从百草园到三味书屋》《再塑生命的人》《〈论语〉十二章》《纪念白求恩》《邓稼先》《回忆鲁迅先生》《老王》《叶圣陶先生二三事》《驿路梨花》《藤野先生》《渡荆门送别》《蒲柳人家》。

Ⅳ.诚实守信

诚实守信指的是为人真诚，遵守信约。具体选文：《〈论语〉十二章》《皇帝的新装》《邓稼先》《敬业与乐业》。

▲心理品质

Ⅰ.自信自爱

自信自爱指的是相信自我，善待自己。具体选文：《咏雪》《〈论语〉十二章》《走一步，再走一步》《卖油翁》《沁园春·雪》《三顾茅庐》《江城子·密州出猎》《邹忌讽齐王纳谏》。

　　Ⅱ．追求理想

　　追求理想指的是探索梦想，寻找希望。具体选文：《观沧海》《〈论语〉十二章》《植树的牧羊人》《天上的街市》《太阳船》《邓稼先》《陋室铭》《爱莲说》《一颗小桃树》《望岳》《使至塞上》《愚公移山》《饮酒（其五）》《回延安》《庄子与惠子游于濠梁》《大道之行也》《茅屋为秋风所破歌》《沁园春·雪》《岳阳楼记》《醉翁亭记》《酬乐天扬州初逢席上见赠》《孤独之旅》《三顾茅庐》《梅岭三章》《鱼我所欲也》《送东阳马生序》《破阵子·为陈同甫赋壮词以寄之》《出师表》。

　　Ⅲ．坚韧乐观

　　坚韧乐观指的是坚定信念、积极向上。具体选文：《〈论语〉十二章》《植树的牧羊人》《走一步，再走一步》《邓稼先》《说和做——闻一多先生言行片段》《紫藤萝瀑布》《假如生活欺骗了你》《列夫·托尔斯泰》《蝉》《生于忧患，死于安乐》《回延安》《安塞腰鼓》《应有格物致知的精神》《水调歌头》《梅岭三章》《蒲柳人家》。

　　Ⅳ．善于交往

　　善于交往指的是善于交际，乐于交友。具体选文：《〈论语〉十二章》《孙权劝学》《驿路梨花》《送东阳马生序》。

　　Ⅴ．明理力行

　　明理力行指的是机智善辩，敏思践行。具体选文：《陈太丘与友期行》《孙权劝学》《卖油翁》《未选择的路》《河中石兽》《蝉》《愚公移山》《应有格物致知的精神》《虽有佳肴》《敬业与乐业》《送东阳马生序》《谈读书》《不求甚解》《山水画的意境》《无言之美》《驱遣我们的想象》《曹刿论战》《邹忌讽齐王纳谏》。

　　Ⅵ．情感态度

　　情感态度指的是思想感情，生活态度。具体选文：《春》《济南的冬天》《雨的四季》《观沧海》《次北固山下》《闻王昌龄左迁龙标遥有此寄》《天净沙·秋思》《从百草园到三味书屋》《再塑生命的人》《窃读记》《猫》《狼》《老王》《台阶》《叶圣陶先生二三事》《驿路梨花》《最苦与最乐》《陋室铭》《爱莲说》《紫藤萝瀑布》《一颗小桃树》《登幽州台歌》《望岳》《登飞来峰》《游山西村》《己亥杂诗（其五）》《伟大的悲剧》《太空一日》《带上她的眼睛》《藤野先生》《回忆我的母亲》《美丽的颜色》《记承天寺夜游》《与朱元思书》《渡荆门送别》《背影》《白杨礼赞》《永久的生命》《我为什么活着》《昆明的雨》《中国石拱桥》《苏州园林》《富贵不能淫》《生于忧患，死于安乐》

《愚公移山》《周亚夫军细柳》《饮酒(其五)》《春望》《赤壁》《雁门太守行》《渔家傲》《社戏》《回延安》《灯笼》《桃花源记》《小石潭记》《核舟记》《关雎》《蒹葭》《最后一次演讲》《庆祝奥林匹克运动复兴25周年》《壶口瀑布》《北冥有鱼》《庄子与惠子游于濠梁》《马说》《茅屋为秋风所破歌》《卖炭翁》《沁园春·雪》《我爱这土地》《乡愁》《你是人间的四月天———一句爱的赞颂》《我看》《就英法联军远征中国给巴特勒上尉的信》《论教养》《精神的三间小屋》《岳阳楼记》《醉翁亭记》《湖心亭看雪》《行路难》《酬乐天扬州初逢席上见赠》《水调歌头》《怀疑与学问》《谈创造性思维》《创造宣言》《三顾茅庐》《故乡》《我的叔叔于勒》《中国人失掉自信力了吗》《怀疑与学问》《谈创造性思维》《创造宣言》《范进中举》《祖国啊，我亲爱的祖国》《梅岭三章》《萧红墓畔口占》《海燕》《孔乙己》《变色龙》《溜索》《唐雎不辱使命》《渔家傲·秋思》《江城子·密州出猎》《破阵子·为陈同甫赋壮词以寄之》《满江红》《屈原》《邹忌讽齐王纳谏》《出师表》《白雪歌送武判官归京》《南乡子·登京口北固亭有怀》《山坡羊·潼关怀古》。

②家国情怀

▲家人亲情

Ⅰ．家庭关怀

家庭关怀指的是家人之间的相互关爱之情。具体选文：《次北固山下》《天净沙·秋思》《秋天的怀念》《散步》《金色花》《荷叶·母亲》《陈太丘与友期行》《诫子书》《木兰诗》《阿长与山海经》《台阶》《回忆我的母亲》《背影》《春望》《关雎》《蒹葭》《水调歌头》《故乡》《我的叔叔于勒》《孤独之旅》《刘姥姥进大观园》《枣儿》。

Ⅱ．亲友互爱

亲友互爱指的是亲戚朋友之间的相互关爱之情。具体选文：《老王》《藤野先生》《故乡》《白雪歌送武判官归京》。

Ⅲ．家乡情谊

家乡情谊指的是对家乡故土的深情。具体选文：《次北固山下》《天净沙·秋思》《渡荆门送别》《社戏》《乡愁》《故乡》。

▲国家情感

Ⅰ．国家情怀

国家情怀指的是对国家的认同，以及民族自豪感和爱国情怀。具体选文：《天上的街市》《太阳船》《邓稼先》《说和做———记闻一多先生言行片段》《黄河颂》《最后一课》《土地的誓言》《木兰诗》《己亥杂诗》《伟大的悲剧》《太空一日》《带上她的眼睛》《"飞天"凌空——跳水姑娘吕伟夺魁记》《一着惊天——目击我国航母舰载战斗机首架次成功着舰》《回忆我的母亲》《使至塞上》《中国石拱桥》《春望》《茅屋为秋风所破歌》《卖炭翁》《我爱这土地》《岳阳楼记》《中国人失掉自信力了吗》《祖国我亲爱的祖国》《梅岭三章》《唐雎不辱使命》《渔家傲·秋思》《江城子·密州出猎》《破阵子·为陈同甫赋壮词以寄之》《满江红》《曹刿论战》《出师表》《过零丁洋》。

Ⅱ.民族精神

民族精神指的是热爱祖国、爱好和平、勤劳勇敢、自强不息的精神品质。具体选文：《邓稼先》《说和做——记闻一多先生言行片段》《黄河颂》《最后一课》《土地的誓言》《伟大的悲剧》《太空一日》《带上她的眼睛》《"飞天"凌空——跳水姑娘吕伟夺魁记》《一着惊天——目击我国航母舰载战斗机首架次成功着舰》《回忆我的母亲》《白杨礼赞》《中国石拱桥》《苏州园林》《梦回繁华》《愚公移山》《周亚夫军细柳》《回延安》《安塞腰鼓》《灯笼》《核舟记》《最后一次演讲》《我一生中的重要抉择》《中国人失掉自信力了吗》《梅岭三章》《风雨吟》《蒲柳人家》《过零丁洋》。

Ⅲ.民族互存

民族互存指的是各民族之间相互平等、相互团结，共同发展。具体选文：《驿路梨花》。

Ⅳ.政治认同

政治认同指的是热爱中国共产党。具体选文：《我三十万大军胜利南渡长江》《人民解放军百万大军横渡长江》《"飞天"凌空——跳水姑娘吕伟夺魁记》《一着惊海天——目击我国航母舰载战斗机首架次成功着舰》《回忆我的母亲》《白杨礼赞》《回延安》。

Ⅴ.革命精神

革命精神指的是敢于斗争、勇敢反抗的品质。具体选文：《我三十万大军胜利南渡长江》《人民解放军百万大军横渡长江》《回忆我的母亲》《白杨礼赞》《梅岭三章》《风雨吟》《海燕》《屈原》。

③社会关爱

▲社会责任

Ⅰ.社会追求

社会追求指的是对"自由、平等、公正、法治"美好社会的追求。具体选文：

《驿路梨花》《桃花源记》《大道之行也》《马说》《月夜》《断章》。

Ⅱ．社会公德

社会公德指的是文明礼貌、乐于助人、爱护环境，遵纪守法等品质。具体选文：《植树的牧羊人》《驿路梨花》。

Ⅲ．奉献社会

奉献社会指的是对社会的无私奉献。具体选文：《敬业与乐业》。

Ⅳ．社会现象

社会现象指的是反映社会的状态或变化，以及人与人的关系。具体选文：《猫》《狼》《皇帝的新装》《赫尔墨斯和雕像者》《蚊子与狮子》《穿井得一人》《杞人忧天》《回忆我的母亲》《卖炭翁》《故乡》《我的叔叔于勒》《中国人失掉自信力了吗》《智取生辰纲》《范进中举》《孔乙己》《变色龙》《蒲柳人家》《屈原》《天下第一楼》《枣儿》《十五从军征》《山坡羊·潼关怀古》。

▲生态意识

Ⅰ．热爱自然

热爱自然指的是对自然风光、自然生活的热爱之情。具体选文：《春》《济南的冬天》《雨的四季》《从百草园到三味书屋》《植树的牧羊人》《三峡》《答谢中书书》《记承天寺夜游》《与朱元思书》《野望》《黄鹤楼》《钱塘湖春行》《昆明的雨》《饮酒（其五）》《大自然的语言》《恐龙无处不在》《被压扁的沙子》《大雁归来》《时间的脚印》《小石潭记》《壶口瀑布》《在长江源头各拉丹冬》《登勃朗峰》《一滴水经过丽江》《沁园春·雪》《醉翁亭记》。

Ⅱ．维护生态

维护生态指的是对自然生态环境的保护。具体选文：《植树的牧羊人》《大雁归来》。

Ⅲ．节约资源

节约资源指的是对自然资源和生态资源的节约意识。具体选文：《登勃朗峰》《一滴水经过丽江》。

Ⅳ．珍爱生命

珍爱生命指的是对生命的热爱、歌颂。具体选文：《猫》《永久的生命》《蝉》。

Ⅴ．天人合一

天人合一指的是人与自然的和谐发展。具体选文：《植树的牧羊人》。

▲国际理解

Ⅰ.了解世界

了解世界指的是对世界的了解和认识。具体选文:《伟大的悲剧》《首届诺贝尔奖颁发》《列夫·托尔斯泰》《恐龙无处不在》《被压扁的沙子》《庆祝奥林匹克运动复兴 25 周年》《统一》。

Ⅱ.造福人类

造福人类指的是为人类社会造福。具体选文:《纪念白求恩》《植树的牧羊人》《美丽的颜色》。

Ⅲ.追求和平

追求和平指的是对和平生活的美好追求和向往。具体选文:《纪念白求恩》《就英法联军远征中国给巴特勒上尉的信》《山坡羊·潼关怀古》。

Ⅳ.合作共赢

合作共赢指的是互相合作,共同发展。具体选文:《带上她的眼睛》。

(2)思想道德素质价值观内容频率分析

①价值观内容范畴总体统计分析

表 19　《义务教育教科书 语文》
思想道德素质价值观内容总体统计分析表

价值观范畴	七年级			八年级			九年级			初中		
	频率	百分比(%)	排序	频率	百分比(%)	排序	频率	百分比(%)	排序	频率	百分比(%)	排序
人格修养	83	58.87	1	61	44.20	1	86	61.87	1	230	55.02	1
家国情怀	35	24.82	2	42	30.44	2	32	23.02	2	109	26.08	2
社会关爱	23	16.31	3	35	25.36	3	21	15.11	3	79	18.90	3
总频率	141	100.00		138	100.00		139	100.00		418	100.00	

从表中不难发现,思想道德素质价值观内容分布比较全面,每个范畴都占有一定的比例。频率分布由高到低依次为人格修养范畴、家国情怀范畴和社会关爱范畴。其中,人格修养范畴所占比例最大,在总数和各年级分布上都远超过其他范畴,建议适当减少至 30% 左右;家国情怀范畴和社会关爱范畴选文数量和比例较适中,建议适当增加这两部分比重至 30% 左右。

②价值观内容范畴统计分析

表 20 《义务教育教科书 语文》
思想道德素质价值观内容统计分析表

价值观范畴		七年级			八年级			九年级			初中		
		频率	百分比（%）	排序	频率	百分比（%）	排序	频率	百分比（%）	排序	频率	百分比（%）	排序
人格修养	品德操守	25	17.73	2	6	4.35	5	15	10.79	4	46	11.00	3
	心理品质	58	41.14	1	55	39.86	1	71	51.08	1	184	44.02	1
家国情怀	家人亲情	14	9.93	4	8	5.80	4	10	7.19	5	32	7.66	5
	国家情感	21	14.89	3	34	24.64	2	22	15.83	2	77	18.42	2
社会关爱	社会责任	10	7.09	5	5	3.61	7	16	11.51	3	31	7.42	6
	生态意识	8	5.67	6	24	17.39	3	2	1.44	7	34	8.13	4
	国际理解	5	3.55	7	6	4.35	5	3	2.16	6	14	3.35	7
总频率		141	100.00		138	100.00		139	100.00		418	100.00	

根据本研究对语文教科书价值观内容各维度及其子维度的比重应达到10%～30%为宜的建议，结合上表不难发现，这套教科书思想道德素质方面，家国情怀范畴和社会关爱范畴选文数量和所占比例较合理，但其中家人亲情维度、社会责任维度、生态意识维度和国际理解维度比重过小，远低于10%，应当增加这些维度的选文。人格修养范畴所占比重略高，尤以心理品质维度比重最大，达到44.02%，建议适当减少至25%～30%。

③价值取向范畴分类统计分析

表 21 《义务教育教科书 语文》思想道德素质
人格修养—品德操守价值观内容统计分析表

价值观范畴	七年级			八年级			九年级			初中		
	频率	百分比（%）	排序	频率	百分比（%）	排序	频率	百分比（%）	排序	频率	百分比（%）	排序
持正重义	5	20.00	3	1	16.67	3	10	66.66	1	16	34.78	1

续表

价值观范畴	七年级			八年级			九年级			初中		
	频率	百分比（％）	排序	频率	百分比（％）	排序	频率	百分比（％）	排序	频率	百分比（％）	排序
孝敬谦恭	8	32.00	2	3	50.00	1	3	20.00	2	14	30.43	2
仁爱友善	9	36.00	1	2	33.33	2	1	6.67	3	12	26.09	3
诚实守信	3	12.00	4	0	0.00	4	1	6.67	3	4	8.70	4
总频率	25	100.00		6	100.00		15	100.00		46	100.00	

人格修养范畴品德操守维度选文数量和所占比例较小，占11.00％。其中，持正重义子维度所占比例较大，达34.78％，超过其他子维度频率；孝敬谦恭子维度和仁爱友善子维度所占比例居其次；诚实守信子维度所占比例较小，占8.70％，且八年级出现"零频率"现象。在呈现方式上，持正重义子维度选文数量随年级升高呈"↗↘"状态，由"小—大—小"；孝敬谦恭子维度三个年级选文数量基本呈"↘—"状态，由"大—小"；仁爱友善子维度选文数量随年级升高逐渐下降（↘），由"大—小"；诚实守信子维度三个年级的选文数量呈"↘↗"状态，由"大—小—大"，八年级出现"零频率"现象。

表22 《义务教育教科书 语文》思想道德素质
人格修养—心理品质价值观内容统计分析表

价值观范畴	七年级			八年级			九年级			初中		
	频率	百分比（％）	排序	频率	百分比（％）	排序	频率	百分比（％）	排序	频率	百分比（％）	排序
自信自爱	4	6.90	5	0	0.00	5	4	5.63	4	8	4.35	5
追求理想	10	17.24	2	7	12.73	2	11	15.49	2	28	15.22	2
坚韧乐观	7	12.07	3	6	10.91	3	3	4.23	5	16	8.70	4
善于交往	3	5.17	6	0	0.00	5	1	1.41	6	4	2.17	6
明理力行	5	8.62	4	4	7.27	4	9	12.68	3	18	9.78	3
情感态度	29	50	1	38	69.09	1	43	60.56	1	110	59.78	1
总频率	58	100.00		55	100.00		71	100.00		184	100.00	

人格修养范畴心理品质维度选文数量和所占比例较大，占44.02％。其中，情感态度子维度频率分布超过50％，也超过其他子维度频率之和。追求理想子

维度和明理力行子维度频率分布居其次，为 15.22％和 9.78％。坚韧乐观、自信自爱和善于交往子维度选文数量和所占比例较小，仅占 8.70％、4.35％和 2.17％，远低于前三者。在呈现方式上，情感态度子维度选文数量随年级升高逐渐上升（↗），由"小—大"；追求理想子维度和明理力行子维度三个年级选文数量随年级长高呈"↘↗"状态，由"大—小—大"；坚韧乐观子维度选文数量随年级呈逐渐下降（↘）；自信自爱子维度和善于交往子维度三个年级选文数量呈"↘↗"状态，由"大—小—大"，且在八年级均出现了"零频率"现象。

表 23 《义务教育教科书 语文》思想道德素质
家国情怀—家人亲情价值观内容统计分析表

价值观范畴	七年级			八年级			九年级			初中		
	频率	百分比（％）	排序	频率	百分比（％）	排序	频率	百分比（％）	排序	频率	百分比（％）	排序
家庭关怀	11	78.57	1	5	62.50	1	6	60.00	1	22	68.75	1
亲友互爱	1	7.14	3	2	12.50	3	2	20.00	2	4	12.50	3
家乡情谊	2	14.29	2	2	25.00	2	2	20.00	2	6	18.75	2
总频率	14	100.00		8	100.00		10	100.00		32	100.00	

家国情怀范畴家人亲情维度选文数量和所占比例较小，占 7.66％。其中，家庭关怀子维度所占比例最大，达 68.75％，远超其他两范畴之和；家乡情谊子维度居其次，频率分布占 18.75％；亲友互爱子维度所占的比例最小，占 12.50％。在呈现方式上，家庭关怀子维度三个年级的选文数量呈"↘↗"状态，由"大—小—大"；家乡情谊子维度三个年级选文数量持平，既没上升也没下降；亲友互爱子维度三个年级选文数量基本呈"↗"状态，由"小—大"。

表 24 《义务教育教科书 语文》思想道德素质
家国情怀—国家情感价值观内容统计分析表

价值观范畴	七年级			八年级			九年级			初中		
	频率	百分比（％）	排序	频率	百分比（％）	排序	频率	百分比（％）	排序	频率	百分比（％）	排序
国家情怀	12	57.14	1	8	23.53	2	13	59.09	1	33	42.86	1
民族精神	8	38.10	2	15	44.12	1	5	22.73	2	28	36.36	2

续表

价值观范畴	七年级			八年级			九年级			初中		
	频率	百分比（%）	排序	频率	百分比（%）	排序	频率	百分比（%）	排序	频率	百分比（%）	排序
民族互存	1	4.76	3	0	0.00	5	0	0.00	4	1	1.30	5
政治认同	0	0.00	4	7	20.59	3	0	0.00	4	7	9.10	4
革命精神	0	0.00	4	4	11.76	4	4	18.18	3	8	10.38	3
建设发展	0	0.00	4	0	0.00	5	0	0.00	4	0	0.00	6
总频率	21	100.00		34	100.00		22	100.00		77	100.00	

家国情怀范畴国家情感维度选文数量和所占比例较适宜，占 7.66%。其中，国家情怀子维度和民族精神子维度所占比例较大，达到 42.86% 和 36.36%。革命精神子维度居其次，占 10.38%。政治认同子维度和民族互存子维度选文数量和所占的比例最小，仅占 9.10% 和 1.30%。建设发展子维度频率分布为 0。在呈现方式上，国家情怀子维度三个年级选文数量呈"↘↗"状态，由"大一小一大"；民族精神子维度三个年级选文数量基本呈"↗↘"状态，由"小一大一小"；革命精神子维度、政治认同子维度和民族互存子维度三个年级选文数量呈"↗↘"状态，由"小一大一小"，且革命精神子维度在七年级，政治认同子维度在七、九年级，民族互存子维度在八、九年级，均出现"零频率"现象；建设发展子维度选文缺失。

表 25　《义务教育教科书 语文》思想道德素质
社会关爱—社会责任价值观内容统计分析表

价值观范畴	七年级			八年级			九年级			初中		
	频率	百分比（%）	排序	频率	百分比（%）	排序	频率	百分比（%）	排序	频率	百分比（%）	排序
社会追求	1	10.00	3	3	60.00	1	2	12.50	2	6	19.35	2
社会公德	2	20.00	2	0	0.00	3	0	0.00	4	2	6.45	3
奉献社会	0	0.00	4	0	0.00	3	1	6.25	3	1	3.23	4
社会现象	7	70.00	1	2	40.00	2	13	81.25	1	22	70.97	1
总频率	10	100.00		5	100.00		16	100.00		31	100.00	

社会关爱范畴社会责任维度选文数量和所占比例过小，仅占 7.42％。其中，社会现象子维度所占比例最大，达 70.97％，远超过其他子维度频率之和；社会追求子维度居其次，占 19.35％；奉献社会子维度和社会公德子维度所占比例最小，仅占 6.45％和 3.23％。在呈现方式上，社会现象子维度三个年级选文数量呈"↘↗"状态，由"大—小—大"；社会追求子维度三个年级选文数量呈"↗↘"状态，由"小—大—小"；奉献社会子维度三个年级选文数量基本呈"↗"的状态，且在七、八年级出现"零频率"现象；社会公德子维度选文数量随年级升高逐渐下降，且在八、九年级出现"零频率"现象。

表26 《义务教育教科书 语文》思想道德素质
社会关爱—生态意识价值观内容统计分析表

价值观范畴	七年级			八年级			九年级			初中		
	频率	百分比（％）	排序	频率	百分比（％）	排序	频率	百分比（％）	排序	频率	百分比（％）	排序
热爱自然	5	62.50	1	19	79.17	1	2	100.00	1	26	76.47	1
维护生态	1	12.50	2	1	4.17	3	0	0.00		2	5.88	3
节约资源	0	0.00	3	2	8.33	2	0	0.00		2	5.88	3
珍爱生命	1	12.50	2	2	8.33	2	0	0.00		3	8.82	2
天人合一	1	12.50	2	0	0.00	4	0	0.00		1	2.95	4
总频率	8	100.00		24	100.00		2	100.00		34	100.00	

社会关爱范畴生态意识维度选文数量和所占比例较小，占 8.13％。其中，热爱自然子维度所占比例最大，占 76.47％，超过其他子维度频率之和；珍爱生命子维度、维护生态子维度和节约资源子维度居其次，分别为 8.82％、5.88％和 5.88％；天人合一子维度选文数量和所占比例过小，仅占 2.95％。在呈现方式上，热爱自然子维度和珍爱生命子维度三个年级选文数量呈"↗↘"状态，由"小—大—小"，且珍爱生命子维度在九年级出现"零频率"现象；维护生态子维度三个年级选文数量呈"↘"状态，由"大—小"，且维护生态子维度在九年级出现"零频率"现象；节约资源子维度三个年级选文数量呈"↗↘"状态，由"小—大—小"，且在七、九年级出现"零频率"现象。天人合一子维度选文数量随年级升高逐渐下降（↘），且在八、九年级出现"零频率"现象。

表 27　《义务教育教科书 语文》思想道德素质
社会关爱—国际理解价值观内容统计分析表

价值观范畴	七年级			八年级			九年级			初中		
	频率	百分比（%）	排序	频率	百分比（%）	排序	频率	百分比（%）	排序	频率	百分比（%）	排序
了解世界	1	20.00	2	5	83.33	1	1	33.33	2	7	50.00	1
造福人类	2	40.00	1	1	16.67	2	0	0.00	3	3	21.43	2
追求和平	1	20.00	2	0	0.00	3	2	66.67	1	3	21.43	2
合作共赢	1	20.00	2	0	0.00	3				1	7.14	3
总频率	5	100.00		6	100.00		3	100.00		14	100.00	

社会关爱范畴国际理解维度选文数量和所占比例过小，占 3.35%。其中，了解世界子维度所占比例最大，占 50.00%，明显超过其他子维度。造福人类子维度和追求和平子维度居其次，占 21.43%、21.43%；合作共赢子维度所占比例最小，仅占 7.14%。在呈现方式上，了解世界子维度三个年级选文数量呈"↗"状态，由"小—大—小"；造福人类子维度三个年级选文数量呈"↘"状态，由"大—小"，且在九年级出现"零频率"现象；追求和平子维度三个年级选文数量呈"↘↗"状态，由"大—小—大"，且在八年级出现"零频率"现象；合作共赢子维度选文数量随年级升高逐渐下降（↘），且在八、九年级出现"零频率"现象。

(三)科学文化素质价值观内容分析

（1）文化视野

①课程要求

"语文课程对继承和弘扬中华民族优秀文化传统和革命传统，增强民族文化认同感，增强民族凝聚力和创造力，具有不可替代的优势"[①]。"认识中华文化的丰厚博大，汲取民族文化智慧。关心当代文化生活，尊重多样文化，吸收人类优秀文化的营养，提高文化品位"[②]。

---

① 中华人民共和国教育部制定．全日制义务教育语文课程标准（2011 年版）[M]．北京：北京师范大学出版社，2012：1．

② 中华人民共和国教育部制定．全日制义务教育语文课程标准（2011 年版）[M]．北京：北京师范大学出版社，2012：6．

②教科书编写安排综述

"教材按照'整体规划，有机融入，自然渗透'的基本思路，采用集中编排与分散渗透相结合的方式，使学生在学习语言文字的过程中潜移默化地受到熏陶感染，逐步树立正确的思想观念和高尚的道德情操，最终使社会主义核心价值观内化为精神追求，外化为自觉行为。"①教科书的编写是按双线组织单元结构编写，既有人文主题又有语文要素。其中，人文主题有人与自然、人与社会、人与自我，如七年级人文主题有，四季美景、动物与人、科幻探险、至爱亲情、学习生活、群星闪耀、凡人小事、人生之舟、想象之翼、生活哲理、修身正己。语文要素既有阅读方法又有阅读策略。部编版教科书重视阅读能力和阅读兴趣的培养，建立"三位一体"的阅读教学体系。

③列表统计

表 28　《义务教育教科书 语文》选文时代范围统计分析

时代	先秦	秦汉	魏晋南北朝	唐宋	元明清	近现代	当代	总计
篇数	17	3	11	34	11	69	47	192
百分比(%)	8.85	1.56	5.73	17.71	5.73	35.94	24.48	100.00

表 29　《义务教育教科书 语文》选文空间范围统计分析表

地区	亚洲		欧洲							美洲		
国家	中国	印度	法国	德国	英国	奥地利	丹麦	俄罗斯（俄国、苏联）	希腊	美国	智利	总计
篇数	165	1	6	0	2	3	1	3	2	8	1	192
百分比(%)	85.94	0.52	3.12	0.	1.04	1.56	0.52	1.56	1.04	4.17	0.52	100.00

④评价

这套教科书在文化视野方面基本达成了新课标"继承和弘扬中华民族优秀文

---

① 守正创新，构建"三位一体"的语文教科书编写体系——2017 初中语文"部编本"新教材培训[EB/OL]．https://wenku.baidu.com/view/75b7326732687e21af45b307e87101f69f31fb48.html.

化传统""关心当代文化生活"等目标和要求，但由于本国少数民族文化和世界他国优秀文化的选文数量过少，课标中"尊重多样文化""汲取民族文化智慧"方面等目标未能很好达成。

（2）语文知识

①课程要求

"认识 3500 个左右常用汉字，背诵优秀诗文 240 篇（段）。"①"在阅读中了解叙述、描写、说明、议论、抒情等表达方式。了解诗歌、散文、小说、戏剧等文学样式。"②"随文学习基本的词汇、语法知识，用来帮助理解课文中的语言难点。了解课文涉及的重要作家作品知识和文化常识。"③

②教科书编写安排综述

这套课本"重新确定语文教学的知识体系，落实那些体现语文核心素养的知识点、能力点。"④"按照'课标'的学段目标要求来细化那些知识的掌握与能力的训练，落实到各个单元。有些必要的语法修辞知识，则配合课文教学，以补白形式出现。努力做到'一课一得'。"⑤这套课本的知识体系和能力点主要体现在五个方面。一是教师用书明确列出每个学段、单元，甚至每一课学习的基本知识和必要的能力训练；二是每个单元的导语提示本单元学习的知识点和能力点；三是每一课的思考题和拓展题，必定有一两道题按照相关的知识点或者能力点设计；四是综合性学习、写作、名著选读等方面都有学习方法或者训练目标等提示；五是每个单元都有一两块"补白"，努力结合课文和教学实际，用浅易生动的语言介绍语法修辞等语文知识。本套课本注重语文知识"随文学习"的原则。

---

① 中华人民共和国教育部制定. 义务教育语文课程标准（2011 年版）［M］. 北京：北京师范大学出版社，2012：14-16.

② 中华人民共和国教育部制定. 义务教育语文课程标准（2011 年版）［M］. 北京：北京师范大学出版社，2012：15.

③ 中华人民共和国教育部制定. 义务教育语文课程标准（2011 年版）［M］. 北京：北京师范大学出版社，2012：16.

④ 温儒敏. 部编本语文教材的编写理念、特色与使用建议［J］. 课程·教材·教法，2016(11)：7.

⑤ 温儒敏. 部编本语文教材的编写理念、特色与使用建议［J］. 课程·教材·教法，2016(11)：8.

③列表统计

表30 《义务教育教科书 语文》语文知识安排表

	字词句篇知识	逻辑知识	读写基本知识
七年级上册	名词； 词义和语境； 动词； 同义词； 词语的感情色彩； 形容词； 反义词； 数词和量词； 代词	比喻； 比拟	朗读把握重音和停连； 朗读把握文章的感情基调； 朗读注意语气、节奏的变化； 热爱生活，热爱写作； 读出感情； 学习默读和快速阅读； 学会记事； 用自己的话讲述故事； 写人抓住特点； 写作思路清晰； 写作突出中心； 发挥联想和想象
七年级下册	副词； 连词； 叹词和拟声词； 助词； 并列短语； 偏正短语； 主谓短语； 动宾短语； 补充短语	表达自己的看法； 排比	反复诵读，体会语段的表现力； 读出文中人物说话的语气； 写出人物精神； 学习抒情； 学习精读和略读； 讲故事； 写作抓住细节，真实、典型、生动； 写作的材料源自生活； 文从字顺：语句表达准确；注意语句间的连贯； 调查访问； 语言简明：围绕中心写，避免词语重复；不要堆砌词语； 托物言志； 学习浏览

续表

	字词句篇知识	逻辑知识	读写基本知识
八年级上册	句子的语气	夸张	学写新闻稿； 怎样写消息； 讲述：注意讲述的对象和场合； 突出重点； 注意口语表达的特点； 学习描写景物； 语言要连贯； 说明事物抓住特征； 复述与转述； 表达要得体； 综合性学习
八年级下册	语序合理； 句子结构完整； 句子不要杂糅； 句子成分搭配恰当		学习仿写； 说明的顺序：时间顺序、空间顺序、逻辑顺序； 学写读后感； 学习演讲词，撰写演讲稿； 学写游记； 即席讲话； 学写故事
九年级上册	单句和复句； 递进复句·承接复句； 并列复句·选择复句； 转折复句·因果复句； 恰当使用关联词语		朗读注意节奏和押韵； 观点明确； 议论言之有据； 学习缩写； 论证要合理； 学习改写
九年级下册			学习扩写； 审题立意； 综合性学习； 布局谋篇； 修改润色； 辩论； 有创意的表达

④评价

这套教科书在语文知识方面格外重视程序性知识，诸如阅读策略、写作策略等，目的是让学生能自主建构知识；各单元安排一些小补白，以简洁易懂的方式适当介绍有关语法修辞、阅读、写作、文学等方面知识。新教科书特别注重语文知识"随文学习"的原则，主要素材来自课文，又很自然体现在各单元习题和相关设计中，很好体现了知识学习教学的层级和梯度。

(3)语文能力

①课程要求

"能熟练使用字典、词典独立识字，会用多种检字方法"，"学会规范、通行的行楷字，提高书写的速度。""临摹名家书法，体会书法的审美价值。""能用普通话正确、流利、有感情地朗读。养成默读习惯，有一定速度，阅读一般的现代文，每分钟不少于 500 字。""在阅读中了解叙述、描写、说明、议论、抒情等表达方式。了解诗歌、散文、小说、戏剧等文学样式。阅读简单的议论文，区分观点与资料，发现观点与材料之间的联系。阅读新闻和说明性文章，能把握文章的基本观点，获取主要信息。诵读古代诗词，阅读浅易文言文，能够借助注释和工具书理解基本内容。""注重写作过程中搜集素材、构思立意、列纲起草、修改加工等环节，提高独立写作能力。能从文章中提取主要信息进行缩写；能根据文章的基本内容和自己的合理想象进行改写；能变换文章的文体或表达方式等进行改写。""能根据对方的话语、表情、手势等，理解对方的观点和意图。自信、负责地表达自己的观点，做到清楚、连贯、不偏离话题。不断调整自己的表达内容和方式，不断提高应对能力，增强感染力和说服力。"①

②教科书编写安排综述

编者对各年级的教学要求进行细化，形成由识字与写字、阅读能力、写作能力、口语交际能力、综合性学习能力组成的、完整的语文教学体系。具体内容参见下表。

---

① 中华人民共和国教育部制定. 义务教育语文课程标准(2011 年版)〔M〕. 北京：北京师范大学出版社，2012：14-17.

③列表说明

表 31 《义务教育教科书 语文》各册读写能力教学要求

七年级上册	一、重视字词的积累，并注重培养学生的汉字审美意识。"读读写写"中的字、词均参照课标《字表(二)》，用专门设计的软件筛选出来。此外，这些字、词邀请国内知名硬笔书法家专门书写，既增加审美的元素，也可以让学生模仿借鉴。二、重视朗读课文，想象文中的情景，领略景物之美；把握重音和停连，感受汉语声韵之美；注意揣摩和品味语言，体会比喻和拟人等修辞方法的表达效果。继续朗读课文，把握文章的感情基调，体会作者情感，注重语气、节奏的变化，力求读出文章的情味。三、学习默读，把握基本内容，了解文章大意，并勾画关键语句，在疑惑之处做标注。学会通过划分段落层次、抓关键语句等方法，理清作者思路，概括文章大意。学习快速阅读，提高阅读速度，调动自己的体验，发挥联想和想象，把握作者思路，深入理解课文；开始学习文言文。了解一些文言实词、虚词。四、着重培养记叙能力。热爱生活，热爱写作，学会从生活中发现写作素材，描摹万物，抒发情感，表明观点。学会记事，做到用自己的话讲述故事，培养记事能力。写人抓住特点。写作思路清晰、突出中心、发挥联想和想象
七年级下册	一、继续培养学生的汉字审美意识。二、学习精读，在通览全篇、了解大意的基础上，把握关键语句或段落，字斟句酌，揣摩品味其含义和表达的妙处；注重涵泳品味，尽量把自己"浸泡"在作品的氛围中，调动起体验与想象。把握课文的抒情方式，体会作品的情境，感受作者的情怀。学做批注，记下自己的体会。三、注重熟读精思，注意从标题、详略安排、角度选择等方面把握文章重点。还要从开头、结尾、文中的反复及特别之处发现关键语句，感受文章的意蕴；继续学习文言文，学习文言实词、虚词和文言句式；学习托物言志的方法；运用比较阅读的方法，分析作品之间的相同或不同之处。四、继续着重培养记叙能力，写记叙文要学习抒情，抒发自己的真情实感。写出人物的精神。写作抓住细节，真实、典型、生动。写作的材料源自生活。写作时做到文从字顺、语言简明；讲故事时要使用普通话，争取做到声音响亮、清晰，语言生动、流畅
八年级上册	一、继续培养学生的汉字审美意识。二、了解回忆性散文、传记的特点；学习刻画人物的方法，品味风格多样的语言，提高文学鉴赏能力；反复品味、欣赏语言，体会、理解作者对生活的感受和思考，并了解不同类型散文的特点；把握说明对象的特征，了解文章是如何使用恰当的方法来说明的；还要体会说明文语言严谨、准确的特点，增强思维的条理性和严密性。三、借助注释和工具书，整体感知课文内容大意。借助联想和想象，进入诗文的意境，感受山川风物之灵秀，体会作者寄寓其中的情怀。注意积累常见的文言实词、虚词；熟读，积累常见文言词语和文言警句，不断提高自己的文言阅读能力。四、继续培养记叙能力，开始培养说明能力；学习写消息、学习写传记、学习描写景物，做到语言连贯、说明事物能抓住特征、表达得体；学习讲述、复述与转述

续表

八年级下册	一、继续培养学生的汉字审美意识。二、根据需要综合运用多种表达方式；感受作者寄寓的情思，品味作品中富于表现力的语言；了解游记的特点，把握作者的游踪、写景的角度和方法，并揣摩和品味语言，欣赏、积累精彩语句；理清文章的说明顺序，筛选主要信息，读懂文章阐述的事理。学习分析推理的基本方法，善于发现问题、思考问题，质疑问难，激发科学探究的兴趣。三、借助注释和工具书读懂文章大意，通过反复诵读，领会诗文的丰富内涵，品味精美的语言，并积累一些常用的文言词语。在反复诵读的基础上，培养文言语感；注意积累常用文言词语和句式，欣赏课文中精彩的语句；学习古人论事说理的技巧，体会他们的人生感悟，从中得到思想启迪和情感陶冶。四、继续培养记叙能力。学习仿写、学习说明的顺序、学习演讲词；学写读后感、学写游记、学写故事。学习口语交际的技巧；继续了解一些语法、修辞、逻辑知识
九年级上册	一、继续培养学生的汉字审美意识。二、了解议论性文章的特点，把握作者的观点，区分观点和材料，理清论证的思路，学习论证的方法；在理解课文内容的基础上，熟读成诵，积累、掌握课文中的文言实词和名言警句，并体会文言虚词在联系文意、传达语气等方面的作用；学会梳理小说情节，试着从不同角度分析人物形象，并结合自己的生活体验，理解小说主题；联系文章的时代背景，把握作者的观点；注意分析议论性文章所用的材料，理解观点和材料之间的联系，掌握论证的方法；还要联系实际进行质疑探究，养成独立思考的习惯。三、继续培养记叙能力。学会写诗；学习和掌握在记叙中运用议论的方法，观点要明确、议论要言之有据、论证要合理；学习缩写和改写。四、体会口语和书面语的差异，品味不同场合、不同背景下口语运用的技巧
九年级下册	一、继续培养学生的汉字审美意识。二、在反复诵读、感受诗歌韵律的基础上，把握诗歌意象，体会诗人的情感，理解诗中蕴含的哲理；在梳理情节、分析人物形象的基础上，对作品的内容、主题有自己的看法，理解小说的社会意义；学习欣赏小说语言，了解小说多样化的风格；把握古诗文的意蕴，领悟作者的思想感情，并能够运用历史眼光审视作品的当代意义；在诵读中增强文言语感，积累常见文言词语；了解作者的观点，学习思辨方法；发现疑难问题，独立思考，有自己的见解；学习文中介绍的文艺欣赏方法，迁移运用到自己的欣赏实践中。三、继续培养记叙能力，学习扩写、审题立意、布局谋篇、修改润色、进行有创意的表达。四、进一步丰富词汇，提高用词造句能力，进一步了解一些语法、修辞、逻辑知识

④评价

这套教科书在语文能力方面，从听、说、读、写、用五个层面对各年级的教学要求做细化，很好达成了新课标要求，也对学生全面提高语文学习能力提出了更高、更可行的目标。这套教科书充分体现了五个意识，即整体意识、单元意识、开放意识、实践意识、学生意识。

（4）学习发展

①课程要求

"体会书法的审美价值。""对课文的内容和表达有自己的心得，能提出自己的看法，并能运用合作的方式，共同探讨、分析、解决疑难问题。""欣赏文学作品，有自己的情感体验，初步领悟作品的内涵，从中获得对自然、社会、人生的有益启示。对作品中感人的情境和形象，能说出自己的体验；品味作品中富于表现力的语言。"①"能与他人交流写作心得，互相评改作文，以分享感受，沟通见解。""能听出谈论的焦点，并能有针对性地发表意见。"②

②教科书编写安排综述

编者主要从学会学习、勇于探究、创新发展三方面，对课本中各年级内容做细化。具体内容参见下表。

③列表说明

	学会学习	勇于探究	创新发展	备注
七年级上册	《窃读记》 《〈论语〉十二章》	《〈论语〉十二章》 《走一步，再走一步》	《咏雪》	
七年级下册	《河中石兽》			
八年级上册		《美丽的颜色》		
八年级下册	《应有格物致知精神》	《大自然的语言》 《应有格物致知精神》		
九年级上册	《怀疑与学问》	《谈创造性思维》 《创造宣言》	《谈创造性思维》 《创造宣言》	

① 中华人民共和国教育部制定. 义务教育语文课程标准（2011 年版）[M]. 北京：北京师范大学出版社，2012：15.

② 中华人民共和国教育部制定. 义务教育语文课程标准（2011 年版）[M]. 北京：北京师范大学出版社，2012：17.

续表

	学会学习	勇于探究	创新发展	备注
九年级下册	《送东阳马生序》 《谈读书》 《不求甚解》 《无言之美》 《驱遣我们的想象》	《不求甚解》 《驱遣我们的想象》	《驱遣我们的想象》	

④评价

这套教科书在学习发展方面选文数量不多，基本达成了新课标学会学习和勇于探究方面的目标和要求，但未能很好达成创新发展方面的要求。建议要适当提高学习发展尤其是创新发展方面选文数量和比例，增加一些符合本阶段学生学习发展心理、适应时代发展的选文。

(四)语文教科书价值观内容的思考与讨论

1.《课纲》(《课标》)的教学目标价值观内容是否全面？

与统编小学语文教科书的分析结果相似，故略去。

2. 所选教科书价值取向是否符合该时期政治、经济、文化、教育发展的要求？是否符合课纲、课标中的目标和要求？是否符合学生的要求？

初中阶段对应少年期(12～15岁)，是个体成长的一个关键阶段。考虑到此阶段学生的心理发展水平，结合社会现实需要，这套教科书在思想品德素质方面人格修养范畴、家国情怀范畴和科学文化素质方面语文知识范畴、语文能力范畴的选文数量及其比重宜由七年级向九年级逐渐递减；思想品德素质方面社会关爱范畴和科学文化素质方面文化视野范畴、学会发展范畴的选文数量及其比重宜由七年级向九年级逐渐递增。

3. 所选教科书各范畴价值观内容的量与比重是否合理？呈现方式是否合理？

综合国内外课程纲要(大纲)，结合我国社会发展现实、政治需要和语文课程标准(大纲)的实际要求，语文教科书内容价值取向各子维度的比重达到10%～30%为宜。基于此，这套教科书中思想道德素质方面，家国情怀和社会关爱范畴选文数量和比重合理，人格修养范畴选文数量宜减少至 30％左右；人格修养范畴品德操守维度选文数量和比重合理，心理品质维度选文数量宜减少至 30％左右；家国情怀范畴国家情感维度选文数量和比重合理，家人亲情维度选文数量宜增加至 10％；社会关爱范畴社会责任、生态意识和国际理解维度选文数量均宜增加至 10％。科学文化素质方面，在强化语文知识、语文能力范畴的同时，宜增强对文化视野和学习发展范畴的重视。

教科书价值观内容的呈现方式应符合实际需要，更应考虑学生的认知心理发展水平。其中，思想道德素质方面人格修养和家国情怀范畴选文数量宜随年级升高而递减，社会关爱范畴选文数量宜随年级升高而递增。同时，还要考虑工具性与人文性的统一。这套教科书在科学文化素质方面语文知识范畴和语文能力范畴目标达成较好；文化视野和学习发展范畴目标的达成和内容的呈现，在很好达成新课标要求方面尚有进一步改进之处。

4. 所选教科书的价值观内容的主要特点

这套教科书在思想道德素质方面十分重视个体、国家和社会层面。首先，这套教科书重视个体，特别是个体心理品质的反映，尊重个人情感态度子维度的表达，亦强调对追求理想子维度的重视；其次，这套教科书强化对国家情感，特别是对国家情怀和民族精神子维度的关注和理解，帮助学生树立正确的国家观念和民族意识，热爱自己的祖国、民族；最后，这套教科书强调对社会的关注，特别是对社会追求和社会现象子维度的重视，帮助学生树立正确社会观、价值观和人生观。在科学文化素质方面，这套教科书非常重视语文知识、语文能力的培养，构建系统、完整的语文教学体系和目标，帮助学生更好学习文字、词汇、语法、文体、文学等丰富的语文知识，以期全面提升学生听、说、读、写、用五方面能力和水平。此外，这套教科书重视文化视野范畴，选取不少国内外优秀文化作品，提升语文教材内容价值取向的多元性。

5. 所选教科书价值观内容存在的问题

在思想道德素质方面，首先，在强调个体心理品质维度的同时，品德操守维度受到了削弱，对诚实守信等中华传统美德重视不足；其次，在强化国家情感维度的同时，家人亲情维度受到削弱，对孝敬父母、善待家人、尊敬长辈和友爱亲友等传统美德重视不够；再次，在强调对社会责任维度关注的同时，削弱了生态意识和国际理解维度，对节约资源、天人合一和造福人类等维度重视不够；最后，外国文化大多选取欧美的文化作品，对于非洲和拉丁美洲地区等文化作品选取依然很少。此外，对于我国少数民族优秀文化作品的选取仍不足，削弱了文化视野范畴，未能很好地达成课标中"尊重多样文化""汲取民族文化智慧""尊重和理解多元文化""以发展的眼光和开放的心态看待外来文化"等目标；这套教科书中学习发展范畴选文数量总体不足，尤其是创新发展方面的选文较少。

6. 结论

根据上述文本分析和频率统计，这套教科书价值观内容所在思想道德素质和科学文化素质两方面均有不同程度的体现。既有相同之处也存在着各自特点。为了更好地促进学生思想道德素质和科学文化素质的提高，完善社会主义核心价值观和中华优秀传统文化教育，完成立德树人的根本任务，提出以下建议，供今后修订教科书时参考。

(1)合理调整教科书价值观内容各维度分布

这套新课改下的中学语文教科书在选文要求上符合现实需要和新课标要求，讲求面向全体学生的发展，以学生获得最基本的语文素养为根本。思想道德素质方面，从总体分布来看，这套教科书对学生人格修养的塑造极为重视，远超过家国情怀和社会关爱范畴；人格修养范畴可适当增加品德操守维度比重；家国情怀范畴中，适当提高家人亲情维度选文比重；社会关爱范畴中，适当提高国际理解和社会责任维度选文数量和比重，以应对全球化趋势。科学文化素质方面，这套教科书重视学生语文知识范畴和语文能力范畴目标的养成，但在文化视野范畴民族文化维度和多元文化维度、学习发展范畴"创新发展"维度目标达成上尚需努力。

(2)从学生实际发展需要出发编选教科书

新课改主张"以学生为主体"的理念。因此，教科书的选文更应该多联系学生的生活实际，考虑学生的身心发展特点和认知能力水平。"同时教科书要有开放性和弹性，为学生留出选择和拓展的空间，以满足不同学生学习和发展的需要。"这套教科书中发生在学生身边、与学生生活相关的内容却并不多见，比如，《义务教育教科书 语文》七年级上册课文《散步》一课，写的是子女与母亲之间的亲情，反映现代生活中父母与子女的关系问题，这类贴近学生生活的选文在实际语文教学中更容易引起学生共鸣，达到更好的教育效果。建议适当增加这类选文。

（3）提升教科书价值观内容的多元性

①增加法治观念类选文

社会主义核心价值观强调"倡导自由、平等、公正、法治"的观念。党的十九大报告指出："加大全民普法力度，建设社会主义法治文化，树立宪法法律至上、法律面前人人平等的法治理念。"可见法治观念的重要性。初中阶段是青少年形成独立世界观、人生观、价值观的关键时期。语文教科书作为传递国家意识形态和价值取向的载体，编选"法治观念"类选文十分必要，也是这套教科书今后的努力方向。

②深化民族文化和多元文化主题

这套教科书在科学文化素质方面文化视野范畴的选文数量和比例不充分。一方面，对于我国少数民族优秀文化的介绍、各民族之间和谐发展的主题近乎没有；另一方面，对于世界优秀文化、多元文化的介绍往往集中于欧美发达国家的文化作品，而亚非拉美等地区发展中国家文化作品的介绍寥寥数篇，未能真正达成新课标"教材应体现时代特点和现代意识，理解和尊重多样文化""重视继承和弘扬中华民族优秀文化，理解和尊重多元文化"的目标和要求。建议修订时增加这类选文。

③增强选文的现实性

这套教科书在思想道德素质方面人格修养范畴中，虽有一些对待人生、生命态度的选文，但真正涉及生命教育的选文不多。家国情怀范畴中对于爱情和友情部分的选文重视不够，教科书中的爱情部分大多是一些古典诗词，时代性不强。八年级课文《"飞天"凌空——跳水姑娘吕伟夺魁记》《一着惊天——目击我国航母舰载战斗机首架次成功着舰》，主题贴近学生生活、展现国家风采，有助于培养学生的爱国意识和民族自豪感，更容易让学生接受，体现了很强的时代性和现实意义，建议适当增加此类选文。此外，社会关爱范畴很少有关于农村的题材，如反映现代农村的实际情况、人们的思想变化，以及那些毅然走出农村、拼搏于城市中的"农民工"群体身上正能量的选文。

第五章
基于教科书的核心价值观塑造

社会主义核心价值观是全国人民的共同追求。它不仅是实现国家富强、民族伟大复兴的思想基础，也是青少年价值观形成和确立的重要标准和要求。《全日制义务教育语文课程标准(2011年版)》(以下简称《义务教育课标》)强调语文课程"对继承和弘扬中华民族优秀文化传统和革命传统，增强民族文化认同感，增强民族凝聚力和创造力，具有不可替代的优势。"课程标准的明确要求、教科书编写理念的更新使社会主义核心价值观融入语文教科书的必要性不断增强。语文教科书作为知识情感的承载，将价值观融入其中任重而道远。

一、社会主义核心价值观融入语文教科书的路径

(一)社会主义核心价值观融入语文教科书的必要性

党的十八大报告首次提出，"把立德树人作为教育的根本任务"，在党十九大报告中继续强调，并且明确指出，要加强社会主义核心价值体系教育。把青少年一代培养成为担当民族复兴大任的时代新人，是价值观建设的根本。中小学生的社会经验非常有限，主要是在家庭与学校两个环境中生活学习。在学校环境中，语文课程相比其他课程对于学生正确价值观的培育有着独一无二的重要地位。而语文教科书在语文课程教学中对学生价值观的影响更不言而喻。

1. 课程标准和要求更加明确

课程标准是教科书编写、教师教学和学生学业成绩评价的依据，是国家意志以及众多课程专家课程理念的体现。只有明确课程标准要求才能有的放矢，更好地把社会主义核心价值观融入语文教科书。新课改以来，语文课程更加注重人文性与工具性的统一，课程标准也由原来的双基目标发展为三维目标，在

《义务教育课标》中，课程的基本理念上要求更加"注意课程内容的价值取向"①，同时要求以社会主义核心价值观为主要内容并在教学中逐步细化。

2. 语文教科书编写理念的有机更新

编写理念是语文教科书编写的思想理论基础，反映了编者的价值取向，这种价值取向将进一步渗透到一代又一代学生的观念中。新课标更突出学生的主体性，倡导一种新型的自主、合作、探究的学习方式。在这样的要求下，教科书的编写理念也必须随之不断更新。

传统语文教科书的编写注重知识性，强调内容由浅入深、循序渐进并且一般采用讲授式的教学方式以及接受式的学习方式。这种以事实性知识呈现为中心的传统编写理念已落后于时代要求。新形势下的编写理念与新课标要求一脉相承，突出以学生学习为中心。《义务教育课标》与《普通高中课标》强调语文教科书编写的规范化、多样化、民族化、现代化、生活化、人文与科学的统一、社会发展与学生发展并重等要求，体现了语文教科书编写的理念创新。

3. "一纲多本"制下价值观培育的脱节

从2001年开始，教科书由人教版"一统天下"局面，改变为"一纲多本"制。教科书版本可谓百花齐放，呈现多元化局面。多个版本的相互竞争一定程度上促进了教科书质量的提高，在统一规范基本要求的前提下，为各个地方因地制宜，更好地适应不同地区和学校教学需要提供了保障。但是，在实施过程中也不可避免地带来教科书价值观内容系统设计的弱化。如何保证学生价值观培育的一贯性、渐透性，是社会主义核心价值观融入语文教科书亟待解决的问题。

(二)社会主义核心价值观融入语文教科书的研究观察

党的十八大明确提出"三个倡导"，即"倡导富强、民主、文明、和谐，倡导自由、平等、公正、法治，倡导爱国、敬业、诚信、友善，积极培育社会主义核心价值观"。语文教科书是工具性和人文性的统一，语文教学曾经过多地注重工具性，人文性常常被忽视。自《义务教育课标》出台之后，语文课程的人文性逐渐受到重视，注重学生人生观、价值观的培育。由于社会主义核心价值观最

① 中华人民共和国教育部制定. 义务教育语文课程标准(2011年版)[M]. 北京：北京师范大学出版社，2011：3.

新概括在 2012 年提出，所以关于核心价值观的研究主要集中在如何进行价值观培育方面。有关价值观与语文教科书联系方面的研究相对较少，相关文献资料相对匮乏。关于价值观培育的讨论主要集中在以下几方面。

1. 价值观培育重视教学过程

笔者在检索相关文献期刊后发现，大部分研究集中在社会主义核心价值观渗透进语文教学过程方面。例如，江苏省海门市东洲中学赵海燕在《在语文教学中开垦社会主义价值观的土壤》一文中提出，通过挖掘教科书、引领诵读、赏析语言、拓展延伸四个途径开垦社会主义核心价值观的土壤。相似文章还有河南省内黄县第一中学郭瑞增的《文以贯道以文化人——高中语文社会主义核心价值观渗透教学例谈》，富源县墨红镇中学梅永兵的《在语文教学中渗透社会主义核心价值观——以〈黄河颂〉教学为例》，陕西省西安市庆华小学张晓梅的《语文教师如何对学生进行社会主义核心价值观教育》等。这些文章都阐述了在教学过程中教师的多方面教学活动对价值观培育的重要作用。

2. 价值观培育强调课程标准的引领作用

有些期刊资料注重新课标的标杆作用，将学生价值观培养放到新课标的要求下。例如，昆明市嵩明县第四中学陆艳的《新课标要求下语文教育对学生价值观念的影响》，刘峰的《新课标要求下高中语文教育对学生价值观念的影响》。两篇文章侧重点不同，但都强调新课标要求下价值观培育对语文教学的重要意义。广西师范大学中文系毋小利的《从语文新课标的总取向看新教科书的练习系统设计》更是将新课标的总取向细化到教科书的练习系统中。华东师范大学董蓓菲在《语文课程标准的文化回归与超越》一文中分析了英美等国课标的框架，为我国课标的文化回归与超越提供思路。该文指出，新课标对文化传承宏伟目标的指向虽明确但缺失微观途径，在肯定新课标引领作用的同时也提出价值体系与语文课程互动路径的不足等问题。

3. 价值观培育突出语文教科书的育人作用

除此之外，还有一些文章突出语文教科书的育人作用。例如，《人民日报》中《语文教科书也是德育蓝本》一文强调了语文教科书作为德育蓝本肩负的重要责任，指出语文教科书应多一些议论性、思辨性选文，重视语文思维在生活中的运用。陕西省岚皋县第二小学程时香在《发掘德育素材践行立德树人——浅议小学语文教科书中德育素材的运用》一文中谈到，对青少年价值观培育要利用教科书的文本功能，充分挖掘教科书的德育素材价值。江苏省宜兴市第二实验中学林宣龙的《从"核心"的把握到"价值"的整合》一文将社会主义核心价值观归结为"致善"，指出要从"善"的维度归纳总结教科书中价值观主题，让价值观的渗透有的放矢。

以上资料从教师、课堂、教科书等方面论述了价值观培育的重要意义，主要在"教"与"学"两个方面给出了价值观培育的方法路径。其中有些谈到教科书文本的育人作用。但仅从以上三个方面对价值观培育的重要意义进行说明是远远不够的，甚至对于价值观融入语文教科书的路径探究，基本处于空白阶段，需要进一步探索。

(三)在语文教科书中融入社会主义核心价值观的路径

语文教科书作为学生语文学习的主要载体，承担着帮助学生形成良好语文素养和正确价值观的重要任务，应当增加以社会主义核心价值观为根本的教育比重。将社会主义核心价值观渗透语文课程目标的三个维度中，促使知识与能力、过程与方法、情感态度与价值观的协调统一、相辅相成，相关内容体现在语文教科书知识、课文、助读、作业四个系统中。

1. 知识系统关涉价值思考

知识系统作为语文教科书的重要组成部分贯穿于语文教学始终，对于学生价值观培育以及语文素养的提高发挥着重要的作用。识字是学习的第一步，为灵活运用语言文字，理解体会文学作品思想感情打下基础。当然这并不是说知识技能的学习就只是填鸭式的灌输，工具性固然重要，但是语文之所以能够涵养学生，是因为它的人文性。因此，知识性学习应关涉价值思考。

叶圣陶说："语言文字的学习，就理解方面说，是得到一种知识；就运用方面来说，是养成一种习惯。"若是单一的价值观说教，显得空洞无味；若是纯粹的语言文字教学，则极其单一枯燥。因此，要将价值观融入语言文字，在语言文字的知识性教学中体现价值观的引领作用，在知晓词义语用基础上，培养学生的价值追求，并且形成一种风尚、一个习惯。

统编本语文七年级上册中《诫子书》在课后阅读积累阶段做了如下设计，课文句式整齐，读来朗朗上口。试为下列句子划分节奏，在反复诵读中，体会文言文的韵律美。

(1)夫君子之行，静以修身，俭以养德。

(2)非淡泊无以明志，非宁静无以致远。

(3)淫慢则不能励精，险躁则不能治性。

(4)年与时驰，意与日去，遂成枯落，多不接世，悲守穷庐，将复何及！

虽然是知识教学，要体会文言文的韵律美，学生却在美美诵读中让"为人修养"入脑入心；虽然是阅读积累，但精神积淀也在增长，使价值观教育不再生硬。

2.课文系统讲究涵泳的作用

课文作为语文教科书主体内容具有独立的系统性。区别于其他学科的教科书，语文教科书中的课文系统是学习知识，培养能力，发展思维，开阔视野，涵养道德情操，构建文化的凭借。课文系统在语文教科书中的地位举足轻重。

课文的编选要严格依据语文课程标准和培育社会主义核心价值观的要求，力求文与道兼备。

课文系统的主要优势在于实施隐性教育，通过课堂教学将"文"中的"道"潜移默化融入学生的价值观。所谓"涵泳"，本义是"潜游"，引申为"浸润，沉浸"。涵者是有意为之，更注重有目的地滋润与浇灌；泳者是无意为之，更强调个体的内心体验，个体原有知识习性与新的价值观念的碰撞与融合。①

统编本语文七年级上册第四单元以人生之舟为主题选编了《纪念白求恩》《植树的牧羊人》《在山的那一边》《诫子书》等一系列文章。这些文章从个人层面体现了社会主义核心价值观中敬业、诚信、友善的道德境界。单看文章标题和单元主题设计，就知道要让孩子们懂得诚实守信、敬业奉献的做人道理。统编本语文七年级下册第二单元以家国情怀为主题选编了《黄河颂》《最后一课》《土地的誓言》《木兰诗》。这些文章从家国层面体现了社会主义核心价值观中富强、自由、爱国的理想境界和爱国情怀。这些道理与情怀是通过诵读品味，让学生"浸泡"在作品情境之中，借助体验与想象感受作者情怀。

总之，将社会主义核心价值观融入语文课文系统需要发挥涵泳的作用。这一点在统编本语文教科书中有着很好呈现。

---

① 李孔文.社会主义核心价值观有机融入语文课程设计[J].课程·教材·教法，2014(12)：46.

3. 助读系统导语设计凸显价值观

助读系统是教科书为帮助学生更好阅读理解课文，培养学生的自读能力设计的一系列材料。单元导读、预习提示、课文注释、教学重难点、插图设计等都属于助读系统，为学生的学习做良好的铺垫。

在学习新课文时，教师常常要求学生进行课前预习。学生参照课文提示对课文的主要内容做一个了解，并且对课文背景资料、生字词进行收集和梳理。这个时候课文助读系统的引导会起到事半功倍作用。在助读系统中融入社会主义核心价值观，可以潜移默化地帮助学生形成正确价值观。例如，统编本语文七年级下册第二单元导读："家国情怀，是人类共有的一种朴素情感，它意味着热爱祖国的大好河山，热爱祖国的语言文化，热爱家乡的土地人民……它是国家和民族的精神凝聚力。"导读内容配上祖国大好河山的图景，再加上课文感人的文字，不知不觉中，深厚的爱国情已在学生心间流淌。值得一提的是，统编本中每篇课文都设置了课前导读，有助于学生对整篇文章的感情基调与思想内容有宏观的把握。例如，《秋天的怀念》一文在课前导读部分说道："沐浴在亲情中我们是否只接受，不会感动也不懂回报呢？"这种课前导读设计使学生未读课文而先行反思，良好的价值观得以不断渗透。因此，课前导读对于学生理解课文达到情感共鸣具有指导意义。

4. 作业系统设计应多些价值思辨

作业系统也可以称作训练系统，是依据语文课程目标与教学目标，有组织、有计划、有针对性地设计各种思路与训练的内容体系。它是语文教科书的构成中，除了课文系统之外最为重要的一个系统。作业系统的设计反映编者对于课文系统和新课标价值观的把握，是判断社会主义核心价值观是否有效融入语文教科书的一个衡量标准。

张志公认为，在众多的语文教育任务中，最根本的是语文训练。"语文训练抓不住，别的都是空的，都抓不住。"通过语文训练可以促进"知识与能力""情感态度与价值观"两个目标的实现。所以作业系统的设计更要突出这两个系统的分层推进和整体优化。[①] 多角度构建语文知识，多元化理解思考问题，使学生受到思想启迪。例如，《植树的牧羊人》有这样两道课后练习题，题一，课文首尾

---

① 董洪亮，徐荷青. 语文教材也是德育蓝本[N]. 人民日报，2014-5-22.

两段是作者对牧羊人的评价，前后呼应。阅读这两段，参考下面的文字，谈谈你对课文主题的认识。它的文字、它的图，都让人感动，鼓舞人们去做对我们这个地球有益的事，这个地球上神奇的人和事真是数也数不完！祝愿大家都有一颗慷慨的心，和别人分享，给自己带来幸福。——绘本《植树的男人》绘画作者给中国读者的寄语。题二，我们所处的社会中也有很多默默"种树"的人，他们以非凡的毅力辛勤耕耘，种植着希望和幸福。你认识或听说过这样的人吗？试为他写一段文字，记录他的事迹，并写出你的评价和感受。这两题的设计试图通过探究课文的内涵提高学生语言感受和分析表达能力，既有语句理解，也有思想探究和情感引导，是知识与能力、情感态度与价值观两个目标的融合。

"从编写的指导思想来看，是紧密结合语文学科特点来体现核心价值观的。功夫就在这种'结合'上。""注意把那些能充分体现社会主义核心价值观，特别是两个'传统'（中华优秀传统文化和革命传统）融入教科书的文章选篇、内容安排、导语和习题的设计等诸多方面，融入语文所包含的语言教育、情感教育、审美教育，让学生乐于接受，起到润物细无声的效果"[①]。

统编本语文教科书思考题中较多类似上题对语句品读与情感的挖掘，较少批判性思考，但是在《散步》一文课后练习设计中带上了些许思辨性。这一题的设计是这样的："本文的题目《散步》是从文章主要事件的角度来确定的，你觉得这个题目好吗？请你换一个角度为本文拟一个题目，并说说你的理由。"这道题倘若没有后半句，单纯问一问这个题目好吗，大多数学生会以鉴赏性阅读的方式回答"好"，并且依照这一思路寻找好在哪里。但是题目并没有这样设计，而是指出了课文题目是按照主要事件的角度来确定的，这就给学生提供了思考的维度，学生便会从除了主要事件这一角度之外，比如主要人物、主要情感等方面进行思考，再加上后面换个角度自拟一个标题的设计，很容易把学生带入思辨性思考解决问题的道路上来。这样学生的答案也许就不会是高度一致地回答"好"了。思辨性的问题可以更深刻地把社会主义核心价值观融入语文练习系统，除了做到知识与情感的融合外，还要注重批判性问题的设计。

总之，社会主义核心价值观融入语文教科书有其必要性，也是时代的召唤。但这种融入并不是生搬硬套，也不是充斥每个系统、每个单元甚至每篇课文，

---

① 温儒敏. "部编本"语文教科书的编写理念、特色与使用建议[J]. 课程·教材·教法，2016(11)：5.

而是在发挥语文教科书工具性和人文性的同时注入价值观的内涵，做到知识、课文、助读、作业四个系统的协调整合、逐步推进，为更好进行价值观培育奠定基础。在此方面，统编本语文教科书做了很多细致考量和精心安排，无论是在课文内容选择、编撰，还是系统设计方面，既体现对学科核心知识、能力、思维的提升，又注重社会主义核心价值观的渗透。但是，在编制思路、融入路径上，还需要考虑不同阶段学生的接受心理，需要进行多样化设计。

语文教科书是教学的蓝本，内容的编写设计必然带给学生价值观的思考，在探究社会主义核心价值观融入语文教科书的路径时，必须肯定课堂教学、教师个人素养等方面对学生价值观培育的重要性。

二、基于语文教科书的中小学生核心价值观培育策略

社会主义核心价值观是凝聚社会共识，巩固全党全国各族人民团结奋斗的思想道德基础。中小学生正处于世界观、人生观、价值观形成的重要阶段。因此，中小学生核心价值观的培育尤为重要。语文教科书是中小学生学习知识的重要媒介，借助语文教科书培育中小学生核心价值观具有其他学科不可替代的优势。充分利用语文教科书的优势，探讨中小学生核心价值观培育的途径，总结培育的经验及问题所在，研究培育策略和方法，有助于促进中小学生形成良好价值观，培养中小学生健全人格。

(一)基于语文教科书的中小学生核心价值观培育的重要性

中小学是自我认识的关键时期，学生的独立意识和依赖性在这一时期发生强烈碰撞。这一阶段对于中小学生核心价值观的培育尤为重要，只有充分认识这一阶段培育中小学生核心价值观的重要意义，才能从根本上重视起来，帮助学生成长成才。

1. 形成中小学生正确价值观的重要组成部分

价值观是以人的思维感官为基础而对事物作出的认知、理解和判断。也就是人对于事物的感知、是非抉择的一种思维或取向，从而体现事物的效用或价值。价值观本身的特点具有相对稳定性、持久性、主观性、选择性和历史性。"在一定意义上可以说，有什么样的需要论也就有什么样的价值论，价值的种种

问题在很大程度上要通过需要来解决。"①换言之，价值观就是人的需要观，是人对认识和需求状况的反映，并且对人的活动和认知具有相应的导向作用。

中小学生价值观的培育是一项重要且细致的工作。不仅要培育中小学生树立正确的生活观念、思想观念和积极的人生观，更需要对这些价值观进行整合和提取，将其最系统的、最客观的部分进行提炼和升华。其中，社会主义核心价值观是最需要进行引导和指导的部分。树立和践行社会主义核心价值观是凝聚各方力量和意志，坚持和发展中国特色社会主义重大任务，确保党和人民的事业薪火相传，确保中华民族永续发展，对于中华民族伟大复兴的中国梦的历史进程也有着不可取代的根本意义。

2. 促进中小学生身心健康发展的必然要求

"青少年心理发展处于由不成熟阶段逐渐步入成熟阶段的过渡期，心理发展矛盾突出。"②中小学生正处在青少年心理发展的关键时期。中小学生不仅经历着身体上的成长变化，心理发展更是值得关注。中小学生身处过渡阶段，心理素质还不够稳定，处在心理上的"断乳期"。在这一时期他们心理脆弱而敏感，情绪不稳定，辨别能力弱，极易受到环境的影响。另外，中小学生的认知能力也存在一定的欠缺，导致一些中小学生内心的不信任感激增，缺乏信仰和信念。中小学生健康心理素质、完善人格的形成需要在各种能力的提高基础上得以实现。中小学生不仅要加深对文化知识的认知，更应通过树立正确积极的价值观提高自我认知能力。因此，对中小学生进行价值观的培育显得尤为重要。其中，核心价值观的培育对于中小学生的身心健康发展而言更是重中之重。通过对核心价值观系统了解和学习，使中小学生在周围环境和氛围的熏陶下，润物细无声地在心中埋下热爱生活、积极乐观、勤劳勇敢和团结爱国等一系列优秀品质的种子，呵护其心灵的健康成长。

3. 社会主义建设对人才素养的要求

2014年，中共中央办公厅印发《关于培育和践行社会主义核心价值观的意见》，用24个字概括了社会主义核心价值观的内容："富强、民主、文明、和

---

① 袁贵仁. 价值观的理论与实践：价值观若干问题的思考[M]. 北京：北京师范大学出版社，2006：73.

② 杨雄，卢汉龙. 社会转型与青年发展[M]. 上海：上海社会科学院出版社，2004：119.

谐";"自由、平等、公正、法治";"爱国、敬业、诚信、友善"。① 积极培育和践行社会主义核心价值观，就是要将其转化为每个人言行举止。中小学生无论是从心理还是生理来说，正处于对人生和世界产生疑问和追求解答的阶段。中小学生的言行举止和思想理念对于自身乃至整个国家的未来都起着至关重要的作用，对于中小学生核心价值观的培育，是当代社会主义建设对人才素养的基本要求。

对于中小学生价值观的培育，首先要从"爱国、敬业、诚信、友善"这 8 个字着手。只有中小学生具备个人层面的核心价值观，国家和社会层面的"富强、民主、文明、和谐"，"自由、平等、公正、法治"的核心价值观就会自然而然地得以实现。"爱国、敬业、诚信、友善"这 8 个字对于中小学生而言就是核心价值观的基本内容，通过对中小学生价值观的培育要让他们深刻意识到爱国主义是个人与祖国相互依存的深厚情谊。不仅如此，爱国情怀也是约束和调节个人行为的准则。中小学生作为祖国的未来，必须深刻理解爱国的含义，也必须将这含义深刻记在心中，才能够让中华民族优秀传统得以继承，让中华民族屹立于世界之林。敬业是指工作态度和价值评价，培育中小学生敬业精神，不仅是对他们未来能够忠于职守、服务社会的期待，更是通过价值观的培育不断磨炼他们坚持不懈的职业精神品质以及树立严以律己的态度。"诚信和友善"是中华民族几千年来的优秀传统和人格品质，中小学生正处在自我意识以及人际交往关系建立的关键时期，正确引导和培育社会主义核心价值观，有利于中小学生形成正确的价值判断、诚实善良的品格、团结合作精神以及与人为善的人际关系。

(二)基于语文教科书的中小学生核心价值观培育的优势

语文学科的特点就是工具性与人文性的统一。语文学科从根本上讲，是指通过言语活动养成听、说、读、写的能力，以满足社会生活中听、说、读、写的需要。语文教学的内容是语言文化，其运行的形式也是语言文化。因此，学习语文的能力是学习其他学科和科学的基础，是人们进行思想交流的工具。语文教科书不仅是习得知识和技能的工具，更是一种文化体现，是一种植根于中

---

① 中共中央办公厅印发. 关于培育和践行社会主义核心价值观的意见[R]. 党践，2014(2)：4.

华民族土壤的文化体现。"文化熏陶和文化滋润主要指一种以社会主义价值体系为内核的意义载体对学生的隐性影响。"①

由此可见，核心价值观是深深扎根于中华民族土壤的中华文化精华。语文教科书的四大系统、语文教科书的功能性和语文教科书的呈现方式体现了语文学科在培育中小学生核心价值观上的优势。

1. 语文教科书的四大系统是培育中小学生核心价值观的重要宝库

语文教科书中的课文系统、知识系统、作业系统和助读系统是其区别于其他学科的重要标志。首先，课文系统是语文教学的凭借和示例，是学生提高语文能力，积累语感，培养反思批判精神的桥梁，也有利于实施各类隐形教育。语文教科书中课文内容的选择呈现了社会价值取向，学习课文可以更加直接、简单地对中小学生的核心价值观进行培育。语文教科书选取古今中外文质兼美的作品作为主体，对中小学生学习语言具有导向性和示范性。其次，知识系统严格按照规范性、选择性和实用性原则，让学生能够持续吸收现代语文知识的同时，保持一定的灵活性和开放性。这在一定基础上帮助规范中小学生的学习方法，培养中小学生思维的活力和敏捷性，有利于中小学生的身心发展。再次，作业系统能够有组织、有计划、有针对、有创新地从多角度构建语文知识与能力，帮助中小学生多元化理解和思考问题，培养批判性反思意识和独立自主学习能力。这些是每一位中小学生都必须具备的能力，不仅有助于中小学生自身的积极发展，更有助于活跃中小学生的思想意识，将中小学生核心价值观的培育这一复杂过程有趣化、生动化。最后，助读系统为教师的教学设计和实施提供帮助，有利于中小学生开展一系列自主活动、合作学习活动和探究学习活动，培养自学能力。同时，让中小学生在实践探究中深刻感悟学习之法和人生之道。这四大系统相辅相成，为培育中小学生核心价值观提供了重要资源。

2. 语文教科书的多功能性，拓宽了培育中小学生核心价值观的路径

教科书在学校的实际教学过程中占有重要地位，虽说不能一味地"教教科书"，但是教科书的功能不可否认。教科书是学校开展课程活动的重要依据，是能够较为公平地衡量学生学习质量的标准。语文教科书承载着多重功能，是教

---

① 徐柏才，覃小林. 论大学生社会主义核心价值观的构建路径[J]. 学校党建与思想政治教育，2011(4)：7.

师传授课程和学生接受课程的媒介，也是连接知识与生活的桥梁，更是学生与教师交流互动的载体。顾黄初认为，中国语文教科书的功能主要有四种，即智德启迪功能、语文历练功能、语文积累功能、知识扩展功能。[①]

这四种功能与四个系统相辅相成，为培育中小学生核心价值观提供了有利条件。课文系统对中小学生的思想品德修养和思维品质的形成起到启发引导的功能；知识系统使中小学生进一步积累文字、词句等；作业系统为中小学生听说读写能力的提高提供了历练机会；助读系统通过语文教科书的辅助帮助中小学生更好地拓展知识，提高能力。语文教科书丰富的功能性为中小学生核心价值观的培育提供了新的思路，拓宽了培育路径。

3. 语文教科书的呈现方式，为中小学生核心价值观的培育提供可能

语文教科书的呈现不仅是课本本身，更需要教师在文本解读的基础上，对教学目标进行合理设计，选择合理的教学方法，将语文教科书的内容以语文教学的形成呈现出来。语文教学是语文教科书呈现方式中最核心、最直观的体现，为中小学生核心价值观的培育提供了更多的可能。

语文教科书通过语文教学的呈现，区别于其他学科的课堂教学。顾黄初在《〈大语文教学法〉序》中强调："语言文字是人们在生活中广泛使用、频繁使用的表情达意的工具。因此，以培养和训练学生语文能力为己任的语文教学，同实际生活有着天然的联系，应当与生活贴近，与生活沟通。"[②]

语文课堂教学将语文教科书的四大系统和四大功能紧密融合，结合教师和学生的沟通交流，发挥语文教师自身的优势和文学素养，充分调动学生的主观能动性，将理性的书面知识变得丰富生动，更利于中小学生的学习和感悟。"由'教师布道授业的讲台'变为'师生平等对话的平台'是讲台功能的根本性转变。"[③]

此过程需要师生配合，这也高度体现了语文课堂教学的丰富性。在语文课堂教学中，学生回应老师的同时其实更是在回应自己，这就为中小学生对自己各方面能力的提高和检测提供了平台。另外，教师对教学目标进行设计及教学方法的选择这一环节，需要教师对学生的现状进行准确了解和把握，这就会在

① 顾黄初，顾振彪. 语文课程与语文教材[M]. 北京：社会科学文献出版社，2011：45-50.
② 姚竹春. 大语文教学法[M]. 北京：北京教育出版社，1992：序言.
③ 李冲锋. 讲台功能的转变[J]. 上海教育科研，2004(2)：74.

潜移默化中影响学生对于知识的认知、对于自我需要的认知，进而影响价值观的确立。

(三)基于语文教科书的中小学生核心价值观培育的经验与问题

在培育中小学生核心价值观过程中，语文教科书有其自身优势。借助语文教科书的优势对中小学生核心价值观的培育取得了一定经验。同时，也存在不少需要进一步研究的问题。

1. 经验

新课程改革以来，教育界实践者和研究者积累了一定的基于语文教科书培育中小学生核心价值观的实践经验。

(1)是潜移默化的过程。实践表明，中小学生核心价值观的培育并非一蹴而就，而是一个需要长期引导和关怀的过程，也是中小学生内心不断丰富强大的过程。核心价值观的培育对于中小学生的成长难以在短时间内产生明显效果。中小学生核心价值观建立的关键在于中小学生对于人、事、物的认知发生根本性变化。这种变化并不明显，而是更多地体现在情感共鸣上，会在某一个不经意的特定情境下呈现出来，中小学生的核心价值观在不知不觉中建立起来。因此，对于中小学生核心价值观的培育，教师需要给学生的自我发展留下空间，保持耐心。

(2)要充分挖掘语文教科书资源。语文教科书以其独特优势，在中小学生核心价值观的培育方面起着至关重要的作用。成功的培育方法需要教师将语文教科书的四个系统研究透彻，并加以合理教学目标的设定，将核心价值观融入每一处教学设计。另外，靳健教授构建的"语文学习心理过程的反馈环路图"和"语文学习心理过程示意图"[①]，也证明了充分利用好每一篇课文调动学生积极性，从而对中小学生的价值观进行引导和培育。

不仅如此，随着全球化趋势日益彰显，我国的经济政治实力在经受全世界检验的同时，中华民族的传统文化也受着其他文化更加强烈的影响和冲击。面对这样的现状，从事语文学科的研究者和教师的做法给了人们很大的启示，即以全球化的眼光对待语文教科书的每个系统，将语文教科书每个部分的关键信息进行提取、整合、研究，不拘泥于成绩的高低，而是真正为学生的价值观形

① 靳健. 现代语文学习的心理过程与优化途径[J]. 西北师大学报(社会科学版)，1997(6)：84.

成奠定基础。

2. 问题

在借助语文教科书对中小学生核心价值观进行培育的一般方法中，也存在着不少需要进一步探讨研究的问题。

(1)教学目标定位不够合理。2001 年《基础课程教育改革纲要(试行)》明确指出："国家课程标准是教材编写、教学、评估和考试命题的依据，是国家管理和评价课程的基础。应体现国家对不同阶段的学生在知识与技能、过程与方法、情感态度与价值观等方面的基本要求，规定各门课程的性质、目标、内容框架，提出教学和评价建议。"[①]如何将知识与技能、过程与方法、情感态度与价值观这三维目标更好体现在语文教科书的编写、语文教学和评估过程中，成为重要的研究热点和实践方向。尤其对于语文学科而言，越来越多的学者、教师将这三维目标的设计、整合作为对学生核心价值观培育的有效路径。

传统语文课将目标预设作为目标设计的重点，认为只要将目标预设准确，将学生的认知技能往预设目标里面放，就算上好一堂语文课了。这样做忽略了学生的情感态度和价值取向，而将语文课堂变成了"工业流水线"。新课改后教师从知识与技能、过程与方法、情感态度与价值观三个维度将教学目标进行了调整，在传统以知识为本的"双基"目标基础上，定位于学生综合素质的全面发展，更加注重学生的兴趣和体验，让学生在潜移默化中体会核心价值观的存在并产生心理共鸣。将三维目标进行整合，通过对特定情境的创设和描摹，将知识、技能、过程、方法、情感态度、价值观有机结合在一起，形成一种水乳交融、相互依存的关系，融入课堂，再逐渐渗透进学生的阅读和思考中。

教学目标"三维化"促进了语文教师对于教科书的理解和把握，但是不同教师对于教学目标"三维化"的概念有着不同想法。有的教师将知识与技能、过程与方法、情感态度与价值观三个部分独立开来，分别对待，导致切断语文课文间的内在含义，忽视学生对于价值态度的接受性，片面追求目标，导致学生无法很好地理解和接受语文学习，影响学生价值观的形成。有的教师将"三维化"目标混为一谈，过分地对课堂、对学生的学习进行自我预设，没有考虑学生的接受能力，违背学生身心发展的认知规律，以完成任务为主要目标进行授课，

---

① 中华人民共和国教育部. 基础教育课程改革纲要(试行)[M]. 北京：人民教育出版社，2001：18.

影响了学生对于语文学科的认识，导致学生自身不完善的人生观和价值观养成。因此，如何对教学目标进行定位，实现知识与技能、过程与方法、情感态度与价值观三个维度教学目标的有机整合，是一个重要并且值得商讨的问题。

下面以苏教版八年级下册课文《白杨礼赞》为例，比较两位教师教学目标的设计。

【教学目标】

一、知识与技能

1. 了解本文运用象征和托物抒情的手法；

2. 学习本文结构严谨的散文特点；

3. 赏析反问句的表达效果。

二、过程与方法

运用自主、合作、探究的方式把握文章线索，分析文章结构，理解文章内容。

三、情感态度与价值观

了解抗日战争时期，根据地军民以及中华民族所表现出来的精神和意志，并予以继承和发扬。

【教学目标】

1. 初读课文，感悟赞扬白杨树"不平凡"为主线的结构特点；

2. 再读课文，揣摩白杨树的象征意义，感受北方抗日军民质朴、坚强、力求上进的精神；

3. 研读课文，体会文本准确、优美、富有感情的语言。

这两份教学目标的设计都有可圈可点之处。第一位教师的教学目标设计清晰明确，富有条理性，严格按照三维目标的要求进行设计，各个目标的重点和关键之处把握得贴切到位。第二位教师的教学目标的设计简洁明了、重点突出、一目了然。相对于第一位教师的设计，第二位教师的教学目标可以说设计得并不完整，甚至有偷工减料之嫌，但对于以学生为主体的课堂而言，"读"法不仅仅要将知识技能、过程方法以及情感态度价值观很好地融合在一起，求异求变，而且要注重学生的主观体验，而非让学生按照教师的思路和要求进行学习。第一位教师的教学设计虽然完整，但容易在课堂上出现以教师为中心的现象，忽视学生的主观感受，课堂氛围过于单调冷清。当然，这个比较并非否认第一位教师的设计，而是为引起学者的思考，将三维目标进行更好地整合，使之服务于中学语文课堂，进一步让学生体会语文学科的魅力，发挥语文对于学生形成核心价值观的作用。

（2）语文教科书内容的价值取向不够全面。语文教科书突出强调爱国主义教育。从本质上来说，继承与弘扬中华优秀文化和革命传统是对国家的一种认同感。2001年以来的语文课程改革更具开放意识，注重吸收古今中外优秀文化，激发和培育学生热爱祖国的思想感情，同时要求教科书理解和尊重多样文化。因此，语文教科书立足于爱国主义文章的教学是重中之重。

苏教版中小学语文教科书八年级上册第二单元专题为爱国情怀，选择萧乾的《枣核》、刘敬智的《始终眷恋着祖国》，表现海外游子和科学家对于祖国的热爱和思念之情；选择都德的《最后一课》体味说母语权利被剥夺的亡国之恨；另外选择四首古诗加深学生对于国破家亡的悲痛以及壮志难酬、报国无门的深刻体会。从教学内容上进一步加深对于爱国情怀的理解和爱国主义核心价值观的强化。北师大版语文教科书七年级下册第一单元专题为千古涛声，以我国壮阔的自然风貌为重点欣赏对象，选取《长江》《筏子》《黄河颂》《长江之歌》《一条大河》《运河与扬子江》《壶口与龙门》等文章，不仅歌颂了大好河山的壮美，而且赞扬了伟大的中华民族不畏艰难困苦，与大自然和谐共处的优秀品质。沪教版语文教科书七年级上册第三单元故乡情思模块中包括牛汉的《滹沱河和我》、茹志鹃的《故乡情》、叶圣陶的《藕与莼菜》、鲁彦的《故乡的杨梅》以及张抗抗的《故乡在远方》，通过对故乡这个词汇的细致感知，让学生们不仅体会到故乡是生命代表一般的存在，更感受到精神故乡的重要意义，进一步加深学生对于民族意识、家园意识的理解。

以人类为主体的价值取向，即服务于人类和谐发展的需要，以及以社会群体为主题的价值取向，即爱国主义、民族意识、公民精神，都是我国价值观教育的基本取向，在语文教科书中也有相当分量的体现。然而，以个人为主体，即生存的价值、发展的价值和具体一事一物的价值取向是我国价值观教育所忽视的。相较于其他国家而言，我国中小学语文教科书的选文量相对较高，并且以爱国主义、人类和谐发展的选文为主，而侧重于个人价值的选文比重就略小了。以苏教版语文七年级上册为例，共有六个单元，其中第一、三、四、五、六单元都是侧重以人类为本和社会群体为本的价值取向，仅有第二单元的《往事依依》《幼时记趣》《十三岁的际遇》和《伟人细胞》四篇课文，有具体详细地对于个人价值取向的内容。

由此可见，语文作为众多学科中最有培育学生价值观优势的学科，并且有培育学生正确价值观重责的学科，在编写以及课文的选择也有进一步改进之处。

（3）语文教科书的呈现方式缺乏价值导向功能。语文教科书的呈现方式主要体现在课堂教学中。课堂教学是教学理论在实践中的具体化操作和运用，是学生获取新知的主要方式之一；课堂教学也是教育经验的系统化总结，是教育理论的具体化框架结构，对教学活动具有明确的指导性和借鉴性。新课改后，在语文课堂中出现了越来越多的教学模式，改变以往以"授受"为主的语文课堂模式，活跃了课堂气氛，如目标教学、合作教学、小组教学等。这些教学模式充分发挥学生的主体性，注重学生的动手能力和思维创造能力，有助于提高学生对于语文学习的兴趣，在轻松愉快的氛围下，将生活体验与文本情感相融合，培养学生的正确价值观和人生观。

新课改后的语文课堂，融入越来越多的模式，调动学生的主体意识，让学生逐渐参与到语文教学课堂中来，在轻松愉快的氛围中获得价值观的熏陶和培养。但是，模式越多并不等于方法越好，模式之所以成为模式，是通过不断的实践检验和研究修改形成的。但是切不可随着时间的推移，将模式变成"圣经"。对正在不断实现突破创新的中国社会而言，语文课堂不应该陷入模式化泥淖，更需要研究和探讨语文课堂教学内容和方式的选择，让每一节语文课都更好地服务于学生的全面发展和正确价值观的养成。"学案导学"方法就是一个很好的例子。"学案导学"是一种以新课程理念为核心，以自主学习为中心，将传授知识与培养能力相结合的语文课堂教学方法。它遵循活动性原则、创新性原则以及学生主体性原则，不仅有利于培养学生的主体意识和主动精神，而且有利于因材施教，促进学生个性发展。但是有些教师将"学案导学"简单地等同于教学内容习题化，将自主学习等同于放任自流，有些教师甚至用学案代替教案，代替了备课，这不仅淡化了教师对教科书的深刻挖掘，而且实际上就是将"'学案导学'变成了'穿新鞋，走老路'的形式。"①

---

① 邹金梅. 学案导学模式在中学语文教学中的运用[D]. 苏州：苏州大学硕士学位论文，2009：33.

(四)基于语文教科书对中小学生核心价值观培育的有效策略

基于语文教科书培育中小学生核心价值观的做法可行且必要，需要引起学者的广泛关注。"人文学科和自然科学的研究方法绝不是对立的，二者之间可以相互沟通，相互弥补。"①综合中小学生核心价值观培育的现状，提出以下几点策略：

1. 整合语文课堂教学设计"三维目标"对策

将知识与技能、过程与方法、情感态度与价值观三者相整合的前提条件是做好教学目标的准确定位，而且必须以促进学生养成正确价值观为宗旨进行的整合。教师应加强目标意识，准确理解教学目标的内涵，读懂语文教科书本身隐含的核心价值观，将其提取出来并进行有效转化整合，方能成为中小学生核心价值观培育的有效方法。比如，茅盾的《白杨礼赞》散文，在教学目标的定位上，首先不能忽视这篇文章本身就蕴含对于抗日根据地人民的赞颂、强烈的爱国主义情怀以及严谨的行文特点的核心价值观，再结合适当方法与过程，就可以呈现出完善的语文课堂教学设计。

通过教师对语文课程目标设计的现状来看，有些教师没有认识到教学目标的重要价值，对教学目标的功能和作用缺乏透彻认识，有些教师在制定三维目标时忽视课文本身的内容和教学要求。这一系列的问题必须引起高度关注，并且及时给予纠正，制定出科学、完整、适度的教学目标。另外，只有提高语文教师的专业素养和教学技能，致力于语文教师教学行为的改变，语文学科的教学质量才能得到最高限度的提升，语文教学才能从根本上实现对学生核心价值观的培育功能。

2. 丰富语文教科书的价值取向

中小学语文教科书除了内容缺乏多元性和多样性以外，在课文形式上也有所束缚，主要局限在传统文学作品中，文学作品本身又往往集中在记叙文、议论文、诗歌、散文等文章。另外，中学语文教科书文学性和实用性大大超过了启发性和历史性，导致语文学习以应试为唯一目的的现状。

因此，只有丰富语文教科书内容，创新语文教科书形式，增加更多具有人

---

① 刘正伟. 艾伟与 20 世纪中国语文教育科学化[J]. 首教师范大学学报，2003(3)：11.

生观、价值观启发性选文，才能将中学语文教科书对学生的价值观导向作用发挥得更加出色。将语文教科书的价值取向尽可能明晰，全面进行编写和研究，不仅丰富语文教科书本身，更能够增强借助语文教科书培育中小学生核心价值观途径的可接受性。另外，将学生置于时代的大背景下，充分调动学生的想象力和创造力，启发学生全面认识以及自我体验，将更有利于学生对人生观、价值观的认识。

3. 拓宽语文教科书内容呈现方式的路径

近年来，以师生互动交流为主的感悟、学习的教学内容和方法已经逐步在中学语文课堂中流行起来，多媒体的运用更是突破了传统的课堂教学。这不仅改变了学生单一的课堂活动，将单一的学生活动充实成多方活动，而且活动方式更多，范围更广，更加有利于培育学生正确的价值观。在选择这些教学内容和方法的时候，要把握语文课堂教学的目的是培养学生的素养和全面发展的能力，这个过程应该是一种对话、一种感悟的过程。因此，不能将语文课堂变成死板的模式，更不能将语文课堂变成约束学生的负担，要适时修改和变化，因材施教，切实保证语文课堂教学的可行性和最高价值性。

中小学语文课堂科学化改革以来，语文课堂教学的内容和方式在不断整合完善。然而，部分教师对于课堂教学的研究更多只是停留在表面形式上，缺乏深入理解和探究。为此，语文教师和语文研究工作者，必须结合教学现状，对教学目的、教学方法和教学规律进行深入研究，用更多具有启发性、创造性内容影响学生，在潜移默化中对学生价值观、人生观进行引导和培育。

习近平总书记说："推动国家发展，核心价值观是最持久最深沉的力量。"① 本书尝试以语文教科书为切入点，对中小学生核心价值观培育的问题进行整理和分析，旨在强调借助语文教科书对于中小学生核心价值观培育的重要性，以此来丰富和完善语文教科书以及引起从事语文教学工作者的关注和研究。

---

① 习近平：青年要自觉践行社会主义核心价值观——在北京大学师生座谈会上的讲话[EB/OL]. http://www.ce.cn/xw2x/gns2/s2yw/201405/05/t20140505_27.

后记

　　社会主义核心价值观承载着一个民族、一个国家的精神追求，是最持久、最深层的力量。在中小学培育和践行社会主义核心价值观，是全面贯彻党的教育方针，坚持立德树人，进一步深化基础教育综合改革，全面实施素质教育的重要保证；是促进中小学生健康成长，培养德智体美劳全面发展的社会主义事业可靠接班人和合格建设者的内在需要。

　　本书为江苏省教育厅高校哲学社会科学研究重点项目"基于教科书演变的中学生社会主义核心价值观培育策略研究"（2015ZDIXM034）系列成果之一。在历时4年的研究中，我们认识到，要将社会主义核心价值的育人目标和内容贯穿于课堂教学、校园文化、社会实践、学校管理等各环节，覆盖到所有学校和受教育者，落实到国民教育和终身教育全过程，应构建大中小学有机衔接的课程和教材体系，把学生全面发展的总体要求和社会主义核心价值观细化为学生发展核心素质和学业质量标准，融入大中小学各学科课程标准、教材编写、考试评价之中，且教师要认真研究把握基础教育课程教材建设规律、学生身心发展和成长规律。

　　价值观不是绝对静止、一成不变的，在不同社会历史背景下，价值观会顺应时代要求发生改变，并且引领同时代教科书的变化。课题组经过4年的资料收集、整理、研讨、修改，以不同时期中小学（主要是中学）语文教科书为例进行探究。语文教科书的内容和核心价值观的培育都处在一个动态变化过程中。针对这一现象，从纵向维度探讨新时期（改革开放）以来中小学生核心价值观培育要求的发展与语文教科书演变历程之间的内在联系。在此基础上，探索将核心价值观融入中小学语文教科书的内容和方式，提出中小学生核心价值观培育的路径。虽存些许欠缺，却是满怀求教之心加以呈现。

在本书策划、成书过程中，得到唐山师范学院王相文教授、中国浦东干部学院李冲锋博士、扬州大学徐林祥教授大力支持和指导，王相文教授、李冲锋博士为本书第三部分，即语文教科书价值观内容分析框架的形成，提供了大量建设性意见与文献参考，徐林祥教授在百忙之中为本书的修改完善提出建议并欣然作序，在此深表谢意！

研究生严震、张彦丽参与资料收集、整理、调查、研讨及部分初稿的撰写工作。全书统稿时，作者多次对部分章节酌情增补、修改，刘彤、吴文婷担任本书编排、通联及整理参考文献等具体工作。从承担此书编写任务，到收集整理分析研究资料，再到撰稿修改交稿，历时一载有余，呈现在读者面前的这部拙著，与其说是我们的研究成果，不如说是我们的初心起点。

出版之际，感谢盐城师范学院戴斌荣教授、汤克明教授给予本课题研究的关心支持与鼓励！感谢北京师范大学出版社对此书出版的热心指导与帮助！研究人员在写作过程中曾分别在江苏省苏南、苏中、苏北多地中小学开展调研与访谈，得到盐城市教育科学研究院、各地教育局和教研室的鼎力相助，借此机会向上述领导、同行、老师表达由衷的感谢！在本书的研究与写作过程中，参阅了大量的国内外著述和资料，对这些研究成果给我们的启发与指引表示诚挚的谢意！

因资料所限，加上我们写作水平有待提高，本书的疏漏之处在所难免，诚请大家批评指正。